书山有路勤为径，优质资源伴你行
注册世纪波学院会员，享精品图书增值服务

ATD
Talent Management Handbook

ATD

人才管理手册
（修订本）

[美]泰瑞·贝克汉姆 / 编

Terry Bickham

曾佳 李群 罗白 彭雷等 / 译
康至军 / 审校

电子工业出版社
Publishing House of Electronics Industry
北京 · BEIJING

Terry Bickham: ATD Talent Management Handbook

ISBN: 978-1562869847

Copyright © 2016 ASTD DBA the Association for Talent Development (ATD)

Simplified Chinese edition Copyright © 2023 Publishing House of Electronics Industry.

All rights reserved. Simplified Chinese edition published by arrangement with the Association for Talent Development, Alexandria, Virginia USA.

本书中文简体字版由 Association for Talent Development（原 American Society for Training & Development）授权电子工业出版社独家出版发行。未经书面许可，不得以任何方式抄袭、复制或节录本书中的任何内容。

版权贸易合同登记号　图字：01-2016-2397

图书在版编目（CIP）数据

ATD 人才管理手册 /（美）泰瑞·贝克汉姆（Terry Bickham）编；曾佳等译. —修订本. —北京：电子工业出版社，2023.7

书名原文：ATD Talent Management Handbook

ISBN 978-7-121-45861-3

Ⅰ. ①A… Ⅱ. ①泰… ②曾… Ⅲ. ①人才管理－手册 Ⅳ. ①C962-62

中国国家版本馆 CIP 数据核字（2023）第 116555 号

责任编辑：杨洪军

印　　刷：三河市鑫金马印装有限公司

装　　订：三河市鑫金马印装有限公司

出版发行：电子工业出版社

　　　　　北京市海淀区万寿路 173 信箱　　邮编 100036

开　　本：720×1000　　1/16　　印张：21.75　　字数：417.6 千字

版　　次：2017 年 1 月第 1 版

　　　　　2023 年 7 月第 2 版

印　　次：2023 年 7 月第 1 次印刷

定　　价：89.00 元

凡所购买电子工业出版社图书有缺损问题，请向购买书店调换。若书店售缺，请与本社发行部联系，联系及邮购电话：（010）88254888，88258888。

质量投诉请发邮件至 zlts@phei.com.cn，盗版侵权举报请发邮件至 dbqq@phei.com.cn。

本书咨询联系方式：（010）88254199，sjb@phei.com.cn。

序

2014 年 5 月，人才发展协会（Association for Talent Development，ATD）开始其品牌重塑之旅。那时我们就知道，协会的工作重点是帮助业内人士定义"人才发展"这一职能。我们希望给企业创造一个空间，让它们能够在其中解析"人才发展"的运作机制，了解这一机制是如何在特定领域、独特的组织架构中演变的。我们也知道，企业的规模、资源的可用性以及所属产业的不同是如何使人才发展的实践大相径庭的。

因此，ATD 在重塑品牌之旅伊始对人才发展做了如下描述：

人才发展包括这一职能的深度和广度，它包含 ATD 能力模型中的所有专业领域及其他相关领域。这些领域为业内人士提供了搭建"人才发展"职能的基础。除此之外，我们也将与 ATD 会员和行业内的其他人合作，提供他们的意见和专业知识，以持续界定这一职能的工作范围。

建立无边界的人才发展框架

随后，ATD 在接下来的一年里，对人才发展专业人士进行了深度访谈及调查，目的是更好地了解那些构成人才发展职能的关键实践，以及这一职能持续面对的挑战和新兴的趋势。为了陈述一个清晰的、具有权威性的且兼收并蓄的对"人才发展"的定位，我们认真倾听那些专注于员工发展工作的从业者的想法。我们力争在对"人才发展"这一职能的剖析上既能做到面面俱到，又能突出核心要素，从而可以帮助大家建立最适合自己公司的人才发展职能。

这一系列活动的成果，就是 ATD 在 2015 年秋季发布了白皮书《建立无边界的人才发展框架》（*Building a Talent Development Structure Without Borders*）。该报告界定了人才发展的核心实践，包括需求评估、课程设计、培训实施、学习成果评估、学习项目管理、学习技术、新员工入职引导、员工敬业度管理、教练技术、绩效改进、绩效管理、领导力发展、高管发展、变革管理及合规化。报告同时还指出，组织应该如何整合人才发展职能以支持关键战略举措，如创新、数据分析、移动及社会化学习、人才管理等。

报告中的每个组织，对人才发展的定义和实行情况都有其鲜明的特点，这也证明了"没有通用的人才发展套路"这一观点。但是，所有人才发展专业人士的目标都是相同的——建立一个有效且能够持续发展员工的职能部门，以对组织的成果产生积极的影响。

ATD 人才管理手册的横空出世

伴随着人才发展研究的持续进行，ATD 开始出版一本汇集了人才管理最佳实践及未来趋势相关文章的图书。我们聚集了超过 30 名相关专业领域的领军人物，在学习与发展领域的权威——泰瑞·贝克汉姆的指引下，设计了这本《ATD 人才管理手册》，以此展示人才管理各相关职能所涵盖的众多领域。

企业生产力研究所（i4cp）总裁兼首席执行官凯文·奥克斯，也是该手册的贡献者之一，他曾表示："'人才发展'就是在组织中使'人才'的技能不断增长，并持续帮助'人才'在组织中获得成长。'人才管理'则在于用全盘思考的角度看待组织内所有的人力资本职能，并从这种整体视角中获益。"

正是从全盘思考的角度出发，我们在这本手册中收纳了人才发展方面的最佳实践，向读者表明人才发展是人才管理的基础。本书内容充满了真知灼见，告诉读者人才发展应该如何与人才管理互相呼应成为整体，并对其发挥直接影响。读者将通过领先组织的实践了解如何以职场学习的动力之源——人才发展为基础，对人才管理全流程（从人才获取、敬业度提高到领导力发展再到继任计划）进行整合。

21 世纪的人才管理

全球化、新兴科技以及不断变化的员工期望值，使得我们的工作场所经历着快速的变化。以职能为划分依据的运营模块界限逐渐模糊，传统的组织架构正在扁平化。几十年前的人才管理与人才发展（当时被称为工作场所学习与绩效管理）还是泾渭分明的两个职能。而今天，高层领导们已经日渐发现将其合二为一的价值——这样才能对员工绩效和组织绩效产生最大的影响。

组织需要理解有效人才发展的实践及目的，理解人才发展在"人才管理"中的角色。能够做到这些的组织将在应对 21 世纪的新工作常态时处于有利地位。ATD 将致力于在行业演变中继续引领并赋能于业内专业人士，在工作场所发展人才，最终创造一个更美好的世界。

托尼·宾汉姆

ATD 总裁兼首席执行官

前言

　　就在写这篇前言的时候，我快速查看了一下，发现有 27 个无线设备通过我的家庭办公网络连接到互联网上，信息流涌进流出，极大地模糊了我们工作和非工作（不管是在干什么）的界限。我自己经常会上网采集信息，然后分析信息、对信息进行优先级排序，而很多人和我是一样的。根据德勤的《2015 全球人力资本趋势》（*Global Human Capital Trends 2015*）报告所述，处于"超链接"状态下的企业员工越来越多地感觉到信息过多，以至于精力分散且缺乏耐心；为了满足自己生活方式的需要，这些员工愿意变换自己的工作地点、工作内容——如此一来，他们成为短期合同工或自由职业者的可能性就日益增加了。"工作"这一词语内涵的变化不仅影响着年轻的千禧一代，也同样影响着那些更资深的上一代劳动者。

　　那么，在这种背景下，我们究竟应该如何管理人才？应该如何说服最优秀的人才来为我们工作？当这些优秀人才被我们说服、加入我们的企业后，我们又该如何创造一个诱人的环境让他们愿意留下来呢？正如我的研究生院教授艾莉森·罗塞蒂——她也是我的导师和朋友——常说的那样，管理者也许觉得员工"应该会想留下来"，可事实上他们并不想，是不是这样？

　　实际上，现今的人才管理意味着我们必须把员工当作客户和业务伙伴来对待，而不只是单纯的上下级关系。我们必须在工作内容的设计上转换思路，同时要创建鼓励合作与个性共存的办公室文化。员工的"个人期望值"与组织对他们的"影响力期望值"都在提升，我们必须对二者进行平衡考量。能否跟得上这些变化，对所有企业中各级人才管理者都是一个挑战。德勤的这份报告还告诉我们，当前人才管理职能正在努力跟上业务的步伐，做出有助实现业务目标的人才决策，响应员工需求并变得更加灵活。对此，我们有必要做出自己的贡献。

面对上述挑战，要打造一本能够同时影响当前及未来的人才管理专业人士的人才管理手册，怎样做最合适呢？首先，我们需要了解过往的人才管理方式：传统的人才管理周期分为人才的招聘、管理、发展、激励和保留等环节，且各环节间相互独立。而据我近年经验，这种方式过于线性、过于孤立了，这一点在这本《ATD 人才管理手册》的编纂过程中也由各位作者一一证实。吸引人才、获取人才以及留住人才这些都不再是孤立环节，在人才的组织文化认同及人才发展方面也是如此。所有这些环节在行动中都是相互融合、齐头并进的。

如今的人才管理过程，与其说是在管理人才，不如说是在用企业目标和文化来不断吸引人才。这要求企业将管理权赋予这样的领导者：**他们满怀激情，会把精力放在开发自身及下属员工的优势上，而非努力修补先天弱点**。这又关系到如何利用常见且可靠的人才分析手段，帮助业务领导者在衡量人才时不至偏离，能够做出更为明智的决策。

为了更好地反映人才管理各环节是相互融合的，我们将《ATD 人才管理手册》分为四大部分。

- 第 1 部分：人才吸引——如何从战略高度"建立雇主品牌和雇主目标"，并以此吸引和留住顶级人才。
- 第 2 部分：人才融合——如何自员工入职第一天开始，就让员工对企业及企业文化产生强烈的认同感。
- 第 3 部分：人才使用——如何重新设计绩效管理系统，利用人才分析方法优化个人绩效和组织绩效。
- 第 4 部分：人才培养——如何将各级的领导力发展及继任计划有机结合起来。

上述每个部分都包含几章内容，统一论述人才管理中的某个主题，同时，每个部分都会包含其他多个甚至相互重叠的主题。这进一步说明，如今的人才管理，其各个主题之间很少是相互独立的。

以"员工敬业度"为例。作为贯穿人才管理领域的重要主题，"员工敬业度"在全书 21 章的 13 章中都有出现。在第 2 部分，丽贝卡·雷及其同事非常巧妙地界定了创造高敬业度文化的八个关键因素，并且描述了如何评估这些因素并将其在组织中加以应用（第 7 章）。

再来看看"人才分析"。收集数据、挖掘数据的大潮已经能够说明，人才管理者在人才管理的各个阶段都要倚仗人才分析。在全书 21 章中，"人才分析"在 10 章中都有出现。在第 3 部分，约翰·W. 布德罗和爱德华·E. 劳勒三世用调研法解决了"人才管理者如何让'人才管理分析与报告'成为一门决策科学"的难题（第 14 章），而凯文·奥克斯和克里夫·史蒂文森则阐释了影响劳动力分析与人才测评方面需求的七大趋势（第 15 章）。

你可能注意到了，除了领导力发展和继任计划的章节，我们没有单独阐述过有关学习与发展、人才发展、能力发展或胜任力管理相关的内容。我们是有意如此安排章节主题的，目的是凸显"人才发展始终贯穿人才管理的各个部分"这一点。

我们尽量让每个主题都含有最佳实践和前瞻性的先进思想。一部分作者负责的章中二者皆备；其他作者至少能做到二者选其一。不管是哪种情况，作者都会给出清晰的下一步建议，即告诉读者现在应该如何思考或如何付诸行动。每位作者都充分考虑到了现实情况——包括弹性雇员在内的全新而复杂的人才模式正在迅速成为常态——并竭力提供最好的解决方案。

本手册从它的诸多贡献者（相关行业的领导者及相关领域的专家）身上获益良多，其中很多名字耳熟能详：马库斯·白金汉、詹妮·迪尔伯恩、朱莉·克洛和凯文·奥克斯。另一些人的名字可能对有些读者来说是新的，而他们的观点也新鲜有趣。和这些人一起工作是一种享受，每当我们督促他们梳理出某些观点，或者要求他们对某个我们认为读者也许想了解更多的观点进行展开时，他们总是表现出十足的耐心。他们在本书的研究和写作过程投入了大量时间，对此我表示真诚的感谢。同样诚挚地感谢 ATD 的安·帕克和杰克·哈洛，他们独到的专业能力帮助我最终完成了这本手册。你们都是最棒的！

　　我相信，无论你在人才管理方面是需要一个好的案例，还是想要一些想法，你都会发现这本手册将是你的首选参考书。如果不想麻烦，你甚至不用从头读到尾，只需潜心研读与你当前难题最相关的部分或章节即可。一旦开始研读，你就会发现自己会被引导到其他部分的章节中，从而了解到这些章节是如何密不可分的。

泰瑞·贝克汉姆

目录

第 1 部分　人才吸引

第 4 部分　人才培养

第 1 部分

人才吸引

经济大衰退让我们深刻理解了这样一个事实：对于大多数找工作的人来说，在一个雇主那里追求一个长期的、传统的职业生涯不再是一个切合实际的期望。事实上，那根本不是他们大多数人想要的。他们更倾向于加入那些目标和文化刚好与自己契合的组织，而他们会在那里工作多久，则取决于这个组织、这份工作对他们来说是否足够有趣。他们也很看重工作地点和工作方式的灵活性。从根本上说，雇主在市场上的品牌对吸引顶级人才是至关重要的。

在第 1 章中，约翰·沙利文讨论了吸引和雇用顶级人才对业务的实质性影响，并且推荐了一些在任何组织都适用的常识性工具，这些工具可以帮助发现并说服那些潜在候选人前来组织工作。

在第 2 章中，詹妮·迪尔伯恩在此基础上谈到她的人才吸引七准则，包括了解业务、建立雇主品牌以及利用社交媒体的有效使用。

第1章

吸引顶级人才的简单方法

约翰·沙利文

　　很多经理人把招聘当作一个麻烦，是一件他们不得不做但是优先级并不高的事。但在那些招聘一个顶尖高手所带来的效果显而易见并能进行衡量的行业——如职业运动、娱乐业、航空业和医学研究领域——你招聘的员工会成为使组织呈现卓越表现的关键成功因素。

　　几乎毫无例外，最有价值和最成功的组织都强调吸引和雇用顶级人才。事实上，世界上市值最高的四家公司中的三家（苹果、谷歌和微软）都通过计算发现：雇用一个顶级人才和雇用一个平均水平的人才相比，绩效至少相差 25 倍。遗憾的是，很多人认为这些超级组织中的招聘部门使用了秘密的、昂贵的并且极其复杂的吸引人才的方法，而这些方法对于普通的用人部门经理来说是无法得到的。但实际情况是，普通的用人部门经理使用与上述公司同样的招聘方法也可以雇用到同样质量和绩效水平的员工。

　　本章首先从人才获取对业务的影响谈起。作为人才获取的一个组成部分，吸引人才是起点，因此了解强大流程与薄弱流程所产生的不同结果至为关键。为了确保你可以成功，我们将向你展示用人部门经理们在招聘时常犯的错误，以便你可以避开一些常见陷阱。

　　本章末尾是关于人才吸引过程中所使用的既有效又代价不高的两种工具的

详细信息。不可否认，员工推荐是获取顶级人才的最有效工具。而另一个很明确的事实就是，你已经认识的那些顶级候选人，如前员工，是你最容易使用也最便宜的找人手段。最后，一旦你成功地发现了顶级候选人，说服不情愿的候选人加入公司的艰巨任务就开始了，所以在结尾我提供了一个工具，帮助你进入人才获取的下一阶段。

本章的一系列清单可以帮助你快速地进行信息浏览，并且在未来需要参考时可以迅速返回找到。接下来，如果你想学习如何像谷歌一样招聘，请继续往下看。

如何定义人才吸引

所谓人才吸引，是指让你的招聘目标知晓组织的特点、找到招聘目标候选人并说服他们申请加入组织的过程。一旦候选人向组织提出申请，人才获取这一阶段就开始了，其中包括了对求职者进行筛选、评估他们的能力以及让顶级候选人接受你的聘用。

人才吸引由三个主要方面构成：

1．建立雇主品牌：树立一个理想工作场所的外部形象。

2．寻找：识别顶级潜在候选人的名单。

3．说服潜在候选人进行申请：在和他们的随时接触中，请他们向公司正式申请。

人才吸引要做得好很难，原因是：活跃的求职者会寻找任何看得到的工作（不仅你这一家），除此之外，更大数量的合格候选人是不看机会的人，他们对于寻找新工作是被动的。所以，当你发现了一个不看机会的潜在候选人时，由于他们兴趣不高（他们已经有了很好的工作），你还需要先说服她，使她确信自己需要一个新的机会。只有这样，你才有可能试着请她从所有她可选择的职位和公司中选择你们。

招聘在人才管理的职能中对业务的影响最大

相较于人才保留、员工敬业度、绩效管理和领导力开发等人才管理职能而言，招聘对业务的影响更大。无论你是叫它招聘、雇用还是人才获取，总之这一环节具有非常大的影响，因为如果你聘用了绩效最顶尖的人才，他们几乎不需要培训、绩效管理或者外部激励，就能做得很好。

当你审视整个招聘职能时，你很快会发现三个主要组成部分的影响力并不是相等的。招聘的第一个组成部分——人才吸引，对整个招聘成功的影响最大，因为如果顶级人才不了解你的组织，也没有向你们提出申请，不管你筛选和说服人才（第2部分和第3部分）的工作做得多么有效，最后还是无法雇用到顶级人才。在吸引人才方面做到卓越非常关键的另一个原因是：很大一部分经理人根本不知道怎样发现和吸引顶级人才，但是，大多数经理倒是非常擅长对候选人进行筛选和说服候选人接受录用。

在你对旧的人才吸引流程进行重新设计或者创建一个新的流程前，你需要充分了解人才吸引流程的正反两方面的后果。

一个有效的人才吸引流程的收益和一个薄弱流程的代价

一份资质薄弱的潜在候选人名单是有问题的。如果你的潜在候选人名单包括很大一部分资质薄弱的人，很遗憾，你录用弱候选人的机会就增加了。而录用一个弱候选人，就有可能会因为更高的出错率而造成成千上万美元的损失，进而把客户赶跑。但是，如果你的候选人都是资质优秀的，那么即使筛选的过程不完美，最后你也能录用一个合格候选人。记住，如果你不能成功地说服资质优秀的潜在候选人来申请，那么即使找到了他们也没有用。如果资质优秀的潜在候选人不向你的组织提出申请，你就没有机会录用他们中的任何一个。

时间拖长对录用质量有负面影响。找到并说服顶级候选人提出申请的过程很

4

花时间。如果你的流程拖得太长，多数资质优秀的申请人可能在你开始筛选和面试前就已经离开了劳动力市场。很多情况下，最好的候选人十天内就已经离开。

拖延会影响组织的收益。在创造收益的职位或其他关键职位上，一个空缺一天不填补就意味着一天的收益损失。那就意味着如果你的吸引过程拖得太长，即使你最后招到了一个顶级人才，组织也会损失一大笔收益。

顶级人才能创新。一个有效的人才吸引流程能够瞄准大家竞相追逐的创新者，说服他们进行申请。相较于平均水平的员工而言，你的候选人名单里创新者越多，新雇用的员工就越有机会对组织产生更大的影响。

考虑到这些代价和收益，让我们看一下人才吸引的六个基本步骤。

人才吸引流程

人才吸引的主要步骤包括：决定目标候选人的特征，传播雇主品牌形象和工作特点，识别活跃的求职者在哪里找工作，识别不看机会的潜在候选人在哪里了解公司，用直接寻找方式搜索更多的潜在候选人，以及联系并说服顶级候选人进行申请。

1. 决定目标候选人的特征。潜在候选人是指你希望他申请空缺职位的合格个人，但是在你接触他之前，他对你的组织没有兴趣。在你开始搜寻顶级候选人前，你必须清晰地定义能够取得成功的那些顶级人才所应具有的特征和资质：确定该职位表现最优者所应该具有、同时表现不好的任职者所不具有的受教育水平、经验和技能；确定你要求的并且你也愿意为此支付薪水的绩效水平（创新者、表现最优者、高于平均水平的候选人，或者平均水平候选人）。

2. 传播雇主品牌形象和工作特点。雇主品牌是人才吸引的长期战略。雇主品牌建设是一个树立形象的过程，它使得所有潜在候选人更容易发现是什么使你的组织成为一个令人向往的工作场所。如果雇主品牌信息很容易找到并且大多都很正面，就会有更多的目标候选人愿意跟你讨论潜在的工作机会。

在多数大型组织中，是由集团 HR 集中管理雇主品牌工作。HR 可以通过以下办法来建立强大的雇主品牌：让你的组织上榜最佳工作场所、在公司网站上建立一个引人注目并且真实可信的招聘网页，以及确保那些使你的公司成为一个很棒的工作场所的特征很容易在社交媒体和互联网上找到。

用人部门经理和招聘人员可以在公司的这些措施以外进行补充，确保潜在候选人知晓组织的最佳特征。他们可以：

- **识别目标候选人所关心的吸引特征。**你应该把雇主品牌和推销重点集中在你的目标候选人首先会注意到然后会进行工作申请的因素上。大多数组织会对候选人做一个抽样调查。但是你可以专门问每个留到最后的人："请列出你用来决定是否接受某个工作的因素。"一旦你知道留到最后的人关注什么，很明显，你接下来就应该修改你的面试和录用过程，以便你可以令人信服地向他们展示——你可以满足他们认为重要的接受标准。

- **为品牌支柱列一个清单。**一旦知道了你的目标候选人所关注的方面，你就需要决定你的组织和工作职位应具有哪些特征（品牌支柱）。从跟现有的员工、新近录用的员工甚至有些候选人交流开始，识别你的公司和职位之所以令人兴奋的正面特征。典型的品牌支柱包括伟大的产品、成长的机会、令人兴奋的工作、工作的影响力、工作的灵活性和自由度、优秀的经理人、创新的机会、先进的工具和技术。在你录用候选人后，要继续去鉴定你的品牌支柱。例如，在入职培训期间询问新员工，你在录用过程中展示的哪些特征真正使他兴奋，哪些没有太大影响。为了确保你的目标候选人知道这些特征，你可以和在招聘方面的直接竞争对手比较你在这些关键特征上的表现，然后把这些信息用于面试和录用流程。

- **在外部传播方面尽自己的一份责任。**很多组织请他们的员工积极炫耀是什么使他们的公司和提供的工作机会如此出众。针对这种情况，你至少也需要夸耀那些使这些职位令人兴奋的特征。为了提高这些特征的曝光度，可以在博客和社交媒体上发声，以及在那些你的潜在候选人会参加的活动上发表演讲。

- **能够回答任何负面问题。**招聘时不可天真，所以你要列出你的目标候选人可能有顾虑的那些负面因素。对求职者做调查，看看他们听到了哪些负面特征，但同时也要看雇主评论网页如玻璃门网站[①]，确认现有员工或者已经离开的员工虽然匿名但是公开发表的对公司的看法。这些研究可以使你能够有效地回答求职者有关负面因素的问题。

- **找出故事并分享**。病毒式传播的真实故事和最佳实践是比广告或者公司公关部门提供的信息更有力的销售手段。因为你的员工很有可能已经和你的很多招聘目标候选人有联系，可以为员工提供一系列他们可以分享的故事来突出你的组织和工作特点。也可以考虑做 YouTube 视频来显示你的最佳特点，并且利用一切机会在社交媒体和媒体访谈中宣传谈论。

- **让令人兴奋的工作特点被求职者易于发现**。工作和团队特点对目标候选人来说同雇主品牌同等重要。通过在职位描述的撰写和发布中突出工作中令人兴奋的元素，确保你的职位特点能被公开地找到。接着，在与候选人交谈和面试的过程中，确保他们能够了解公司管理风格的积极方面，并且做好准备，可以随时给你的顶级候选人看到团队成员的简短介绍，以便让他们知道他们将与一群强大的队友一起工作，可以向他们学习。

3. **识别活跃的求职者在哪里找工作**。在目标职位族群里，对你新近录用的人员做一些调查，直接问问他们，如果最近看工作机会的话他们会从哪里看正在招聘的职位广告。很多情况下，发布新职位的最好的地方包括：大型招聘网站，如 Indeed；社交媒体网站，如 Facebook 和 Twitter；当地信息网站，如 Craigslist[②]，甚至一些报纸招聘广告。

4. **识别不看机会的潜在候选人从哪里了解公司**。对一些顶级人才做调查，问他们具体在哪里找到并了解有关某个公司工作情况的信息。然后，确保把你的雇主品牌和公司信息放在顶级候选人会看到的地方，即使他现在并没有积极地寻找工作。另外，因为你的很多顶级员工也会在这些地方出现，所以，鼓励你的这些员工在活动中或者社交媒体上帮助寻找新的推荐候选人，也是很有效的方法。

5. **用直接寻找方式搜索更多潜在候选人**。即使你的顶级潜在候选人看到你的雇主品牌或者招聘广告，他们大多仍然不会花时间联系你的公司。所以如果你

---

① 玻璃门网站（Glassdoor）是一家有名的很多员工匿名谈论自己东家的网站。——译者注
② Craigslist 是美国最大的免费分类广告网站。——译者注

7

想找到最好的，你必须通过直接寻找这个途径识别并且联系那些还未申请的顶级潜在候选人，从而扩大你的申请人范围。直接寻找依赖于招聘人员主动出击、联系最合格的潜在候选人。一些最有效的直接寻找方法包括鼓励员工推荐、在LinkedIn 上直接搜索、重新雇用前雇员以及在互联网上搜寻工作样本或创意。

6. 联系并说服顶级候选人进行申请。 有效的雇主品牌信息的传递可能已经足够说服顶级候选人申请，但是大多数情况下，你还需要额外的方法。最有效的说服方法从确定你的顶级候选人用来挑选新工作的影响因素开始，这些因素可能和平均水平的员工所期望的有很大不同。整理一个故事目录，方便你的招聘人员、用人部门经理以及员工学习和重复讲述有关公司成功的、有震撼力的故事和说明。员工推荐经常是最有效的说服方法——你的员工总是比大多数招聘人员更真实可信，而且，他们实际上比任何招聘人员都更了解招聘的岗位、管理者以及团队情况。

为了成功吸引顶级人才，用人部门经理必须遵循以上成功吸引顶级人才的基本步骤。同时，他们必须避免犯一些常见错误，这些错误常常限制了他们所能够吸引的潜在候选人的质量和数量。

吸引顶级人才的常见错误

认为只要是主动的方法就可以吸引不看机会的目标候选人。 主动求职者很可能不需要你这方面的额外努力就会找到你的招聘职位。典型的主动寻找方法包括工作招聘栏、报纸广告、"我们正在招人"的告示和人才市场，它们可以成功地吸引那些主动求职者开始申请。但有时最有价值的，也是最难招聘的目标候选人是那些在职并具有顶尖表现的人。这些目标候选人通常在你的一个竞争对手那里工作。也正因为他们是具有顶尖表现的人，是创新者，他们很可能已经有良好的待遇，所以他们根本不会去看空缺职位的信息。有人叫他们被动的候选人，但更确切的叫法应该是不看机会的候选人。

不看机会的潜在候选人仅仅占劳动力队伍的 10%，但是，尽管他们数量少，却是最有价值的目标。如果你希望成功，你必须为他们设计专门的方法。传统的措施已不奏效。一些针对不看机会的候选人的最佳方法是不通过招聘人员，而是员工推荐、技术研讨会，以及聚焦于"通过学习成为更佳专业人员"的在线或社媒广告。最佳方法几乎都是首先从建立一个非招聘的关系入手，然后才跟他们提到你的公司正在招聘的职位。

职位描述单调乏味。即使标志性的招聘部门，如谷歌的招聘部门，也已经意识到单调乏味的职位描述将赶走你中意的但对你的工作职位不感兴趣的顶级潜在候选人。找一个市场部的人帮助你改写职位描述，以便鲜明地呈现该职位最令人激动的特点。同时你也要意识到，为了吸引顶级的目标候选人，你可能真的要改进职位本身。

不知道你应该提供的比较优势。为了最大限度地有效说服顶级潜在候选人进行申请，应对职位和团队所拥有的正面因素列一个完整的清单。因此，对你的现员工和前员工做一个调查，请他们列出那些最突出的特征，这一点非常重要。因为故事最具有说服力，所以鼓励你的招聘人员、用人部门经理和员工了解并重复讲述那些有助于推销你的空缺职位的有震撼力的故事。

要求更新简历再申请。很多不看机会的人不太愿意更新简历，所以要求一份最新的简历会大大降低你的申请人的数量和质量。你可以考虑接受一份 LinkedIn 上的个人资料，至少开始申请时可以这样。

没有要求用人部门经理致电候选人。在很多组织中，用人部门经理直到面试开始前都会避免参与招聘流程。这样的被动状态代价很大，因为最有效的说服方法是让真正的团队负责人直接打电话给顶级潜在候选人讨论该职位情况。

不能充分利用 LinkedIn 找到名单。很多用人部门经理没有充分利用新的社交媒体技术、抓住 LinkedIn 的价值找到顶级人才。像谷歌这样的顶级组织都在使用 LinkedIn，所有好的招聘人员和用人部门经理也应该用好 LinkedIn。LinkedIn 上到处都是不积极寻找机会的顶级人才，他们的个人档案使得对他们的个人能力评估以及对工作年限和过往服务组织的识别变得容易。

没有用足员工推荐。就像本章前面提到的，在所有吸引人才的方法中，员工推荐通常都会产生质量最高的聘用成果，即那些在工作中表现最好、留在公司工作时间最长的员工。在那些有内部推荐项目的组织中，通常有接近一半的录用是通过员工推荐完成的。内部推荐在说服力方面表现得最为卓越，因为最有效的推销员就是那些能够说出组织故事的员工。

推荐法在找人和说服力方面最有效

以下是最好的八个推荐法。

主动要求推荐"给我五个"。给我五个方法很奏效，你可以请你的顶级绩效的员工（通常在他们会议间歇）针对特定的目标类别推荐五个人。因为如果你笼统地问他们"你有人推荐吗"，他们往往会抓瞎。如果你请他们就特定类别推荐，你将得到很棒的名单。试着请你的组织中顶级表现的员工推荐他们领域中顶级的五个人，可以根据以下五类来推荐：

- 你曾经共事的最优人士。
- 最具有创新思维的人。
- 最好的技术专家。
- 最好的经理人。
- 最能在压力下工作的人。

因为这些被确定推荐的人员是你的员工已经认识的，所以可以直接请他们联系并说服对方进行工作申请。

联系推荐人。在表现杰出的新员工周年日时，联系他们的推荐人并再次表示感谢，同时询问他们是否还认识同样优秀的其他候选人。因为这些人曾经做过很好的推荐，他们推荐的其他人很可能也会有很高的质量。如果合适，考虑聘用推荐人本人。

在录用和入职流程中请求推荐。直接请你最优秀的候选人列出他们知道的本行业的杰出候选人（作为面试的一部分）。如果问了足够多的候选人，你就能得到一份相当不错的任何行业中的最佳人员名单。另外，作为一个标准流程，请所有录用的最优秀的新人在入职时推荐他的前公司的优秀候选人。接下来，请新员工帮助你招聘任何他们知道的合意的候选人。

推荐卡。为你的顶级员工提供推销公司的推荐卡。推荐卡有点类似名片或电子卡片。卡片既要表扬员工所做的工作，也要提及他们和公司达到了最佳匹配。

电子推荐卡也是一样的。

利用员工的社交档案来推荐。请招聘人员花数小时在社交网络上树立形象，这个成本非常昂贵。可以把部分职责移交给你的员工，因为他们上班时或下班后很有可能已经在使用一个或多个社交网络。鼓励员工在社交档案上写上关于公司的引人注目的事实和故事。接下来，鼓励他们参加群组，并把最好的候选人转变为推荐候选人。

非员工推荐。应该定期接触那些了解并关心你的公司的人（已经离职的员工、退休人员、供应商和顾客），请他们推荐。在很多情况下，这并不需要给予奖励。一些最好的非员工推荐来自员工、经理的导师和他们的被辅导人，这些导师和被辅导人之间已经建立了很牢固的关系，所以要利用好这个资源。可以问你的员工、经理和主管们是否在其他组织中有导师或者他们辅导的人。请你的员工做推荐，然后考虑把这些导师当作永久推荐来源。

专业协会主管推荐。因为协会主管需要筛选演讲人、识别行业领袖，所以他们可以成为你的优质推荐来源。请专业协会和行业协会的主管成为推荐源，帮助你识别任何大有希望的专业人士。

基于社交网络关系的指定推荐。在大型组织中，当一个顶级候选人被找到时，公司的招聘人员可以用社交软件（类似于使用 LinkedIn 的经验，在上面可以看到候选人的其他联系人）找到你的员工中谁跟你的候选人有强社交媒体关系，然后你可以安排有最强连接的员工（记得要对该员工做一些辅导）用他的连接去和目标候选人接触并建立联系。

除了员工推荐外，找到并利用你已经熟悉的人，这是最简单也是最廉价的吸引顶级人才的工具。

吸引你已经认识的人的方法

有时找到顶级潜在候选人的最好方法包括重新约见你已经评估过并且认识的人。这方面最好的三个方法是：

回旋飞镖（重新雇用前员工）。为了确保在清晰地了解过往表现的基础上做出高质量的录用，最好的方法是重新招聘曾在公司工作过的员工（回旋飞镖）。他们中的很多人后悔当初做出离开的决定，但是重新申请会很犹豫。员工离开公司时给他一个这方面的简短信息，或者由原来所在部门的员工打个电话告知欢迎他回来，就完全可能让一个可靠的人才回流。

重新联系以前的顶级候选人（银牌获得者）。通常，你仅仅通过重新联系录用过程中主动退出的或者曾经拒绝了公司录用的那些候选人，就可以为公司节省资源。时光荏苒，候选人后悔当初的决定也不是不可能。你可以看一下一年前差点合格的候选人，他们现在又积累了一年的经验，可能已经完全合格。

录用和转正大学实习生。录用刚出校门的大学生有一个命中率的问题，但是如果先让他们从实习期开始，利用实习期评估他们的能力和兴趣，就可以提高胜算，找到很棒的人。因为你已经了解这些实习生和他们的工作，知道他们有可能成为一个很好的正式员工。你可以联系当地大学的学生俱乐部或者专业协会，通过他们很快就能找到最好的实习生。当实习生转正后，你也可以请目前最好的实习生帮你招聘新实习生来代替他们。

注意，即使已经经过了人才吸引流程的所有步骤，也请员工和前员工做了推荐，你可能还需要说服顶级潜在候选人前来申请，他们中有些人可能很不情愿。这里是招聘环节下一个阶段——人才获取的一些策略。

说服不情愿的候选人申请的策略

如果你难以说服那些你已联系的顶级潜在候选人发出申请，以下是一些你可以考虑的有效方法。

选择正确的日子招聘。如果招聘人员联系那些已经有了好工作的顶级候选人，候选人的反应通常是一个响亮的"不"。但是，同样是这些人，如果他们在目前的公司刚经历过一个负面事件，他们就有可能改变看法。这样的负面事件可能是一个朋友或者喜欢的上司离开，预算被砍，或者他们的重要项目建议被拒绝。关注社交媒体上的信息，你就有可能找到一个合适的时机重新联系这个候选人。同样，当竞争对手正经历股价下跌、裁员、并购或者其他大的动荡时，加大你的招聘力度，瞄准竞争对手的最好人才就顺理成章了。

同级别通电话。很多顶级候选人会直接拒绝回电给招聘人员。这时候，你可以请他们专业领域中处于同一专业级别的人给他们打电话，你会看到回复率会高得多。原因在于这是职业礼仪，而且他们也有机会向自己专业领域的其他人学习。最有效的电话往往是那些来自首席执行官和高管的电话。打电话人的性别也有可能影响回电比率。

利用移动平台。通过移动设备发送的信息在所有通信渠道中回复率最高。聪明的招聘人员充分利用移动平台的优势，调整他们吸引人才的方式，以便适应移动平台的特点。确保你的公司网站在智能手机以及平板电脑上能够兼容，然后用这些设备的文字、图像、声音和摄像功能来传递你的招聘信息。如果可能，请允许顶级潜在候选人直接通过他们的移动端来申请和接受工作。

向顶级潜在候选人推送空缺职位。在网站上开发这样的功能：通过邮件或者短信向你的目标候选人或者有兴趣接受职位信息的人推送相关职位发布。你也可以定期给他们发送电子信息，突出你的公司最近发生的激动人心的事情。

承诺安排面试。很多潜在的候选人害怕被拒绝，所以可以考虑保证所有符合最低教育和经验要求的人都会安排面试。如果来参加面试就给一个奖励（一张 25 美元的咖啡卡），也可以增加候选人的数量。

"两个一起录用"伙伴计划。如果遇到格外优秀的候选人，可以答应同时录用他和他最好的朋友（同事、大学好友或合作伙伴）。这是成功的美军项目的一种变形，为你想要的候选人提供一个与好朋友一起上下班或一起工作的机会。

告诉他们两年内可以到达哪里。如果你的公司是一个小型或快速发展的公司，你有一个招聘优势在于：公司会有很多快速晋升的机会。用好这个优势，告知你的顶级潜在候选人，"跟他们类似的其他人"在你的组织中取得的成就以及多快得到晋升的情况。告知这些潜在候选人，如果他们加入你的组织，一年或两年内可以到达哪里，以此来使他们感到兴奋。

总结

吸引顶级人才看起来总是相当困难，在经济蓬勃发展的时候更是难上加难。

很多用人部门经理得出结论，认为招到顶级人才不太可能。这个结论其实并不准确。事实上，随着互联网和社交媒体的发展，找到人才变得越来越容易。人才充盈的组织和人才短缺的组织之间的关键差异是他们使用的吸引人才的工具和方法。这意味着对于小的或不太知名的组织，如果采用正确的吸引人才的工具，他们也可以和招聘巨人（如谷歌、Facebook 和万豪）一样成功。如果你的预算和资源有限，这些方法更加有用，它们虽然简单易懂，易于执行，却能产生相当大的影响。而且多数情况下，你不需要得到人力资源部的批准就可以实施。

本章涉及的所有工具都要求你进行全盘思考才能跟上持续的变化。一个优秀的人才吸引方法对过程中的每一步都会进行跟踪和测评。与其用你已经用过的方法，不如采集数据，让数据告诉你哪些方法可行、哪些不可行。数据驱动的方法从找到顶级人才共有的特征、丢弃那些与未来成功不相关的录用标准开始。然后要找到那些已经有效发现其他顶级人才的渠道来源。

如果你没有时间或者能力自己采集数据，你可以依靠本章所提供的工具，这些工具已经被证明在各种不同的组织中都很成功。祝你招聘好运！

作者简介

约翰·沙利文（John Sullivan）是一个国际知名的来自硅谷的人力资源思想领导者，专注于提供对业务有高度影响力的、战略性的人才管理解决方案。他是一个多产作家，写过 900 多篇文章和 10 本书籍，涉及人才管理的所有领域。他是一位极具感染力的社团演讲者，为来自 30 多个国家的 300 多个组织做过激动人心的演讲。他的文章见诸《华尔街日报》《财富》《商业周刊》《快公司》《纽约时报》，他现在是《华尔街日报》专栏作家。他曾经担任安捷伦科技公司的首席人才官，自 1982 年起任旧金山州立大学管理学教授。

第2章

人才吸引战略的七大指导准则

詹妮·迪尔伯恩

任何从事人才发展工作的人都知道，在正确的时间找到正确的人做正确的事是至为关键的。与过去相比，当前要达成此目标的难度和重要性都更高了，这就需要我们拥有更加有效的人才吸引能力。

人才吸引这一在当前大行其道的流行语代表了一家企业为吸引高质量的求职者所做努力的总和。它超越了传统的发广告填补职位空缺的境界。出色的人才吸引战略通常具有如下特点：

- 让你的公司成为员工愿意每天出现的场所，并能在其中尽其所能地发展其职业生涯（否则你的全部努力可都白费了）。

- 根据清晰设定的业务目标，从战略层面对雇用什么样的人以及为什么雇用他等问题进行深入思考。

- 用喜闻乐见的方式和各种可能的渠道，向目标人才推广企业为他们所提供的（他们所感兴趣的）条件，增进他们的好感。

- 主动将上述三点整合到企业品牌、文化的优化战略中，同时，设计合适的指标以帮助实现业务目标，提升企业的整体经营效益。

只要做到上述几点，你就已经将你希望找到的明星人才与你的人才吸引战略成功地关联起来了。诚然，说者易，做者难；但这并非不可能，而且是绝对必要的。

为什么人才吸引战略在当前至关重要

人才吸引战略的重要性从来没有比当前更加凸显，主要原因有三点。

1. 人口原因。 婴儿潮一代（于 1945—1964 年出生的人）正带着他们的经验与技能步入退休，而被贴上"自恋而绝望"标签的千禧一代（于 1985—2004 年出生的人）成为目前美国劳动力的主流群体（Fry，2015）。年轻一代的劳动者（25~34 岁）倾向于 3 年就换一次工作；相比之下，上一代的劳动者（55~64 岁）换一次工作的周期则长达 10.4 年（美国劳工统计局，2014）。同时，千禧一代中高达 79%的人声称愿意考虑辞去现有工作而自主创业，他们列出的最多的理由是：希望在选择工作上拥有更大的灵活度和自由度，进而掌控自己的人生（Elance-oDesk，2014）。的确，美国的整个工商业界现在还没有跟上这股时代的潮流，那些忽视此现象的企业已处于风险之中。

2. 经济原因。 知识经济从最近一轮的经济衰退中崛起，职位候选人现在可以，也应当可以拥有权力选择他们在哪里度过工作时光。没有什么能比下面几道声明更清楚地显示当前经济的活力状况，以及在雇主和雇员关系中谁更有话语权了：2015 年 2 月，沃尔玛——美国最大的私营企业雇主——发布声明，将增加其50 万名员工的小时工资（Tabuchi，2015a）；在全美拥有 36 万名员工的塔吉特百货公司，几周之后也发布了类似声明（Tabuchi，2015b）；如法炮制的还有在全美拥有 1 500 个自营网点、9 万名员工的麦当劳公司（Strom，2015）。

3. 科技原因。 很明显，当前的成功企业，不管其规模大小与经营类型如何，都在积极利用各种社交渠道、移动渠道和数据分析来了解、细分、定位及赢得客户。同样显而易见的是，未来几年内，优秀的人才吸引战略将会用同样的方式发掘职位候选人。这其实也是有历史模式可循的——回想一下，互联网成为主流后，企业内联网出现了快速增长；社交媒体自身成为消费和营销实体后，社会化学习与协作就开始兴起了。另外，科技使得数据获取与数据分析变得触手可及。科技时代的列车已经出发，现在该是我们跳上列车的时候了。

然而，很多企业尚未意识到这些问题。德勤贝新[①]2014 年的一份研究报告显示，现在每 10 家企业中仍有超过 3 家在沿用过时的被动招聘程序，即只有当出现编制空缺或新的招聘需求时才开始努力做外宣（Erickson，Lamoureux，Moulton，2014）。这种情况表明许多企业对当前人才招聘的新趋势还无动于衷，而企业的经营绩效也会因此而被置于风险之中。

如果企业及其领导者能够采取正确的人才吸引战略，真正的收益将指日可待。同一研究发现，拥有成熟的人才获取能力的企业，恰恰是那些能够认真对待人才吸引战略的企业。他们不仅可以在获取人才的成功率上达到平均值的 2.6 倍，而且取得商业成功的机会也达到了平均值的 1.3 倍。

对于众多企业而言，这也许是一片陌生的领域，但除了加速推进之外，我们别无选择。那么就深呼吸一下，抓紧了！

七大准则铺平道路

跟其他与人相关的事务一样，所谓成功的人才吸引战略并非只有华山一条道。当企业着手制定行之有效的人才吸引战略时，它们必须考虑到诸多因素，在这一点上跟制定业务战略没什么两样。下面列出七项值得遵循的准则，还有某些公司的操作案例。请记住，重复"计划—评估—细化，再计划—评估—细化"的过程。

了解业务

负责人才管理工作的领导和专业人员都需要了解业务。他们需要推动业务不断发展，并详尽了解自己所在的组织及其战略、目标、运营、产品和服务等各方面。与此同时，他们还需要了解所在行业面临的挑战、机遇和竞争对手。如果从事人才管理的领导者无法轻松地在一张餐巾纸上勾勒出自己企业的 SWOT（优

---

① 德勤贝新（Bersin by Deloitte）前身为贝新联合公司（Bersin & Associates），是著名的人才发展调查研究及顾问服务公司，该公司于 2013 年 1 月被德勤收购后改名为德勤贝新，作为德勤的内部机构运作。——译者注

势、劣势、机会、威胁）分析（见图 2-1），那么他们也许真该另寻更适合自己的工作了。

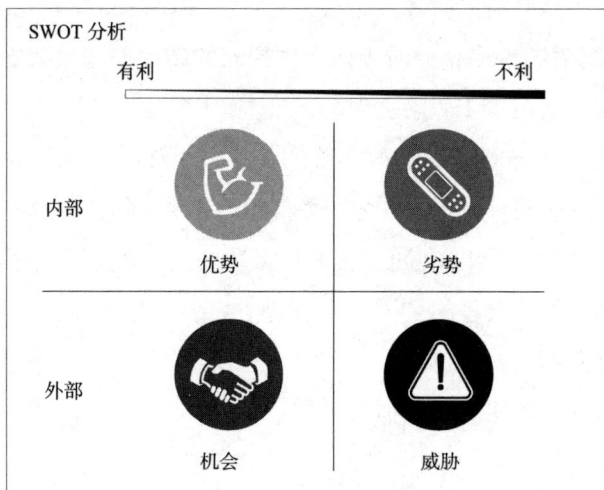

图 2-1　SWOT 分析

对企业的高度熟悉能让你拥有异常强大的背景信息和洞察力，而你需要这些信息和洞察力来为企业引入正确的人才，以推动业务发展。除此之外，你还要去了解所处行业及商业世界的实时资讯，掌握全球地缘政治和经济力量的情况（熟悉人才管理领域这一点就不必赘述了）。如果你现在还不具备这些，就从定期阅读一些主流商业出版物开始吧，如《经济学人》和《华尔街日报》，同时还应查阅人才管理行业的刊物、研究报告等。总之，学习任何你能拿到手的资料，以此加深你对全球和地方环境的了解，这样才能有助于实现组织期望的创新性成果。

研究表明，现今近 40%的新任首席人才官都出身业务，而非人力资源背景（Schatsky，Schwartz，2015）。这对那些只打算闷头关注自身专业领域的人算是一记棒喝吧。

去了解所在企业，以及企业所参与竞争的那个更大的生态圈吧！这是让你与资深利益相关者建立互相信任的顾问关系的入场券，而你正需要他们来实现真正有效的人才吸引战略。这就引出了下面的第二项准则。

✎ 赢得高管传道士般的支持

一旦能够向高层管理者表明，你就完全理解了他们的总体目标与当前目标，并能用他们熟悉的语言（业务和行业的行话，而非 HR 或人才发展方面的专业术语）表达出来，那么理所当然，你一定能说服这些管理者，让他们相信自己在人才吸引战略游戏中确实担负着重要角色，他们也必须完全理解这一点。这些也正是你的职责所在。

要让他们看到，如果不能执行一套完整的人才吸引战略，那么冷酷的现实就会摆在面前：人才流失带来的众多负面影响（生产力损失、重新雇用、重新培训、低敬业度和低士气），远比内部招聘高昂的外部重新招聘成本，以及由于缺乏合适人才而无法实现企业关键目标的后果。即使你目前还没有衡量工具来做出具体的分析（如果这样，请务必将这项任务列在你的待办事项清单首位），也已有足够多的行业研究数据能够帮助你做出分析。事实上，这种企业中的员工不敬业状态给美国带来的生产力损失已经高达每年 4 500 亿~5 000 亿美元（Gallup，2013）。

人才吸引战略的推动，如同企业内发起的任何一项想取得成功的新举措，特别是跟那种要么被视为成本拖累、要么被视为生财手段的举措一样，它们的推行都面临着相似的要求：要想取得成功，唯有获得高管，当然最理想的是首席执行官的支持。这种支持不能是勉勉强强或保守的，而应是积极、虔诚的，如传道士传播福音一般热忱。如果你的工作方式正确，应该能使高管认识到这是和企业的前途命运息息相关的，他们就会（自发地）邀请其他领导者加入支持的行列。

获得高管的认可与支持似乎是显而易见的一步，但太多的人才发展专业人员都没有对此给予足够的重视，甚至完全忽略了。的确，当你还在为争取进入战略决策层而奋斗时，要想做到这一点确实很难，但是这并不能成为我们放弃的理由。

好消息是，你所在的企业可能已经不需要担心这个问题了。普华永道 2014 年《第 17 届首席执行官年度调查》的数据显示，现在美国有 70% 的首席执行官都在担心企业在关键技能上的缺失将会对它们的增长战略和规划造成损害，这一数字较之 2013 年的 54% 可谓增长显著（Shah，Pollak，Dutta，2014）。

✎ 与业务目标融为一体

说到制订战略性的人才吸引计划，没什么能比让该计划全力与业务目标保持一致更为重要的了。人才吸引战略要有全局观，特别要注重获取人才、增加雇主品牌推广（如对外推广企业文化、价值观及办公室福利）以及对内兑现品牌承诺。将各部分整合为统一战略时务必注意以下几方面。

- 结构性：在正确的团队之间建立全新的伙伴关系。
- 战略性：确保所有的战术行动都紧扣同一个关键计划。
- 技术性：连接系统，并获取必要的新系统，以确保更顺畅地运作和测量。
- 分析性：在怎样才算成功和哪些指标可用来衡量成功上达成一致意见。

注意，只有和关键业务目标保持一致，这些才能真正发挥作用。这种一致性可以概括为，**应当从短期、中期和长期业务目标倒推人才需求及其他相关计划**。

这正是我在 2012 年年初担任 SAP 旗下 SuccessFactors 公司[①]首席学习官时所采取的做法。当时，资深利益相关者要求我们改善销售培训。通过访谈分析，我们确定了几项该培训项目可能的业务产出，并请利益相关者从中选出最高优先级。他们给出的目标是，把项目时长削减 50%。这个目标如此清晰，使得我们的努力方向也变得十分明朗。结果，我们设计并推出了销售入职体验项目，凭借这个项目及其效果衡量策略，我们还赢得了大奖。

如果我们没有坚持让利益相关者确定最期待的业务产出，这一切都不可能实现。人才吸引战略要想取得成功，也得满足这个最低要求。

✎ 借助分析的力量

数据分析能够让人才管理职能焕然一新。这段改变之旅虽然刚刚起步，且路途遥远，却十分值得。根据牛津经济研究院和胜略软件[②]在 2014 年共同出具的一份报告所述，53%的高管表示，劳动力的发展是一项关键竞争优势。但是：

- 仅 38%的高管掌握足够的可用于了解公司人才优劣势情况的劳动力数据。

---

① SuccessFactors 全称为 SAP SuccessFactors，是基于云的人力资本管理软件领域的全球供应商。——译者注
② 胜略软件（SuccessFactors）是英国一家商业咨询公司。——译者注

- 仅 39% 的高管会在战略性劳动力开发中使用指标和标杆数据。
- 能够从数据中得出有意义见解的人，不足一半。

不过，那些实打实的在人力分析方面进行能力建设的公司，无论是在招聘质量、人才挽留还是领导力上，都要大大超越它们的同行，甚至在雇主品牌的排名上都普遍要高一些（Frey，Osborne，2013）。建立一个内部的人力分析团队需要 2~3 年的时间，但这种分析能力所带来的产出很快就能弥补其建立成本（Bersin，2015）。

这里给出了四个基本的数据分析类型，能让你逐级深入地加强对业务的认知。

1. 描述性分析（"发生了什么事"）：在日常业务操作中，大部分分析是描述性的，如含有基本信息的报告和告示板。

2. 诊断性分析（"这件事为什么会发生"）：只有回答了这个问题，你才能知道怎样利用数据。本阶段会利用统计分析技术来识别数据集合之间的关系，这些关系会帮助你找出问题发生的原因。

3. 预测性分析（"还会发生些什么"）：在这个阶段，数据专家将利用诸如建模和机器学习等工具来找出数据集合内部的关联关系，从而做出有用的预测。

4. 预防性分析（"我们应该做什么"）：本阶段会发掘一系列事态发展的可能方向，并基于对复杂数据的描述性和预测性分析，给出最优的行动路线建议。

记住，分析的第一步是找出**要分析什么**。具体到人才管理方面，你可以从员工生命周期入手。以销售人员为例，想要分析一个销售人员的绩效表现，就要收集他在职期间（从应聘到离职）的所有特定数据（见图 2-2）。

预测性分析是人才吸引工作涉及的数据分析中一个十分热门的领域。预测性分析能够预测候选人的成功概率，识别成功招聘活动具备的整体特征，如文化契合度、所需技能及经验等，从而提高招聘质量（Shah，Pollak，Dutta，2014）。机器学习[①]

---

① 机器学习（Machine Learning）是一门人工智能学科，专门研究计算机怎样模拟或实现人类的学习行为，以获取新的知识或技能，重新组织已有的知识结构使之不断改善自身的性能。——译者注

或自适应算法①能够基于个人资料信息及实时行为反馈来为职位匹配候选人（LinkedIn，2015）。

应聘	培训	赋能	管理	成长/离职
1. 销售工作经验年限 2. 信息销售工作经验年限 3. 上一份工作的具体职责 4. 跨部门的工作经验 5. 教育背景 6. 以往的绩效表现 7. 应聘渠道 8. 在公司的在职年限 9. 升迁或调动史	1. 需要接受的培训 2. 已接受的培训 3. 已完成的认证 4. 培训成绩	1. 来自潜在客户开发流程的订单占比 2. 来自信息搜索排名（ISR）的订单占比 3. 客户关系管理（CRM）系统使用频率 4. CRM 数据字段覆盖率 5. 优质潜在客户资源使用率 6. 竞争力 7. 对销售赋能的资源的使用率 8. 售前需求 9. 售前需求建议书（RFP）支持	1. 远程办公或现场办公 2. 近三年成绩 3. 开创的商业机会 4. 订单额平均值 5. 订单额中位数 6. 每单售出产品均值 7. 产品覆盖率 8. 转化通道 9. 转化比率 10. 季度绩效变化趋势 11. 销售周期 12. 销售收入 13. 新业务占比 14. 许可证业务占服务收入比重	1. 升迁 2. 部门间调动 3. 各自目标增加额 4. 各年平均预订量 5. 绩效表现提升量 6. 近两个季度的自愿离职人数 7. 近两个季度的非自愿离职人数

图 2-2　员工全生命周期的数据源

谷歌拥有充裕的数据分析师及大量亟待处理的业务分析需求，堪称人力分析方面的专家。很多高科技公司雇用了大量千禧一代的员工，他们被员工的高流失率问题深深困扰，谷歌也在其列。为了应对这一难题，谷歌每年都要处理多达 300 万份求职申请，从中挑选合适的员工，而最终录取率仅有 0.025%。谷歌通过应用数据分析和测评技术获益匪浅：其 HR 服务能够在单个员工成本更低的情况下，实现更为高效的交付。它将每个候选人的面试次数从 25 次削减到 4 次，因为分析显示，4 次就足以成功预测候选人，准确率可达 86%。平均招聘时间也由此下降了 2/3。它摒弃了之前重视的、作为聘用条件之一的标准"高 GPA 成绩+常春

---

① 自适应算法（Adaptive Algorithm）是指用特定算法的数学模型来处理数据，在处理和分析过程中，根据数据特征自动调整处理方法、处理顺序、处理参数或约束条件等，使其与所处理数据的统计分布特征、结构特征相适应，以取得最佳的处理效果。——译者注

藤盟校学位"组合,因为这个聘用条件并不能预测长期工作绩效。谷歌挑选出具有连续多次成功招聘经历的面试官,对其面试过程中的行为和面试策略进行分析,在此基础上建立了其严格的面试官准备机制;除此以外,谷歌还请所有被面试者接受面试后调查,得到的反馈结果再被用于完善面试过程(Rafter,2015)。

不过,不是只有谷歌这样的公司才能利用数据分析。任何一家公司都能够——也必须——将日益繁杂的测评方法整合到人才吸引措施中。这看起来也许很吓人,但你必须开始行动了。马上!

如果你想知道应该从哪开始,这里有一些建议:

- **从小处着手**。刚开始进行数据分析的时候,最好先只聚焦于其中一个项目或问题点,把它作为一个试点进行测试。如果能够证明方法可行,那么这个试点就可以作为你的一个成功案例来进行推广了。
- **让高层领导积极参与**。如前所述,不仅要让利益相关者认可你的观点,更要让他们成为全力支持的忠实拥趸,这一点至关重要。
- **提升分析团队实力**。可以通过提高团队技能、招聘内外部数据人才以及引入顾问等多种策略的结合运用来实现这一目的。记住,数据本身毫无用处,你需要利用团队的整体知识力量不断挖掘,才能得出有意义的分析结论。

建立雇主品牌

大量研究证实,如下所述的因果关系是成立的:要想吸引优秀员工,你得首先成为一个有名气的、值得信任的优秀雇主。德勤贝新称管理雇主品牌是获取人才最可行的方向,即雇主品牌是"用于吸引新员工加入、持续吸引/保留高绩效员工的最有力武器"(Erickson,2014)。而 LinkedIn 2015 年度报告称,一个强有力的人才品牌(可理解为人才对于到公司工作有何种想法、感受及他们是如何跟亲友们描述公司的)将使平均招聘成本下降超过 50%、流失率下降 28%。

波士顿咨询集团和世界人力资源联盟在 2012 年时将雇主品牌定义为人才吸引最有效却最容易被忽略的领域之一。他们还发现,雇主品牌评价较高的企业与较低的企业相比,在开展目标群体的定量与定性研究工作的可能性上高出 250%,而在已建立雇主品牌改进流程的可能性上则高出 280%。

这两家机构也同时定义了实施雇主品牌战略的三个关键步骤：

1. 雇主品牌审计。对当前的品牌定位与实际认知情况，建立基本了解。

2. 市场调研。明确内外部群体的需求和信念。

3. 雇主品牌定位。建立可靠的品牌总体定位，并向目标群体发布明确具体的品牌信息。

当然，管理雇主品牌也必须做到，确保招聘过程能够与雇主理念保持一致。有没有什么让你意想不到的方法来让这个目标得以有效实现呢？**和用人部门经理建立良好关系**。德勤贝新 2014 年的一份研究发现，这是提升人才获取工作绩效的最有效驱动因素，比另外的 15 个驱动因素的有效性高四倍（排在第二位的是"壮大候选人才库"）。这种互动能够改善招聘决策、提高生产率，并能使人才获取团队的良好声誉得以加强（Erickson，Lamoureux，Moulton，2014），可谓一箭三雕。

SAP 在雇主品牌方面进行了大量投入，包括如下主要措施：

- 搭建体系。负责雇主品牌的团队会整合全球资源来培养招聘官，并和招聘官一道识别有效的人才供给渠道，进行营销推广，然后才会联络候选人。
- 建立品牌标准。品牌指南中通常包含诸如"如何推荐 SAP 品牌"和"如何应对常见异议"等主题（你没看错，人才吸引需要从市场与销售部门的手册中偷师学艺）。
- 线上互动。我们利用一个可支持移动终端的全新互动式企业招聘网站，建立了全球增长最快的人才社区之一（截至 2015 年 3 月，会员已达 26 万人）。此网站突出的就是 40 多个视频——关于世界各地 SAP 雇员的故事视频。

上述措施都被证明是有效的，知名 HR 招聘咨询机构 ERE[①]近期将最佳雇主品牌奖颁给了 SAP。无须惊讶，让 SAP 获此殊荣的一个关键因素，正是它的社交媒体战略，雇员视频也正是在这个战略的推动下才传播到了世界各地。

---

① ERE 是一家为企业中的招聘官与人才获取专业人士提供招聘行业内的最新资讯、行业内热点评述及对最新招聘技术评价的专业机构。——译者注

✎ 利用社交媒体

社交媒体的应用能力在人才吸引工作中非常重要。在这一点上，与其对销售产品与服务、开发客户关系和建立品牌等工作的重要影响是完全一样的。93%的招聘官会利用或至少打算利用社交媒体来支持他们的招聘工作。记住，社交媒体必须是移动端友好型的，整个招聘流程都需要这样：55%的招聘官正在利用或至少打算利用移动端的招聘网站来帮助他们完成招聘活动，这些招聘官已经看到了移动端的好处——节省招聘时间（14%），提高候选人质量（13%）（Jobvite，2014）。另外，有了数字化的营销工具，企业如今能够在大范围内针对不同的人才群体推送相关的职位信息。

你准备好了吗？你的公司网站是否足够美观，是否不论何种设备、何种操作系统都能表现上佳？网站访问者和潜在的职位申请者能否通过 Facebook 和 Instagram①链接到关键信息和职位招聘需求？千禧一代能用他们的智能手机提交求职申请吗（相较于其他方式，很多人更喜欢用智能手机申请工作）？（Jobvite，2014）对多数公司来说，答案并不漂亮。

社交媒体正在蓬勃发展，但是，有高达 82%的招聘官认为他们在社交媒体招聘方面的技能已经相当完备，顶多是略差一些（Jobvite，2014）。这其实是人才管理界的一个相当不好的趋势——太多的专业人士都忽视了一点：明确列出影响成功的关键性的专业技能有哪些（如果做到这一点，数据分析能力也就不会经常被忽视了）。为了得到利益相关者的重视（这是不可或缺的），人才管理专业人士必须向这些利益相关者展现他们对核心技能的深度精通。但是，首先你要知道哪些是正确的技能，然后你才有可能去获取它，继而获得成功。既然如此，人才管理专业人士为什么不去总结，反要将自己和团队陷于失败之地呢？

SAP 做得也并不完美，但我们的确在社交媒体的利用方面取得了长足进展。我们推动的一个战略性的科技运用项目，近期让 SAP 再次获得 ERE 奖项，因为这个项目有力证实了社交媒体能为人才吸引做出重大贡献。我们彻底改变了销售岗和售前岗的校园招聘策略，不再采用传统的与教授合作及提供实习机会的方式，而代之以在 LinkedIn、Twitter 和 Facebook 上发起活动：为候选人提供一个

---

① Instagram 是一款手机端的图片分享应用软件。——译者注

分为两部分的在线测评，并以此为契机推动为期 9 个月的轮训计划，我们称为"SAP 销售学院"。通过在线评估的候选人会参加一天的训练营活动并再次接受测评，此间他们将有机会接触到公司领导。在 120 万名在线访问者中，75%声称在线工具激发了他们参与申请的动力，88%表示这些工具比其他毕业生相关应用软件都更有吸引力。这些方法能帮助你更有效地识别高质量的候选人，并能降低审查成本。

　　SAP 之所以能获得最佳雇主品牌奖项，主要得益于其对社交媒体战略的改进。如今，不能再仅仅局限于在社交媒体上发布一个职位链接，然后等着大家点击进入 SAP 的招聘页面，我们应该具有更为宽广的视野，如聚焦于传播（尤其是在 Twitter、Instagram、Facebook 和 YouTube 上传播）极具感染力的雇员故事（见图 2-3）。

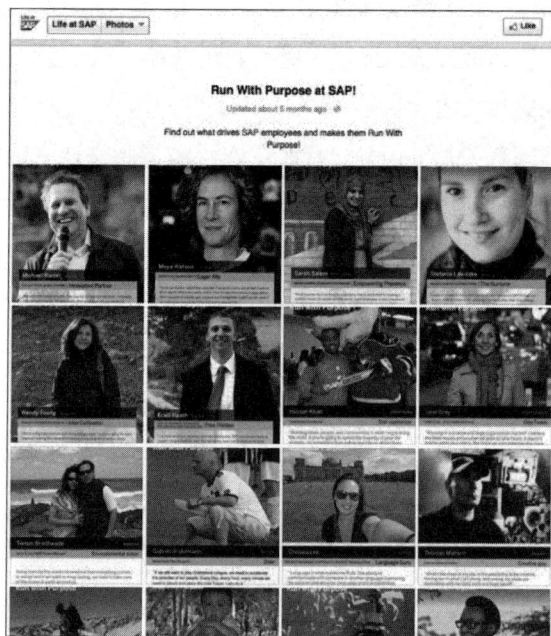

图 2-3　SAP 雇员的 Facebook 形象截图

🖉 成为员工愿意为你工作的公司

　　人才吸引不是把人拉进来就够了，还要帮助他们逐步成长壮大，让他们对未来满怀希冀。在与其他雇主的竞争中，招聘官更爱打企业文化牌——这类招聘官比例高达 73%；第二常见的竞争策略就是提供更好的福利待遇——选择此项策略的招聘官占 53%（Jobvite，2014）。

但和任何品牌承诺一样，如果不能将其一一兑现，雇主品牌就一文不值。太多公司在这个环节败走麦城。还记得，盖洛普公司[①]发现的这一沉重现实：**仅有 70% 的美国劳动力处于敬业状态，而有 18% 则处于主动的不敬业状态**（Gallup，2013）。要解决这一问题，不是简单地为员工提供舒适的工作环境就够了。例如，你怎么看待如下现象呢？

- 主动流失率持续高攀。整体主动流失率从 2012 年的 8.4% 增长到 2013 年的 8.8%；高绩效员工主动流失率从 2012 年的 5.0% 增长到 2013 年的 6.0%——增长率为 19.5%，达到了 10 年来的最高水平（Shah，Pollak，Dutta，2014）。
- 超过一半的雇员要么正在积极寻找新的工作机会，要么已经接受了一份新工作，大家都在等待机会到来随时准备离开（Jobvite，2014）。
- 高敬业度的公司更容易招聘到员工，实现更有力的客户服务，降低主动流失率，更能实现长期高利润（Great Place to Work Institute，2015）。

有趣的是，盖洛普民意调查同时给出了提高敬业度的三个关键途径，它们似乎是对人才吸引重要性的总结：

- 选择正确的人。
- 发展员工优势。
- 提升员工幸福感。

找到正确的人还不够，还要看你在他们入职后如何对待他们。这就要谈到学习型文化——另一个大行其道的流行词。那么，什么是学习型文化？有一种观点是这样说的，员工把他们生活中最多比例的时间贡献给了企业，那么不论在客户服务或企业使命达成的过程中他们的角色如何，员工都希望这种贡献是值得的。在一个学习型文化中，每个人（包括员工自身）都明确地知道企业为员工提供了

---

① 盖洛普公司（Gallup）由美国著名的社会科学家乔治·盖洛普博士于 20 世纪 30 年代创立，是全球知名的民意测验和商业调查/咨询公司。——译者注

必备的知识和工具，要他们去实现价值贡献。在这里，不仅是要尽最大可能实现既有效又高效的人才发展体系，更重要的是，企业中的每个员工都求知心切，他们每天都致力于自我提升，致力于让自己变得更聪明、更优秀。具有强大学习型文化的企业总能留住最好的员工，因为这些企业能让员工不断学习、进步并且越来越优秀。

在 SAP，有两句格言能反映我们的学习型文化。

- **"每个人都是老师，每个人也都是学生"**：所有员工都有责任帮助彼此成长。学习是一种生活方式，而不是某个单一事件。
- **"人人为才"**：每个员工个体都能贡献价值，他们都应该有机会充分发挥才干，成就自己意义非凡的职业生涯。

在这种文化的背后，是 SAP 的三大核心领导力愿景之一："让卓越人才得以成长。"这就是我们做事的方式——取得成功，兑现我们对顾客与雇主品牌的承诺。

总结

聚焦于人才吸引战略能让企业发现令其心动的机会。这一跨越多个学科领域的战略，提供了使人才吸引更有效所必需的技能和培训，确保了雇主品牌承诺的兑现，由此给出了人才发展影响组织绩效上下限的多种途径。同时，人才吸引战略也可以将数据分析的真正迷人魔力带给 HR 及人才发展团队——通过数据分析衡量真实价值，加强战略性角色，变学习型文化为现实。另外，HR 和人才发展专业人士都必须对成长和创新持续充满好奇与热情。

让我们充分把握人才吸引战略给我们带来的这些机会吧。

作者简介

詹妮·迪尔伯恩（**Jenny Dearborn**）是销售赋能和销售培训方面的领袖型权

威，精通大数据和预测性分析。作为 SAP 的高级副总裁兼首席学习官，她设计并推动了员工学习和赋能战略。迪尔伯恩是美国国家多样性委员会（National Diversity Council）2014 年公布的 50 大最具权威的科技类女性之一，并通过"《财富》（杂志）最具影响力女性网"（Fortune Most Powerful Women Network）成为美国国务院为发展中国家设立的女性企业家导师之一。其团队被 E-learning 杂志评为"2013 年全球学习型组织最佳表现奖"。她在 2015 年年初写作了她的第一本书《销售的革命：大数据驱动》[①]。

---

① 本书（*Data Driven：How Performance Analytics Delivers Extraordinary Sales Results*）中文版由人民邮电出版社出版，2016 年 6 月 1 日第 1 版。——译者注

第3章

创建吸引人才的磁性工作场所

罗伯塔·马图森

你注意到没有，有些公司门口挤满大量的备选候选人，足以确保公司人才需求；而与此同时，其他公司却连开放出来的职位都很难招聘到位？这些挤满大量申请人的公司拥有的就是"员工乐于工作、客户愿意合作"的富有磁性的工作场所。提到磁性公司，通常会联想到苹果和谷歌，但实际上有很多不太知名的公司也属于这种类型。

例如，英特交换（Interchanges）公司，这是一家设在佛罗里达州杰克逊维尔的公司，主营业务是帮助客户通过开创性的营销系统实现收入增长。英特交换公司的首席执行官克里斯·帕特森是一个极其勤勉的人，他致力于提高团队成员的生活质量，以此作为工作的方向，所以他经常把团队的福利置于自己之上。他曾经帮助一个新员工度过威胁生命的严重疾病艰难期，并确保她的家人也受到很好的照顾，因为只有这样她才能照顾好她自己。类似这种做法产生了一种磁性，使得像英特交换这样的小企业可以抗衡那些拥有更多资源来吸引和留住员工的大公司。

通过本章内容，你会发现很多像英特交换这样的公司。它们正在创造比大多数公司采用的招聘方式更加简单同时更加经济的磁性引力，成果就是，它们更容易抓住高端人才的眼球。

如果你和你的组织目前还没有处于招聘状态，不用怀疑，你很快就会面临这个问题。根据万宝盛华[①]旗下睿仕管理顾问公司[②]的一项调查结果，接受调查的人员中近 90% 表示，他们计划在 2015 年跳槽，而在 2014 年这个比例是 83%（Staffing Industry，2014）。同时，对于主动求职者来说，目前正处于前所未有的好时机。根据美国劳工部最新的《就业机会及劳动力流动调查》的结果，美国的就业机会在 2015 年 4 月创下了历史最高水平。这些统计表明，球又回到了求职者手里而不是潜在雇主的手里。然而，用人单位的运作模式却仍然和过往一样，没有变化。

现在想吸引和获取人才，需要的远不止在招聘网站上张贴一个招聘广告、拉个候选人来面试那么简单了。事实上，候选人对选择哪家公司变得相当挑剔。所以，企业需要把自己作为品牌去营销，主动去抓取潜在人才的眼球。它们需要研究目标候选人市场，以及了解这些候选人习惯在什么地方找工作。企业需要宣传内部员工故事，让候选人能够想象在公司工作的场景。接下来我们要谈的就是，为了吸引并留住你的储备人才，你应当知道的那些内容。

品牌培育

经济大萧条后，雇主在选拔人才方面取得了主导权。然而今天，随着大多数行业的全面复苏，求职者已全面夺取控制权。因此，你的人才吸引战略要能够反映这一变化动态。我们要做的不仅仅是吸引企业需要的候选人，更是要吸引那些愿意留在企业共事的人才。打造雇主品牌是吸引高素质人才的最佳方式，同时在吸引顾客和客户方面也有很大帮助。

当客户决定是否与你做生意时，大多会先去查看你的网站。如果你是服务行业，他们一定会设法确认你们公司的员工类型以及公司是怎样对待员工的，因为这意味着他们将会得到怎样的服务。

---

① 万宝盛华集团（Manpower Group）是纽交所上市的专业人力资源公司，成立于 1948 年。——译者注
② 睿仕管理顾问公司（Right Management）是人才及职业管理专家，是全球人力资源服务行业的领导者。——译者注

特别值得一提的是，今天的求职者很可能会是明天的客户。积极正向的印象在树立企业客户品牌形象时非常重要。2015 年凯业必达招聘网①候选人行为研究中发现，69%的求职者表示他们更倾向于购买自己在职位申请过程中受到尊重的那些公司的产品。然而，求职者的 69%的人也表示他们不太可能购买在面试过程中体验很差的公司的产品。

就像客户一样，求职者也很容易对潜在的雇主进行深入研究，而且候选人对雇主品牌的第一次接触通常也是企业网站。这是候选人判断一家公司是否值得考虑的关键点，更不用说是否会花时间申请这家公司的职位了。

以我最近咨询的一家财富管理公司为例：它的网站就急需改版。这家公司的网站有一条彩带横穿底部，并不断冒出大量难以阅读的文字。它给人的印象就是这家公司是由三个中年大叔运作的，一眼就让你觉得穿越回到了 20 世纪 80 年代。难怪这家公司招不到新人。

但是我的客户从没意识到它的网站图片传达了这种信息，和它想把自己重新塑造成适合全年龄段财务管理公司品牌的计划完全不相符。他们没有意识到他们正把候选人（也可能是新客户）在加入之前就把他们拒之门外了。

要改进网站，他们就需要先明确希望吸引什么样的人才。像宝洁这样的公司在给市场营销及品牌推广投入资源之前，会首先找出谁是他们的目标客户。同样，公司在为人才吸引投入资源之前也需如此。举个例子，你是想找那些有经验的再就业人员，还是你的工作机会更适合那些刚刚开始职业生涯的年轻人？你要寻找的是倾向于在小的家族式企业工作的人员，还是倾向于在《财富》500 强企业工作的人员？这些问题可以帮助你定位自己企业的理想候选群体所在。

幸运的是，这家财富管理公司最终决定还是先搞清楚究竟想吸引什么类型的人才，然后再重新整理网站，以更准确地反映公司的愿景及工作环境：网站上展示了全体员工工作及其闲暇时的照片，而不只是那三位大叔。结果显示，当别的公司也在因为人才短缺而对财务顾问的招聘一筹莫展的时候，这家公司成功吸引并聘请了一位顶级的财务顾问。

---

① 凯业必达招聘网（Career Builder）是北美最大的招聘网站运营商，也是全球流量最大的 30 家网站之一，在 18 个国家或地区设立有 25 家公司。——译者注

还有一个例子。几年前，我浏览了一家位于加利福尼亚的公司的网站，上面也有招人需求，而这个网站所展示的是 101 高速公路旁边的太平洋美景。这家公司用这样的一种方式描述它正需人才的销售职位：让求职者想象一下自己在公路上开着敞篷跑车去会见客户的情形。看着网页，我发现我能想象自己每天看着大海，开着顶级敞篷跑车的画面。我告诉自己："我应该申请这个职位。"但后来我想起我住在东北部并且家里还有两个年幼的孩子。我哪儿也去不了。

这里面的关键点是，这家公司做了大多数公司没能做到的东西。它设计了一个场景：让潜在的候选人进入其中并且成为那个美景中的一部分。你可以并且应该这样做。请发挥你的想象力去描述公司和你正在寻求人才的职位！克制复制、粘贴别人职位描述的冲动。

网站只是雇主品牌的一部分。公司的声誉是至关重要的，包括质量、服务、对待员工的方式等方面。求职者会拿你的声誉与竞争对手进行比较。你该怎么办？

如果你不知道，那就联系那些放弃了来你公司面试或者工作的机会的候选人，问问他们为什么拒绝你发出的邀请。他们的回答会帮助你明确别人是怎么看你公司的，进而你可以进行必要的调整以提高公司的声誉和雇主品牌形象。需要注意的是，对于自己拒绝的那些公司，有些人可能不太愿意诚实地回答这种类型的问题。如果你自己不容易找到真实答案，那就考虑聘请第三方公司来帮助你收集你所需要的数据。

记住，公司的品牌和声誉只不过是一个承诺而已，你需要确保你能遵守这个承诺。即使你把公司描绘成一个充满时尚气息的企业——这可能会吸引到年轻人，但如果事实上你的公司还是滞留在 20 世纪 80 年代的风格，那几个月内你就得重新招聘。

赋予工作意义

今天的求职者，尤其是占劳动力大部分的千禧一代，都在寻求那种拥有比以赚钱为目的更高的价值追求的组织并希望为其服务。以圣犹达儿童研究医院[①]为例，其宗旨是"寻找治愈方案，拯救儿童"。这样一个在世界上创造如此特别价值的组织，谁不希望成为它的一部分呢？

在工作中寻找意义的想法不是什么新鲜事。这种趋势开始于寻求改变世界的婴儿潮一代。他们曾寻求改变世界，然而现实的打击让他们意识到：创造不同的热情并不总能为现实买单。但是，今天的年轻员工却拥有更有利的地位使得他们能够守住立场、改变世界，同时还能赚钱。因为毕业即失业的尴尬已经不复存在。

志愿者服务在千禧一代中盛行。皮尤研究中心[②]2010年对千禧一代的研究发现，57%的千禧一代在过去一年参与了志愿活动，比过去任何一代人都多。这一代人认为，社会意识应当融入职场，而不只是某种兼职工作。因此致力于开发下一代劳动力资源的组织应该明智地提供并推广志愿机会，这样可以帮助他们吸引顶级人才。

寻找赋予人生意义的工作对于婴儿潮一代，特别是那些再就业的人们，依然是优先考虑的要素。对于这一代中的许多人，他们的职业生涯的前半段是赚钱支付衣食住行和教育，满足这些需求后，他们所要寻找的就是把愿景或意义放在更重要位置上的工作机会。

这种思维的转变为像大波士顿地区食物银行[③]这样的非营利组织提供了帮助，帮助它们在同以营利为目的的组织的人才竞争中更容易吸引到经验丰富的人才。求职者愿意为更有意义的工作放弃高额的薪水，从而使得组织能够更好地服务客户，打造一支经验丰富、充满使命感的团队。

你公司的意义是什么？专注你公司的独特价值，一定要用你的组织意义或企业愿景作为主线，将你的网站、招聘相关资料串起来。公司的使命是品牌的关键

---

① 圣犹达儿童研究医院（St. Jude Children's Research Hospital）是由明星丹尼·托马斯建立的，世界一流研究和治疗儿科癌症和血液类等儿童先天疾病的医院之一。——译者注

② 皮尤研究中心（Pew Research Center）是美国的一家独立性（无倾向性）的民调机构，总部设于华盛顿特区。该中心为那些影响美国乃至世界的问题、态度与潮流提供信息资料。——译者注

③ 波士顿地区食物银行（Greater Boston Food Bank）建于1981年，旨在帮助贫困人群。——译者注

因素。通过突出组织意义或企业愿景，你会更容易吸引到志同道合的候选人，吸引那些愿意加入并不断通过工作传承企业愿景的人才。确保组织中的所有人都知道公司的伟大愿景，并且在整个面试过程中传递出来。

了解顶级人才的诉求

如今，员工寻求的不只是一份工作——他们寻找的是一种体验。特别是更年轻的一代，他们寻求职业的快速发展。对此，一些有远见的企业会为员工提供职业裂变的机会。一些公司，如通用汽车，会为员工提供在组织内的关键职位上轮岗的机会，甚至提供在其他地区工作的机会。获得这种机会的员工能够迅速掌握新的技能，同时也为组织增加了价值。

顶级人才也寻求工作的独立性和过程的自主性。遗憾的是，许多公司的做法是防止员工自行决定怎么做以及什么时候做。弹性工作制是吸引顶级人才的好方法，但这需要公司充分信任自己的员工。

一家公司最近引入了夏令时工作制。虽然这个决定在员工中引起轰动，但实现起来并没那么容易。现在，周五下午空荡荡的停车场已经引起了首席执行官的关注。但实际上，首席执行官与其关心工作场所这些细枝末节的问题，不如给予员工信任，相信员工会调整自己的工作习惯，确保既能完成工作又能提前下班。朝九晚五的工作制不再是公司及其员工必须采用的工作模式。如果首席执行官废除夏令时工作制，员工会认为雇主与雇员之间缺乏信任，他们就会去找那些自己能够被信任、可以自己掌握什么时间结束工作的地方去工作。

通用汽车公司的技术轮岗及职业知识项目（TRACK 项目）[1]

为了响应员工的更快速的职业发展诉求，通用汽车推出了轮岗项目，帮助员工加速他们的职业发展。该计划旨在吸引和支持那些倾向于在快节奏、创新环境中工作的人才。参与者将获得：

[1] TRACK 为 "Technical Rotation and Career Knowledge" 的简写。——译者注

- 针对复杂任务提供解决方案的实践锻炼。
- 拓展技能水平的创新课程及跨职能经验。
- 建立能够拓展自己在专业领域的人脉网络的机会。

例如，销售、服务和市场营销的 **TRACK** 项目为个人提供了去尝试推动公司不同部门业务的机会，因为他们的目标是成为未来通用汽车的营销负责人。这一项目在以下领域已经发展成为期三年的必要任务：

- 全球品牌市场营销。
- 全球卓越市场中心。
- 全球产品市场营销。

通用汽车的其他部门提供轮岗项目，如工程部、财务部和全球采购及供应链部。

职业发展机会的广而告之

在从外部找人之前先审视一下你公司的内部资源。这看起来很符合逻辑，但很多员工第一次听到自己公司的工作机会却是自己在网上搜索职位时或者其他同事提到时。尤其是千禧一代，员工如果感觉他们现在的职位不具备足够的挑战性或者没有获取新经验的机会，他们会选择快速跳到其他角色甚至其他工作。

人力资源管理学会（The Society for Human Resource Management，SHRM）《员工工作满意度与敬业度 2015 年度报告》显示，员工最不满意的很多方面与职业发展相关。受访者中，只有 20% 的人表示他们对企业内的职业发展机会非常满意，对自己的职业发展选择非常满意的仅有 21%，对企业提供的特定职位的职业培训非常满意的为 22%，对企业在员工的职业发展方面的承诺非常满意的为 23%。企业必须增加内部职业发展的可选机会才能留住人才。同样重要的是，企业还需要不断完善这些可选项才能持续吸引顶级人才。

然而企业在给予员工内部发展机会、对这些发展机会进行营销推广方面都做得不够到位。好的员工不会想加入一个无法帮助自己职业获得发展的公司，无论是在当前公司内还是其他什么地方。互联网上有大量关于公司的工作及雇主调查的资料，如玻璃门网站，可以帮助候选人在家就很好地了解一家公司在职业发展方面做得怎么样。这些调查表明，候选人会倾向于避开那些 80% 的内部员工对职业发展和专业发展机会不满意的公司，相反却会去申请加入那些有非常好的员工发展案例的公司。

如果你的公司有过去或现在员工在内部晋升的案例，你应该在人才吸引过程当中不断地传播这些案例故事，确保潜在的候选人在他们寻找工作的过程当中能尽早地被这些故事吸引。这就意味着你要利用网站和社交媒体进行传播。

大部分公司倾向于仅仅给精挑细选的高潜人员提供职业发展项目。但是有些公司，像通用汽车，给所有员工提供职业发展机会，而不是仅仅给那些高潜人员。全球领导力发展项目正在所有员工中迅速铺开。这个方法正在帮助通用汽车公司创造出更具协作性的工作场所，这对那些正在寻找新的就业机会的人才具有非常强的吸引力。

通用汽车认为，员工应当为自己的职业发展负责。新的导师行动计划也充分反映了这一点。这一计划旨在帮助员工开发他们的职业潜能，全球的通用汽车员工都被鼓励变成导师，或从别人那里寻求导师指导。这一新举措正在不断加速，帮助通用汽车持续吸引顶级人才。

你不必非要等到成为《财富》500 强企业之后才开展类似这类导师制项目的举措。你需要的是高层的承诺和一些别出心裁的设计。有个想法值得一试。假设你是一个中等规模的公司，没有太多的管理者作为导师去指导其他人。那么，你可以找在领导力方面是你比较欣赏的公司，问一下它们的管理者是否愿意和你在导师制项目上进行合作。你的管理者可以去指导他们公司中的一些员工，他们公司中的一些管理者也可以帮你的团队做一些指导。作为一家中等规模的公司，你的那些有潜力的员工可能会比较关注这一点，即公司是否缺乏帮助他们提升职业发展的社交机会。和较为知名的公司合作可以提升你的雇主品牌，让你在类似规模的公司中脱颖而出。

有了领导力发展和导师制项目，接下来，你要确保这些信息放在你网站招聘页面上最明显的位置。这有助于强化你的雇主品牌，使公司在人才吸引方面更具备吸引力。

对员工给予认可

盖洛普公司的研究表明，经常受到认可和表扬的员工会有如下表现（Roth，Clifton，2004）：

- 改善他们的个人生产率。
- 提高同事们的敬业度。
- 更倾向于留在组织中长期工作。
- 他们的客户忠诚度和满意度高。
- 具有更好的安全记录，工伤发生少。

不懂得给予员工认可和表扬的公司面临存量人才流失及错失潜在人才的风险。为了吸引顶级人才，企业在有关给予员工认可的项目方面要做到位。根据SHRM 的《员工工作满意度与敬业度 2015 年度报告》，只有 24%的员工对于管理层就自己工作表现的认可方面表示满意，但是有 55%的人认为这种认可非常重要。

有很多种不必花很多钱就可以给予员工认可的方式。要对员工每天的优秀表现给予认可，你可以给予员工额外的休假时间以感谢他们加班或做得很好的工作。奖励体育赛事或某项表演的门票的做法效果一直很好。当然，简单的一句"谢谢你"也会大有帮助，它能使员工感到自己的工作得到了赞赏，感到自己是团队的一分子。

博洛克是一家位于波士顿的区域连锁餐厅，它为工龄超过 10 年的员工提供四个星期的带薪假，通过这种方式认可激励了所有员工。更进一步，它还会为员工的这一假期提供后勤保障支持，以使得员工可以充分享受他们的假期。

教育福利

大学学位正成为类似以前的高中文凭所代表的学校教育文凭的新高度：完成最基础、入门级的工作所要求的最低学历。但是获取学位的开支对很多人来说是难以承受的。像星巴克、菲亚特克莱斯勒等公司正在为员工（包括兼职员工）提供大多数公司没有提供的东西：获得免费（或几乎免费）的大学教育。借助这项政策，它们正成为吸引雄心勃勃的人才的人才磁石。

一个阳光的年轻人正在寻找兼职工作，用于支付大学学费。他有两个工作聘用邀约：一个是巨型零售商，另一个是星巴克。薪酬、时间和工作地点方面都相差不多，主要的区别在于教育福利。你认为哪一个机会将更具吸引力？

另一个例子是，斩价超市①已决定推出一个大胆的举动：提供学费资助和贷款豁免计划。该计划背后的想法是为员工提供资金用于支付当前的大学学费或者还清大学学费贷款。

斩价超市计划在 2016 年先运行一个试点项目：为所有符合条件的员工提供每月最高 100 美元的教育福利。由于斩价超市雇用了数以千计的大学年龄段（或更年轻）的员工，这对他们（和他们的父母）带来的未来可能性和影响会是多方面的。

这个计划还处于设计阶段，所以在推行过程当中可能还会有一些变化。但是，这个计划已明确要让全职、兼职员工都能参与进来，只要他们服务期满一年、平均每周的工作时间不低于 20 小时且工作表现良好。斩价超市的远期目标是为每个员工提供每年最高 1 200 美元、最长不超过四年的教育福利。这一福利可以让员工在学费资助和贷款豁免上得到支持——四年获得学士学位，再加一年开始偿还贷款。

这个计划会和斩价超市的其他文化项目、员工导向项目等相呼应。斩价超市虽然身在一个并不以冒险精神著名的行业，但它却正进行着极为大胆的尝试。它

---

① 斩价超市（Price Chopper）以低廉的价格吸引顾客。——译者注

正在引领行业，它将在吸引志同道合的人才方面处于非常优势的地位，而这些人才在帮助家族式企业成为行业内其他企业争相效仿的领先对手方面提供巨大的帮助。

教育福利可以成为区别于其他企业的关键要素。像斩价超市、星巴克、菲亚特克莱斯勒的这些计划在市场上的曝光提升了雇主品牌形象。你的公司可能也有同样的教育计划，请记住一定要在你的招聘相关资料、社交媒体、网站上突出这个计划，这样你才能吸引到那些想要寻找既能充实自己也能帮助公司这种工作机会的候选人。

总结

富有磁性的工作场所是吸引和保留合适人才的重要因素。要创造一个对你所需要的人才有吸引力的场所，最终要归结于文化因素。不要试图制造和你公司不匹配的形象，求职者和员工马上就能发现你在做什么。相反，应当致力于创造正确的人可以茁壮成长的环境。这样，你就处于一个创造优秀雇主品牌的有利位置，而这一品牌优势将帮助你把这些人拉到你的公司来。只要你继续善待他们，为他们提供职业发展的机会，他们就会一直留下来。

当你在审视你所在的组织时，可以问自己以下问题：

- 要提高我们在目标人群中的吸引力，我们能做什么具有差异化的事情？
- 要使我们在激烈的竞争领域脱颖而出，并且能够保证我们获得推动业务发展所需要的人才，我们需要去做什么具体的事情？
- 如果我们什么都不做呢？什么都不做的话，对我们的组织会有什么样的影响？

可获得的人才变得越来越少，所以那些已采取措施关心员工的组织将继续吸引和保留顶级人才。这些组织在未来的 10 年乃至更长时间内，无论是经验还是盈利能力都会持续增长。

作者简介

罗伯塔·马图森（**Roberta Matuson**），Matuson 咨询公司总裁，在超过 25 年的时间中，帮助了很多《财富》500 强公司（包括通用汽车、新百伦、波士顿啤酒）的领导者，也帮助了很多中小型企业的领导者，帮助这些领导者通过人才的最大化实现了大幅增长和市场领导地位。作为享誉全球的人才放大器®（Talent Maximizer），她是国际畅销书《职场是最好的商学院：我的第一堂职场常识课》[①] 和《人才吸引力：如何建立一个吸引和保留最优人才的工作场所》[②]的作者，也是《快公司》《福布斯》杂志和玻璃门网站的专家博客以及《波士顿商业期刊》的月度专栏作家。

[①] 本书（*Suddenly In Charge：Managing Up，Managing Down，Succeeding All Around*）中文版由中国友谊出版公司出版，2013 年 7 月 1 日第 1 版。——译者注

[②] 本书（*Talent Magnetism：How to Build a Workplace That Attracts and Keeps the Best*）暂未见中文版。——译者注

第 2 部分

人才融合

德勤《2015 年全球人力资本趋势》报告就当前业务面临的特定人才管理挑战做了一项调查，来自 106 个国家的业务领导和 HR 领导参与了该项调查，其中 87% 的人认为最令他们头疼的人才管理挑战是，文化和敬业度管理，或者能够为员工创造有意义感的工作。随着技能人才的短缺以及企业文化在社交媒体上的公开化，如何让员工满意并且愿意留下来，已成为一个事关重大的业务问题。人才融合的动作和流程，应该在员工来公司上班第一天之前、在告诉员工如何为雇用做好准备之时就开始了，并且应该持续贯穿员工的整个任期内。负责人才管理工作的领导者，有必要持续不断地重复招聘人才时的一个环节，即回答员工下面这个问题——"我为什么想要继续在这里工作"，最好是在员工亲自提出这个问题之前就能够让他们明白。

第 2 部分的前三章凸显了从一开始就将事情做对的重要性。第 4 章，小亚历克斯·D. 特伦堡和谢丽尔·A. 亚伯兰分享了新员工入职引导计划的四个基本目标，包括理解组织文化，理解绩效期望，建立有影响力的关系网络以及感受到来自领导层的尊重和支持。

第 5 章，莎拉·哈格曼、莉莉丝·克里斯琴森及马克·斯坦借助一个高绩效组织里运行良好的成功经验，为一个世界一流的新员工入职引导过程提供了行之有效的框架。在第 6 章，他们将框架扩展至内部人才在新职位上的入职引导过程。内部人才在组织内部调动或横向轮岗，也需要有针对新职位的入职引导过程，而这个过程常常被忽视或被低估。正如他们所指出的，员工在内部发生职位调整后，他们对雇主的感知和满意度会产生很大的变化。

接下来的三章深入研究了通过组织文化和奖励来增加人才的敬业度这一方法的细微之处。第 7 章，丽贝卡·雷、戴维·代伊、帕特里克·海兰德、约瑟夫·卡普兰、亚当·普利斯曼分享了拥有高敬业度员工的组织在做什么正确的事情，以及它如何带来额外的商业结果。他们在跨组织的研究中发现了八个要素，这些要素能战略性地驱动敬业度文化的形成，他们还列出了推行敬业度文件的实施步骤和需要避免的陷阱。

第 8 章，乔恩·英厄姆讨论了物质激励和非物质激励在打造和维持敬业度方面的作用。他提出了一些方法和实施步骤，帮助组织将激励转变为人才管理的战略性推动者。

最后，在第 9 章，朱莉·克洛做了一个关于强大而积极向上的组织文化是影响员工高敬业度的关键因素的案例研究。她将组织文化里那些虽具体却过于模棱两可的因素进行了分解，并将它们与组织如何提高员工留存率这一问题关联起来。

第4章

通过入职引导加速人才融入

小亚历克斯·D. 特伦堡　　谢丽尔·A. 亚伯兰

入职引导计划是一个为期 90 天到 1 年的流程，在这个流程中，要使新入职员工和内部新晋升员工逐步适应新职位、与组织融为一体，从而尽可能快速、有效、积极地产出绩效结果。每个组织都有入职引导这一流程，无论该流程是有计划的、正规的、经过深思熟虑的，还是无计划的、不正规的、自发形成的。以上两种方式均会影响到新员工或内部新晋升员工开始为组织增加价值需要耗费多长时间以及能够增加多少价值。正如 RHR 国际咨询①在《2010 年高级经理人调研报告》中所述，内部新晋升员工的引导计划与新入职员工的引导计划是完全不同的两种情境，它们都面临着相对独特的挑战。本章仅关注新入职员工的引导计划这一主题。

一个典型的新员工入职引导流程通常包含四种角色——新员工入职引导计划项目协调人、新员工入职引导计划项目支持者、新员工的上司、新员工。他们在确保流程获得充分支持上发挥着关键作用。在以往，组织主要是依赖人力资源部门来管理和监督所有新员工的入职引导计划，但近年来，组织在入职引导这项工作上，对一线经理和主管人员赋予了更多的责任。美国联邦人事管理局（the

---

① RHR 国际咨询（RHR International）是美国一家老牌人力资源管理咨询公司，总部位于芝加哥。——译者注

Office of Personnel Management，OPM）在 2011 年时提出，**直接主管是新员工入职引导计划和新员工长期融入组织这一过程的关键推动者**；贝新联合公司在 2010 年发现，努力增加经理人员在新员工入职引导流程中的责任感，能够缩短新员工胜任工作所需要的时间。

如果你们公司打算推行新员工入职引导项目，那么在规划阶段应该允许跨部门的内容输入（Connect the Dots Consulting，2011），这样能够带来更加多样化的观点和见解，由此帮助团队识别项目的重要产出，确定衡量项目成功的方法。举个例子，通过请教那些对入职引导流程有着或直接或间接影响的部门，你将获得非常有价值的观点，而这些如果没有这些跨职能部门的参与和投入，你是不太可能了解的。这类部门包括安全、IT、通信和财务等部门。

入职引导项目能否成功取决于最高领导层的承诺、参与和支持程度，他们的投入能够鼓舞员工努力实现入职引导项目的成功实施。新员工入职引导计划是一个战略性的业务流程，应该清晰地与组织使命相关联。那么，高层领导者支持新员工入职引导计划，就是在支持、强化组织使命。高层领导者率先垂范，通过这种大家都看得见的支持和参与，确保新员工及其上司在积极为组织成功而努力这一点上与他们达成共识。

简而言之，上司和新员工有很多优先事项会分散他们注意力。如果高层领导者对有效的新员工入职引导计划没有表现出强烈兴趣，也没有沟通其重要性，那么上司和新员工就极有可能降低对入职引导计划的重视程度，而将精力优先放在其他事项上。

新员工入职引导计划应该同时有益于个人绩效和组织绩效两方面。组织应在这两方面找到衡量项目成功与否的有意义的衡量指标，并建立相应的评价机制。在这里，有意义的衡量指标是指诸如员工留存率、绩效评价和组织绩效评估等管理指标，它们将有助于确保新员工入职引导计划持续地与组织更大的战略目标保持一致性。如果没有这些衡量指标，就没有清晰的焦点，那么组织就会面临无效使用组织资源和员工时间的风险。组织应该通过定期评估来监控项目是否成功，并且识别项目的设计和实施方案是否有必要进行调整。

成功的新员工入职引导计划的四个基本目标

每个新员工入职引导流程都应该瞄准组织设定的基本目标，并且每个新员工入职引导流程都应该设定评估标准，以便判断目标是否达成。举个例子，美国联邦人事管理局（OPM）的强化版高级行政人员（Senior Executive Service，SES）新员工入职引导模型要求，新员工应该在入职后的第 30 天、第 60 天、第 90 天时分别完成一个评估。因为新员工入职引导计划要动态地适应组织需求，所以组织应该使用评估过程中收集到的数据，在必要时，对计划进行更新和改进。

那么，成功的新员工入职引导计划是什么样子呢？以 OPM 强化版 SES 新员工入职引导模型为例，成功的入职引导计划有四大重要（基本）目标。入职一年之后，新员工应该能够：

- 理解组织文化。
- 理解绩效期望。
- 建立有影响力的关系网络。
- 感受到来自领导层的尊重和支持。

✎ 理解组织文化（30 天内）

新员工加入一个组织的最初 30 天内，导致新员工失败的因素有很多，而其中最明显的是没能理解组织文化。在帮助新员工欣然接受组织文化方面，入职引导计划的四个角色都发挥着各自的作用。**新员工入职引导计划项目协调人**应当为新员工策划活动，帮助他们与同事建立关系网络。例如，为新员工提供半结构化的环境，使其能与组织内其他运营部门的同事建立跨团队的合作关系。通过这些关系，新员工可以谈论组织机构、组织文化以及如何成功地驾驭公司政治等话题。

新员工入职引导计划项目支持者应该处于高管层面，具有足够的组织影响力，能够清除项目实施中遇到的障碍。这些项目支持者需要对影响组织文化、构成组织文化的那些正式或非正式的规范都有清晰的见解。拥有这样的洞察力，项目支持者才能够确保项目实施策略与组织文化规范是协调一致的，才能针对这些项目实施策略提供建议，规避风险。

新员工的上司必须安排时间召开会议，在会上与新员工讨论组织的文化、使命、价值观和绩效期望。新员工的上司要让新员工了解哪些行为是支持和强化文化的行为，这将会消除他们的试探和错误，增加他们产出更高生产率的可能性。新员工的上司应该致力于培育一种开放沟通的环境氛围，这样新员工在组织里经历困难时，会乐于接近上司以寻求帮助。

新员工应该完成所有行政文件，如 HR 部门和 IT 部门所要求的表格等；新员工需要参加由新员工入职引导计划项目协调人、项目支持者或直接上司等角色所安排的所有有关入职引导计划的会议，为困惑的问题寻找答案。

本阶段的最后一步，就是新员工需完成 30 天入职引导的成果评估。

理解绩效期望（30~60 天）

入职后的最初 30 天内的目标是使新员工适应组织，帮助他们理解与自己的绩效、发展和行为相关的角色和职责是什么。

30 天后，新员工的上司应该承担大部分的新员工入职引导的责任，而入职引导计划项目协调人则随着时间推移，逐渐转变为更具监督作用的角色。但是，项目协调人仍应定期与新员工核对计划进程，以确保入职引导工作正在如期推进，确保新员工能够完成 60 天入职引导的成果评估。如果有必要，项目协调人可以邀请项目支持者参与，请他们帮助解决上司或新员工在这过程中出现的各类问题与挑战。

新员工的上司应该和新员工召开后续跟进会议，并为其绩效表现提供反馈。上司也应该和新员工一起，共同找出新员工的短期和长期的发展需求，在此基础上，制订深思熟虑的个人发展计划。

这个时候，新员工应该已经对组织和团队的方向掌握了足够的信息，使得他们能够充分自信地面对上级下达的绩效期望。新员工应该利用这段时间和团队建立关系和信任，了解团队成员的优势和他们的待发展领域。这些初步的沟通将为他们之间关系的进一步发展奠定基础。

在这一阶段结束时，新员工应完成 60 天入职引导的成果评估和入职引导计划检查表。入职引导计划检查表很简单，新员工与其上司可以利用它来跟踪特定时间内需要完成的活动。例如，OPM 在它《积极做到最好（2011）》（*Hit the Ground Running*）报告中提供了检查表样例；美国公共服务合作组织（Partnership for Public Service）也在其《让新手做得更好（2008）》（*Getting on Board*）报告中分享了检查表样例。

建立有影响力的关系网络（60~90 天）

新员工入职引导计划第 60~90 天的目标，是帮助新员工构筑工作胜任力，为各种讨论和反馈提供经常性的机会。新员工也应该开始建立工作关系以及业务伙伴关系，这将有助于支持他们在工作环境中游刃有余。这些关系在避免政治和文化陷阱方面至关重要，因为这些陷阱可能严重损害新员工的可信度和在整个组织中的地位。

新员工入职引导计划项目协调人应该继续监督新员工与其上司，确保新员工完成入职引导检查表和 90 天成果评估。到这个时候，新员工和其上司应该至少参加过三次会议，在这些会上讨论的是新员工的绩效表现和可能需要做出改进的地方。新员工应有机会参与类似于同伴导师制、培训和发展、体验式学习这样的专业发展活动。在这些活动中，新员工应被允许同组织内部和组织外部的相关人员建立关系。新员工胜任工作所需的专业技能和领导技能可能正是某些同事和领导所精通的，所以新员工要同这些同事和领导建立有影响力的关系网络。

感受到来自领导层的尊重和支持（6 个月~1 年）

6 个月到 1 年的新员工入职引导计划的目标，是通过监控新员工的绩效和促进他们的个人发展，确保新员工获得持续的成功。新员工的敬业度在很大程度上依赖于他们能否感受到自己的价值被组织所认可。

在入职引导计划的最后 6 个月，项目协调人应关注如何结束整个评估过程。项目协调人应回顾新员工之前的评估结果，以新员工的反馈为基础，采用焦点小组的方式确定引导计划中有哪些需要调整，举行结业仪式以庆祝新员工完成整个计划，向在评估中获得高分的新员工的上司致谢。新员工入职引导计划的结业仪式也是一个很好的时机，可以让上司和单位领导者公开地就新员工的近期工作成果表达认可。

在结业仪式之后，新员工还要与其上司再进行一次绩效面谈。这次面谈后，新员工应该重新评估自己的个人发展计划，看看是否需要调整改进方向；新员工还应该参与能够获取团队其他成员反馈信息的那类评估活动。

有效的引导是这样的：引人入胜的第一天

特瑞娜去公司上班的第一天，人力资源专员面带微笑地迎接她，并把她带到新员工入职培训会议室。一进入会议室，她发现有九位新员工一同参与入职培训。

培训在上午 9 点 30 分准时开始。人力资源专员播放了一个描述公司的组织、文化、使命和公司战略目标的视频。看完视频后，特瑞娜有机会认识所有其他的新员工。而且，入职培训不仅为她提供了认识其他新员工的机会，她还在这个时间里完成了重要的入职手续。最后，她和新员工入职引导项目支持者见面。项目支持者告诉她，自己将确保在之后的几个月内特瑞娜能够在组织内建立良好的工作关系。

入职培训之后，特瑞娜被带到她的办公室，她的电脑和电话都已经准备好了。特瑞娜被介绍给她的上司，他给了她一个文件夹，包含部门成员及可能接触到的其他员工的姓名、联系信息、头像照片和简介等信息。特瑞娜还发现，公司专门为她安排了一位同伴导师，这位导师已经在组织内工作了一段时间，可以帮助她了解不同部门的文化和政治。

在整个入职引导过程中，特瑞娜为加入这个组织的决定而由衷地感到高兴。尽管刚刚开始，但她觉得自己已经成为团队的一部分。

无效的引导是这样的：没能充分沟通的绩效期望

托尼是一位被寄予厚望的经验丰富的高层管理者，他被聘为由另一位高管负责的部门副总监。到任时，托尼写了一封电子邮件给作为他的上级的那位部门总监，就两人如何合作以取得高效业绩提出了建议。

托尼很开心自己的主动沟通，他期待和部门总监有一次深入的对话。然而，部门总监简单潦草地回复："你的建议我都同意。"总监含糊不清的答复让托尼很困扰，因为托尼的建议里有些内容是相互矛盾的。托尼期待的"开始"并不是这样的。

在接下来的一年中，两人摩擦不断。托尼做出的决定总是会被总监推翻。托尼会跟其他同事沟通战略优先事项，但到后来会发现，总监所传递的和他的是矛盾的。托尼努力提供建议，但总监从不考虑，还让总监认为托尼有意越过权限，而托尼却认为他只是在做本职工作。两人之间的摩擦不断公开化，导致了部门同事的分化。

因为没有新员工入职引导项目协调人和支持者这两个角色来确保在托尼与部门总监之间就具体的绩效目标达成一致，也没有为托尼提供一个机会来认识其他的能够为他提供指导的组织高管，所以，托尼感到自己虽然身为高管，但却越来越被隔阂和无效能。最后，托尼离开了这个部门，还有许多部门员工因为这样一个不友好的工作环境而开始寻求其他工作。从表面上看，这都是因为托尼对自己的绩效目标缺乏理解所导致的，但实际上这是源于新员工入职引导计划有很大的缺陷。如果部门总监在早期就清晰地明确了托尼的角色和绩效期望，那么后来的对抗和敌意的工作氛围可能就不会发生。

下一步

使用这些唾手可得的工具，来改进你所在组织的新员工入职引导计划吧。要想有效同化新员工、使新员工适应组织文化，你并不需要依赖庞大的预算。组织可以很便捷地使用已经拥有的资源来确保它们的项目符合新员工入职引导计划的四个目标：理解组织文化、理解绩效期望、建立有影响力的关系网络、感受到来自领导层的尊重和支持。

最主要的投入是时间和精力。组织将新员工入职引导流程嵌入当前业务的程度越深，新员工入职引导流程将会进行得越顺利、越可持续。例如，组织应该明确规定，在每次有新员工入职时，必须将此信息知会某些特定部门；如果现有规定没有这一条，那么就需要修改规定，以确保将这个条款被纳入进来。组织也应该提供易于获取的工作辅助工具，为所有参与到入职引导流程中的部门和人员，提供一个循序渐进的操作指南。最后，组织应该通过现有的内部邮件、局域网、员工活动、营销策略等方式来在组织内传播入职引导的重要性。

这里有一些 OPM 提供给联邦政府工作人员的入职引导计划的资源的例子：

- OPM 高管入职引导的维基网站（Executive Onboarding Wiki）。
- SES 情境指导项目（Situational Mentoring Program）。
- OPM 指导中心（Mentoring Hub）。
- OPM 政府级教练网络（Government-wide Coaching Network）。

总结

新员工入职引导计划应该是组织文化的一部分。当组织认可新员工入职引导计划，认为它能切实增加新员工、上司、经理乃至整个组织的价值时，新员工入职引导计划的流程就会变得越来越顺、效果越来越明显。

创建一个战略性的、正规的新员工入职引导计划是有些理想化，因为它需要花费相应的时间和资源。即便如此，时间和资源也不应成为推行新员工入职引导计划的障碍。人才管理经理需要制订个性化的新员工入职引导计划，以便使每一个新员工都感觉到备受欢迎。他们需要让新员工入职引导计划具备灵活性，以便组织能够便捷地在实施过程中做出调整。他们还需要让新员工入职引导计划能够随着时间的推移逐步地完善和改进，以使得这些引导计划项目能够反映出组织现状，并且能用最新的信息去武装新员工。

作者简介

　　小亚历克斯·D. 特伦堡（**Alex D. Tremble Jr.**）是 GPS 领导力解决方案机构的创始人兼首席执行官，是畅销书《GPS 成功指南：如何导航人生，抵达生活和职业目标》（ *The GPS Guide to Success: How to Navigate Life to Reach Your Personal and Career Goals* ）的作者。建立 GPS 领导力解决方案机构之前，他在美国内政部担任高管教育项目经理，负责确保该机构最资深的员工拥有实现该机构的使命所需的领导能力。他拥有威廉·佩恩大学工业心理学和社会学学士的学位（2008）、巴尔的摩大学工业与组织心理学硕士学位（2011）。

　　谢丽尔·A. 亚伯兰（**Cheryl A. Abram**）供职于美国联邦人事管理局，是领导力和管理能力发展领域的人力资源开发专家。她的核心职责包括编写和解读政府培训和发展领域的法规，以及对领导力与高管培训培训项目进行评估。

第5章

世界一流的入职引导体系的核心要素

莎拉·哈格曼　　莉莉丝·克里斯琴森　　马克·斯坦

　　每个新人加入组织的时候都会经历入职引导的过程，然而并不是所有新人的这一过程都能很好地完成。也就是说，不是每个新人都是通过精心设计且行之有效的方式融入组织的。所谓"行之有效"，是指这种方式不仅为组织创造价值，而且能为新人带来更多价值。很少有企业拥有这样一套新员工入职引导体系：面向大部分新人，能够提供从接受聘用邀约之时（或之前）一直延续到入职一年后这段时间的最优工作体验。这一体系的设计极具战略高度，能够带来持久的影响力，而且它能重新定义雇主和雇员之间的契约关系，让彼此实现双赢。

　　在《成功的新员工入职引导》[①]一书在 2010 年出版后的五年时间里，我们看到世界范围内有更多的企业拥抱了入职引导这一理念，并将其视为人才管理的战略性因素而予以资源投入。然而这些企业中，有一大部分持续地将资源重点投入到识别和聘用合适的人才方面，而不是将关注点延伸到如何帮助人才在企业获得

[①] *Successful Onboarding: Strategies to Unlock Hidden Value Within Your Organization* 由本文的两位作者马克·斯坦、莉莉丝·克里斯琴森所著，McGraw-Hill Education 出版，2010 年 7 月第 1 版。——译者注

成功（让他们有效融入企业）这一方面。例如，在一次关于人才获取和新人融入的大会上，我们对与会人员进行了调查，询问他们有多少资源（有多少人）是投入人才招聘和新人融入这两项活动中的。结果每一次都是招聘大获全胜，企业对招聘的投入是融入的 2~10 倍。这里需要说明的是，我们并不认为这两者应该获得相同的资源投入，我们承认精挑细选且效果卓著的人才获取需要投入大量的资源（人手），只是企业在这两项活动投入资源方面的巨大差距，展示了企业对它们重视程度的厚此薄彼，但要注意的是，这两项活动都是位于人才生命周期最前端的关键环节。

如果想要明白人才融入（入职引导）流程在大部分企业的低效程度，以及当这些企业采用了具有战略意义的新员工入职引导项目后所能达成的效果，我们需要先建立一个概念，即世界一流的新员工入职引导项目是什么样的。因此本章将描述理想状态下前沿的新员工入职引导项目所具备的几个基本特征，并介绍相关的未来趋势，以及那些拥有世界一流新员工入职引导项目的组织所具备的驱动因素。这些特征可谓是适用于所有企业的最佳准则，不论企业所处行业、竞争状况以及战略目标如何。对这些最佳准则的融会贯通，能够指引企业开发出定制化的一流新员工入职引导项目，以满足企业自身环境和业务目标的需求。

在那些已经开始引入新员工入职引导项目的组织中，很多现有项目的不足之处已经昭然若揭。由于大部分项目的持续时间太短，向新员工灌输信息的速度太快，新员工仿佛通过消防栓喝水一样，往往不堪重负。因此，很多新员工都声称"不明所以"。在这些入职引导项目中，多达 90% 的内容是在入职初期的入职培训中传递的，问题就在于，此时的新员工往往对组织的情况还没有太多的了解，但是要想真正理解和内化他们所接收到的那些信息，却又要以对组织的了解为基础。

大部分在这些入职培训过程中分享的信息，都不会在后续进行强化。传递的信息倾向于集中在企业最基本的、适用于所有新员工的那类共性信息上，而对特定的新员工群体缺乏定制化的内容。由于新员工缺乏必要的背景信息以理解相关培训内容，企业也没有深思熟虑的后续强化措施、没有因材施教的定制化设计，随着时间的流逝，新员工入职引导项目的培训内容产生的影响最终乏善可陈，正如图 5-1 中雇员价值贡献所显示的。

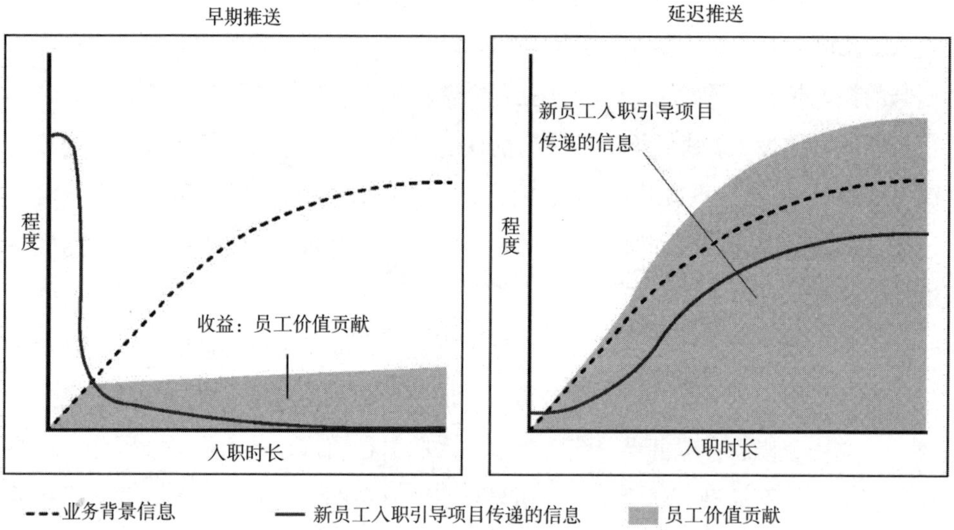

图 5-1 不同内容的早期推送与延迟推送的价值贡献对比

正如图 5-1 所示的，将新员工入职引导项目的特定内容的培训推迟到新员工已经具备了吸收并内化这些内容的业务知识时，再予以实施，比起同样的内容在新员工入职第一周就予以实施——我们称之为消防栓方式，员工为组织带来的价值贡献（员工使用入职引导项目期间所学知识对组织产生有价值贡献的能力）要显著得多。

过去数年间，企业聚焦于优化新员工入职引导项目的具体实施细节，因此导致无法更新以及延展已有的项目，使这些旧项目能够产生新的、更大的价值。如今的企业也许在新员工的雇用程序上更高效、更合规，在其中还有一部分企业在入职第一周就为员工预备了电脑和其他工具，然而，却少有企业能够为新员工提供帮助其在职位上表现优异所需要的知识、技能、激励和其他资源。

OM 框架模型[①]

基于以上这些不足，以及在客户的组织中所见证的有效举措，我们开发了这个先进的战略框架，帮助任何规模及行业的组织进行有效的新员工入职引导。任何一个组织都无法也没有必要尝试控制新员工的所有入职体验。真正的机会点来自从接受聘用邀约到入职一年这段时间里，如何让员工有恰当的入职体验。这样的体验能够帮助新员工：适应企业文化，理解职位的贡献机会点及企业对任职者的期望，熟谙组织的战略，与同事建立有价值的合作关系，学习有用的技能，为企业创造新的价值，并在组织中落实其职业发展。

想要明白入职引导项目所涉及内容的广泛性，可以考虑新员工体验中的众多第一次，这些初体验都实实在在地影响着新员工对组织的看法。新员工对组织的融入，是在这样一些第一次中完成的：第一次进行客户拜访，第一次完成费用报表（然后发现新东家的系统比老东家的更烦琐），第一次询问公司福利的细节，第一次接受非正式及正式的绩效回顾。入职引导的工作还包括新员工承担的第一次能力拓展任务、第一次在没有上司直接监督的情况下完成工作、第一次参加会议、第一次接触公司的机密信息等，不一而足。

有些企业能够强化这些初体验，而有些则不能。由于资源有限，企业可以对这些初体验进行排序，选择最值得改善的新员工体验。为了正确实施入职引导项目，企业需要列出新员工将会接触到的业务流程以及体验到的场景，确定哪些体验会影响新员工融入企业的成败，然后分辨哪些是企业应该进行干预的，哪些是新员工本人或其上司就可以有效解决的，最后要采取措施对相关流程进行干预。在这个过程中，企业应该避免面面俱到，而必须有所为有所不为。

[①] 本章三位作者所在公司针对入职体验开发了系统方案，并为该方案注册商标 Onboarding Margin（入职引导中的边际收益），本书简称 OM。——译者注

OM 框架的四大支柱

通过与领先的全球性组织以及相对小规模的本地企业进行合作，我们确认并证明了有四个紧密联系的内容领域（支柱）对新员工融入组织必不可少。这些支柱基于所有成功的入职引导项目的共性，以及如何弥补项目缺陷的解决方案，为企业塑造新员工最初的雇用体验提供了分析框架。

除了如今各组织入职引导项目所承担的行政事务（如确保新员工的福利待遇、提供完成工作必要的工具），世界一流的战略性入职引导项目还会通过提供以下几个方面的支持来塑造新员工的入职体验：熟悉组织文化及绩效价值观，发展人际关系网络，给予早期的职业发展支持，确保对战略的深度理解以及对工作方向的明确（见图 5-2）。

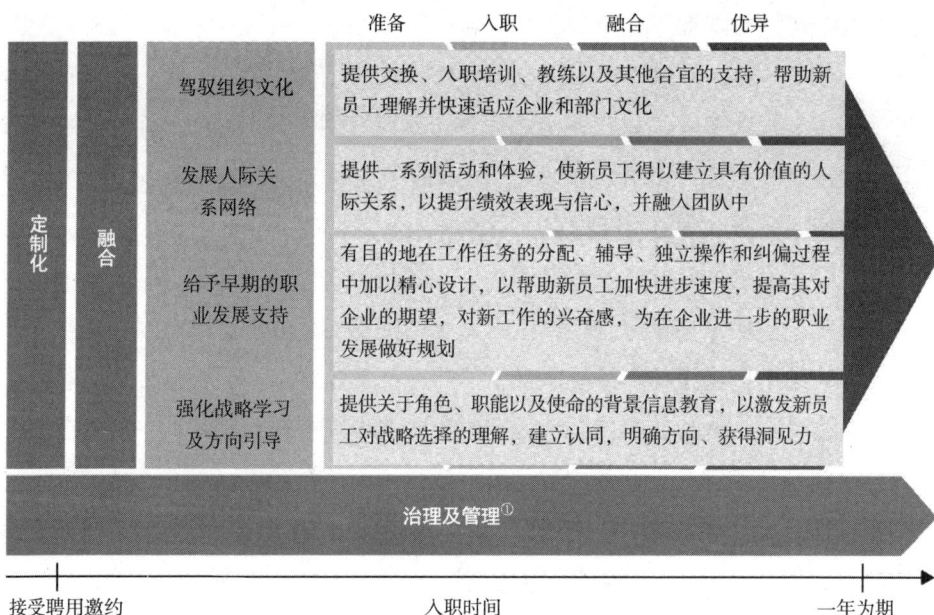

图 5-2　OM 框架

在设计新员工入职引导项目时能够做到以下几点的组织，将能够获得 OM 框

---

① 分别指企业所有权与经营权方面的管理模式。——译者注

架带来的入职引导边际收益：从四大支柱角度对项目与组织结构进行融合，根据新员工的不同类型对内容进行适度的定制化。具体来说，就是这些项目能够提高新员工的生产效率（顶线增长[①]），减少成本以及员工流失率（底线收益），两者结合，就产生了上述收益。

请留意 OM 框架里的最后两个支柱（给予早期的职业发展支持和强化战略学习及方向引导）属于动力杆——它们是企业收益最大化的驱动因素并创造了企业最具有竞争性的优势。这两个支柱通过提升新员工的生产效率、培养其对企业的热情及长期承诺，能够使企业在这两个领域的投入获得极大的投资回报。

现在让我们来简要地介绍一下这四大支柱。

驾驭组织文化

第一个支柱驾驭组织文化，显然与新员工的体验是密切相关的。在新员工加入的时候，很多组织都会努力帮助他们了解企业文化。例如，要成为美国公民，你需要学习这个国家的历史，因为美国公民认为你应该了解、认同并坚信这个国家的价值观。同样地，大学有新生入学指南活动，宗教有成人仪式，体育团队则通过训练营在帮助新成员进入状态的同时打造团队精神。启蒙流程之所以能够延续并得以发展，只有一个原因，那就是确实行之有效。

然而为了业绩而存在的商业组织，往往不太会在文化启蒙流程上投入太多资源。正式的入职培训会呈现一些理念、价值观层面的企业文化信息，大部分管理者也都承认他们的组织的确具有独一无二的文化。然而大部分的组织都没有为其管理者提供必要的工具，帮助其捕捉、提炼并最终协助新员工适应企业独有的文化。同样地，管理者们通常也不会清晰及直接地谈论企业的绩效价值观——那些无形中定义了组织内部成功绩效的思维和行为习惯。

很多组织都以为，在入职的初始阶段结束后，企业文化的启蒙会自然而然地发生，虽然说不清道不明，但通过员工正常的社交就能实现。然后，组织中的老

---

① 由于营收和净利润分别为位于损益表的第一行和最后一行，所以，不惜代价保持营收高速增长的策略叫作顶线增长（Top Line Growth），与此相对应的是底线增长（Bottom Line Growth），即千方百计赚取净利润的策略。——译者注

员工就会去评价新人是否合拍，也会在新人显得格格不入时表示沮丧。尽管新人总能依靠自己适应组织的企业文化，但是如果组织为新员工提供一个更有力的平台，就可以极大地提高员工敬业度，缩短从新手到熟手的适应时间，并增加员工留存率。

这里有两家组织，分别采取了不尽相同却同样有效的方式，帮助新员工适应并驾驭企业文化。快速贷款公司①设计了一本小册子"isms"，清晰简单地列举了企业的核心价值观。在新员工入职培训中，组织的创始人会对所有新员工进行讲话，并亲自解释"isms"的含义。而在普华永道，新员工会组成团队，组装自行车并捐赠给当地社区，由此展示并强化企业关于社区服务的价值观。

发展人际关系网络

组织还可以通过发展人际关系网络来帮助新员工融入组织，改善入职体验。要想在任何工作环境中获得成功，新员工需要与其他员工以及群体建立紧密以及具有建设性的关系。这并不意味着工作必须充满乐趣还能收获友谊，重点在于要帮助新员工建立人际关系网络，以便融入组织，从新的角度了解事情，建立获取知识以及其他相关资源的途径，缩短达成生产效率的时间，将效率提升至新的高度以及发展更让新员工满意的职业生涯。

这同样意味着在工作场所之外建立人际关系——更容易地寻找住宿的地方、在新环境中更自如、为身边的重要他人建立职业交往。例如，宝洁公司与辛辛那提市合作开发了一个网站，为举家搬到辛辛那提工作的新员工提供相关的资源和信息。而投行贝雅（RW Baird）则将新员工介绍给当地相关的职业团体（如商会、专业协会以及论坛等），以鼓励和帮助新员工在组织之外建立专业方面的人际网络和关系，最终提升绩效表现。

给予早期的职业发展支持

给予早期的职业发展支持是指在新员工加入组织伊始就用职业发展来吸引其兴趣、激发其兴奋状态。大部分人都希望建立稳固且持续提升的职业生涯。当

---

① 快速贷款公司（Quicken Loans）是美国最大的网络零售抵押贷款公司，也是美国第三大零售贷款公司，于1985年在密歇根州的底特律成立。——译者注

人们开始新工作时，都会评估这份新工作以及新东家能在多大程度上帮助他们在成功之路上走得更远。

在新员工加入企业伊始就帮助他们学习新技能，并给予充足的理由让他们相信，企业能够给他们带来其他雇用机会所不能匹敌的职业发展前景——企业做到这一点，是能够激励新员工留在组织中并表现优异的。这种附加价值是员工做职业选择时会加以考量的因素。事实上，那些物有所值的新员工从加入组织的第一天起，就会以自身的职业目标为准绳，不断自我评估技能水平以及职业发展机会。鉴于传统雇佣关系的日渐式微，在形成企业雇主品牌的正向差异化优势方面，改善新员工所能获得的职业发展机会是首选的有效路径。

在提早为新员工提供职业发展的支持方面，先进的实践及入职引导项目所包含的构成因素应该包含以下这一点：为新员工制订包含了直接主管意见的新人融入计划。美国西图公司①借助他们的新员工评估工具，在公司内明确了新员工入职计划是入职引导项目的关键因子之一，而这一点直接带来了相当大的正面影响：员工流失率减少了 19%。这个新员工入职引导计划包括绩效目标的厘清、高效完成工作所需工具和资源的确认、关键人物地图以及职业发展规划。

强化战略学习及方向引导

具有影响力的入职引导计划应该涵盖战略学习及方向引导。这一点对新员工之所以有吸引力，不仅仅在于使其开展工作更有效，还在于让他们感觉到公司对其想法的重视，给予他们强烈的使命感。组织（而不是单个的代表）需要与新员工展开重要对话，讨论组织的总体方向以及业务范围——公司的业务是什么？为什么要选择这一特定业务？公司未来的方向在哪里？

组织需要一开始就确定这样的对话是双向的。他们需要向新员工灌输组织战略及其由来，同时向新员工征求所见所闻、个人看法、评论等。关于战略的讨论应该超越抽象层次，而与新员工个人的工作和角色有所联系。只有这样，新员工才得以明白他们的日常工作是如何对组织的成功产生影响的。

---

① 美国西图公司（CH2M Hill）是总部位于美国科罗拉多州的一家年收入超过 60 亿美元的工程建筑公司。——译者注

当然，不是每个新员工都要以整齐划一的方式进行战略学习。这一活动可以也应该按照新员工的类别进行内容的定制化，如高管层、一线员工、年轻雇员以及合同工。对所有的新员工进行战略方面的入职培训，可以让他们在完成工作时更有创意及热情，因为此时的他们已明白了自己工作的意义。在当今知识经济社会，战略思维成为不可或缺的技能，因此入职培训的内容涵盖战略学习还将在个人层面帮助新员工获得成功。

在雪佛龙公司[①]，新员工会与其主管一起制定主要利益相关者及部门地图，列举新员工在支持企业战略实现过程中需要打交道的个人以及部门。

***

这四个支柱就其本身而言，并没有在社会、组织以及商业系统方面提出新的想法。其新颖之处在于，融合了这四个目前组织用来提升员工敬业度的重要课题，将其整合为新员工入职引导的战略性举措。就这么简单。如果这四个支柱能够根据企业对新员工的投资计划进行定制，同时与组织架构有效整合，在这种情况下并行实施四个支柱，将会产生极大的推动力，帮助组织实现超越。

🖉 必要的资源与架构（有效的治理及管理）

除了关注这四个支柱，组织还必须确保有高效的架构，这是任何组织开展项目获得成功的必要条件。有效的入职引导项目需要有清晰明确的管控架构，同时要设定方便组织知晓项目进展及需要改善的环节的衡量标准。另外，要确保项目按照预期计划推进，问责制与操作指引也是必不可少的。我们熟悉的精益生产系统就有以上种种特点，品质体系也不例外，还有销售流程也是。

世界一流的组织所设计的入职引导项目要求其管理系统能够统筹关键利益相关者在其中扮演的角色。如果这个项目确实涵盖全系统，且延伸到组织的每个角落，那么管理模式和治理模式将成为串联所有因素的看不见的线。这两套体系的运行，也可以确保让入职体验如同组织中任何一个重大战略活动一样，无论在呈现形式、参与者感觉还是实用性上都表现一致。

---

① 雪佛龙（Chevron）是美国一家跨国能源公司，世界六个超级石油公司之一，2014 年福布斯全球排名第十八位。——译者注

给予新员工入职引导项目以重要战略举措的定位，就意味着必须有明确的结果要求，同时要给予达成结果所需要的资源和流程方面的支持。如今，每个主管都要对可衡量的工作领域担负责任。组织需要设定指标（如减员率/流失率）来评估管理者的绩效表现，不管是以季度还是以年度为单位，如果以前没有就必须追加此类指标。很少有一线领导或者高管会对新员工流失率设定目标要求，更不会为此承担责任。组织需要将这种责任写入相应职位的工作描述以及个人工作流程中。当然，组织也需要合适的支持系统，以帮助管理者实现这些目标。

OM 框架的四个阶段

根据我们与客户合作的经验，先进的新员工入职引导项目应该在新员工入职的第一年分四个阶段循序渐进地开展：准备、入职、融合、优异。图 5-3 展示了四个支柱相关内容的实施是如何分布到这四个阶段的。图中的哈维球①代表了在某个特定阶段某一支柱应该获得的重视程度。

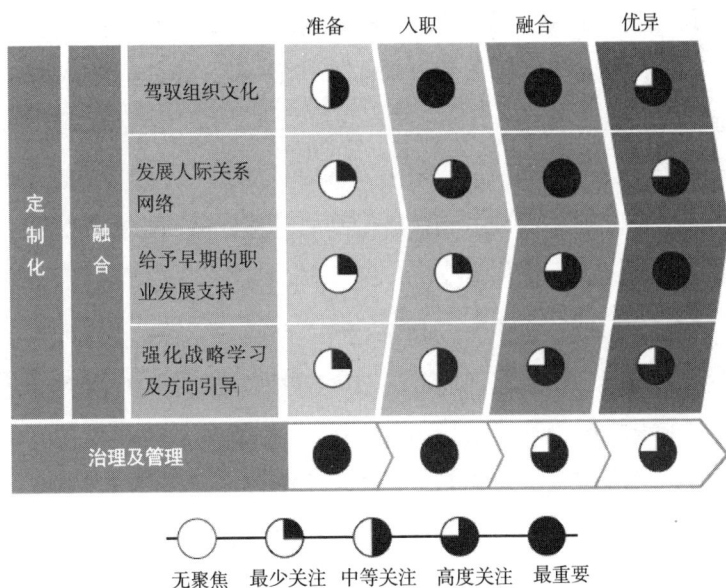

图 5-3　战略性入职引导活动矩阵

_____
① 哈维球是指图中阴影面积不同的圆形，也叫月亮球。——译者注

在准备阶段，新员工从入职日之前就开始获得支持，与同事建立人际关系，完成各种入职表格的填写，并自行学习新职位的相关知识。从新员工接受聘用邀约那一刻开始，准备阶段就要启动，以使得组织能够有更多时间来帮助新员工成为高效的雇员。对于某些新员工，从接受邀约到正式报到，中间可能有几个月的时间——这些时间就可以用来处理相关文件，开始建立人际关系网络，探索职业发展路径，培养对新工作的热情，以及积累组织相关背景信息的知识。

这一阶段的最佳实践包括在报到前让主管或者指派的小伙伴给新员工打电话，或者发短信表示欢迎。柏克德公司（Bechtel）是一家全球性的工程及建筑管理公司，它就实施了这项举措。另一个最佳实践就是搭建雇前门户网站和虚拟社区，邀请新员工加入。例如，英特尔公司的"蓝色空间"给新员工提供了很多关于企业、工作地点、福利、搬迁等方面的信息，同时提供聊天环节，让其与现有员工或者其他新员工进行互动。

在准备阶段的前期解决大部分文书任务。新员工入职引导项目的设计者就可以利用入职培训这段时间来帮助新员工融入组织，主要方法是向新员工传递令人兴奋的内容，如对目前工作任务的战略解读，对企业文化的信息分享，同事之间的互动以建立人际关系网络。这个阶段的最佳实践包括使用互动和体验活动以及情景模拟帮助新员工顺利入职。例如，在员工加入组织头两天参加的入职培训中，德勤公司使用互动桌游来向新员工教导企业文化的要素。同样地，谷歌也对新员工入职培训进行了改进，使其围绕体验和活动，让新员工组成小组，模拟解决问题，在此过程中强化团队合作的价值观。

接下来，在融合与优异两个阶段，新员工将获得来自直接主管、同事的定期辅导支持、反馈，同时还有社交机会、战略学习以及职业规划建议。这两个阶段的区分点在于，融合阶段更着重于文化和人际网络，通常会延续到新员工入职六个月；而新员工入职引导项目剩下的六个月，就是优异阶段，一流的组织会强化已经介绍过的内容，并增加与给予早期的职业发展支持相关的新体验和内容。

领先的入职引导项目会让新员工重新聚首，再次连接，比如 IBM 针对新员工的 Deeper Insight 全球年度虚拟技术大会。入职 90 天之后进行的再聚首活动，不管是必须出席的峰会，还是每月一次的虚拟学习系列活动，都是非常好的机会，既可强化入职阶段新员工所学关键培训内容，也在新员工以及组织之间重新建立连接。

此处推荐的四阶段项目设计原则，目的在于为组织提供新员工入职引导活动和发展领域的指引，关注新员工入职一年期间的关键节点。这些领域以及项目的聚焦随着时间的流逝会有所不同，正如图 5-3 哈维球所示的。新员工应该感觉到他们身处一个宏伟的发展项目中，这个项目本身应该与众不同——立足却超脱于实际工作，赋予员工使命感，使之看得更远。

OM 成熟曲线

在过去几年的研究和顾问工作中，对于那些立志打造一流的新员工入职引导项目的组织，我们观察到了一些普遍存在的特征和挑战。这些共性可划入界限清晰的若干区间——可称为成熟阶段。以 OM 框架为基础（四个支柱、相配套的组织架构和资源以及四个阶段），我们开发了 OM 成熟曲线和配套的评估工具，帮助组织更好地了解其在曲线中的位置。大部分组织的入职引导项目都达不到一流的位置，但是只要通过对关键机会领域的洞见、合适的项目设计，以及有利于项目开展的基础设施，这些组织都能实现项目成熟度的提升。

OM 成熟曲线包括了五个阶段（见图 5-4）。阶段 1 描述的是基本的入职引导项目设计和规划，通常包含了消防栓式的培训以及对入职培训效果反馈的简单评估。阶段 2 描述的是高于基本入职培训的入职引导项目设计，在新员工报到前就进行了一部分培训内容的实施，还会在入职 90 天内进行效果评估（标准的新员工调研）。阶段 3 的入职引导项目循序渐进，涵盖了 OM 框架的要素，还包括入职引导项目特定的衡量指标以用于追踪效果。阶段 4 有着更为先进的设计，可以看到 OM 四个支柱的影子，也会将一些培训推迟到新员工拥有相应的背景知识时再实施，同时会对关键的组织成员进行调研，以评估项目产生的实际影响。能够在 OM 成熟曲线上达到阶段 5（世界一流）的组织确保新员工在接受培训时拥有理解这些知识的背景信息，设置了预测性指标，评估项目对业务目标的影响，也因此能够通过新员工入职引导项目获得最大的收益。

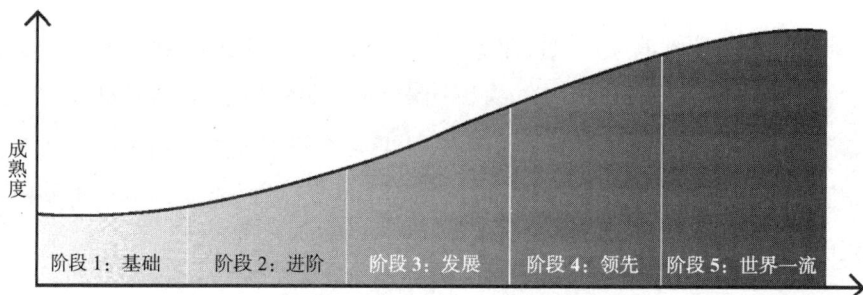

图 5-4　入职引导项目成熟度曲线

　　要评估组织的新员工入职引导项目成熟度，我们一般采用测量四个主要维度的方法——设计理念、核心内容、项目管控、交付方式——通过一个 5 分制的等级评分，最后得出成熟度的总体得分。设计理念是最重要也是占权重最大的维度，体现了入职引导项目的核心：组织是如何定义此类项目的？项目最终要达成的目的是什么？核心内容包括入职引导项目所涵盖的培训内容，以 OM 框架中的组成要素为衡量对象。项目管控指的是对入职引导项目进行管理和执行的组织架构以及工作机制，包括项目指标、问责机制以及使项目管理更便利的技术支持。交付方式则涉及新员工对入职引导项目的体验、如何评估项目的有效性、员工的投入度和涉及的员工范围。通过最大化这四个维度的新员工融入体验，重点关注项目的设计理念以及核心内容，组织就能够成功打造世界一流的入职引导项目。

关键驱动因素及入职引导项目发展趋势

　　过去数年以来，我们通过观察那些将入职引导项目视为其人才战略核心要素的组织，发现了以下几个关键趋势。接下来的内容将探讨这些趋势，供读者认真思考，找到改善组织的新员工入职引导项目的切入点。

✎ 更清晰的角色分配

很多入职引导项目失败的原因，不在于设计上的偏差，而在于对那些负责交付新员工入职体验的相关者，缺乏清晰的角色分配。这些相关者必须明白各自的责任、组织对其的期望、成功的标准，以及成功扮演相关角色对组织的影响。如果入职引导项目没有清晰的方向，那么最好的结果是过程混乱，最差的结果则可能是职能失效，事与愿违。成果显著的入职引导项目会清晰列举所有负责交付项目的相关者的角色和任务。组织为其提供成功交付项目所需的资料以及工具。总体而言，成功的入职引导项目与生产线有异曲同工之妙，所有的参与者都清楚知晓自己的角色、完成各人负责的任务、最后交付一个又一个良好的产品。

新员工的直接主管在其入职体验中扮演着尤为关键的角色。与新员工进行直接接触的主管，代表了组织的价值观和预期的行为典范。为了更系统地实施入职引导项目，主管们需要定期与新员工展开相关对话，了解新员工的体验，进行此类对话至少包括三个时间点：新员工刚入职时、回顾中期时和年度回顾时。

在欧莱雅的英国和爱尔兰公司，已经入职 90 天的新员工会填写一份名为"内部备忘录"的调查表，将他们在欧莱雅的入职体验与前东家的体验进行比较。接下来，其主管们被要求与这些新员工就其所填写内容进行讨论。主管们能够做出的最大贡献在于为新员工提供实时的教导。通过给予主管们一定的教练技术，他们都能学会如何发现对新员工进行教导和指导的机会，并抓出这些机会帮助新员工。

✎ 整合

如果入职引导项目对新员工体验的影响贯穿四个支柱的方方面面，而我们又将其视为关键的战略举措的话，那么到底谁应该为这个项目的成功负责呢？答案是：差不多所有人。以战略的眼光来看新员工入职引导项目，就不再是人力资源部门独立承担的职责，而是对组织里的每个成员的要求：每个人都要理解自身对新员工融入企业所应该肩负的责任。

如果采用系统性的方法，那么首先需要确定所有影响新员工入职体验的业务流程，进行统筹以便创造一致的定制化体验。如果打算在入职当天就为所有新员工提供手提电脑，就要与 IT 部门协作。为了确保新员工的第一份工作任务能给他带来绝佳体验，必须获得主管的协助。想要理解一项产品战略，就得与市场营销部门打交道。以上提及的这些，以及其他部门中的每一个人，都需要知晓自己在帮助新员工成功融入中承担的具体责任。

一旦入职引导被打造成孤立的项目，就会无可避免地遭遇失败，无法满足组织的需要和期望。如果没有与核心流程进行整合，入职引导项目很可能遭到其他流程参与者的忽视（包括新员工自己）。相反，如果与核心流程实现了整合，入职引导流程就能够发挥作用，并在组织内部传达这样一个信息：新员工入职引导项目是至关重要的任务。只有从组织层面强调这一项目与核心流程的整合会给企业带来好处，业务领导者才会尽快成为该项目的倡导者，并会提供预算支持。

管理层对项目的接受和参与

组织的中高层领导甚至包括首席执行官，在新员工入职引导项目中扮演着关键角色，也需要承担相应的职责。高管们需要传达新员工融入对组织的重要性。领导们对项目的贡献跨越四个支柱，包括在团体讨论中彰显企业文化的内涵、参与社交活动、主持职业发展工作坊、在其中分享自己的成功故事，而最重要的是给予新员工具体的指示和挑战，让其知晓组织的期望所在。

管理层接受和参与入职引导项目的形式不尽相同。在波音公司，领导们主持"午餐与学习"论坛，在此期间探讨的主题包括领导力、职业发展、如何在波音获得成功等。美国捷蓝航空公司的首席执行官在新员工入职培训期间，会花一小时与他们讨论组织的价值观和企业文化。而在德勤，高层领导者不仅要在新员工入职阶段作为引导者主持研讨会议，还必须亲自参与培训课程（包括入职引导项目）。

对项目进行品牌推广

要使新员工入职引导项目能被认可为战略举措，要提升其影响力，组织还应该对新员工和现有雇员进行项目的品牌推广。开发一套品牌形象标识（项目的名称、标志、品牌口号以及辅助图形），这不仅能够满足品牌推广的目的，还能提供一个平台，用来总结和沟通组织希望新员工在融入过程中应该获得什么样的体验。打造一个品牌，不仅可以帮助你将散落在组织各个角落的入职引导项目要素归整起来，使之前后一致，设计缜密，还能够作为项目地图，为新员工和负责交付项目要素的现有雇员提供指引。

通过对入职引导项目进行品牌推广，组织也等于向新员工进行了公开的承诺，由此在新员工心中确立（在大部分情况下甚至提升）对组织的期望值。当然，跟所有其他的品牌推广活动一样，你必须亲自设计和执行项目，以确保你最终兑现的体验和品牌承诺完全一致。否则，你的努力只是创建了一个顾客群（相信品牌承诺的雇员们），然后看着他们热火朝天地发泄自己的失望之情。有太多组织在推销雇主品牌招揽人才的过程中，极端地夸大了雇佣关系的价值，结果因为现实与期望的差距，反而导致新员工入职引导项目的失败。

在谷歌，新员工会被冠以一个绰号"Noogler"，意思是新的谷歌人。全球领先的用户事务处理技术公司 NCR 公司[①]，为他们的入职引导项目建立了名为"珍惜每一天"的都市探险品牌形象。这一形象与企业的顾客品牌及核心使命"让每一天都更轻松"相连接，组织也以此号召新员工管理自己的 NCR 探险之旅。

定制化的项目设计

战略性新员工入职引导项目的框架在某种程度上基于这样的假设：新员工在融入组织时都会有相同的经历和体验，而组织通过塑造一致的体验感就能够从中得益。这当然不是说，组织应该采取完全标准化、一刀切的方式来帮助新员工融入企业。正如市场营销专家会将顾客按照有意义的分类标准进行划分，然后根据每个客户群体来定制产品、服务以及沟通方式。入职引导项目的设计者们，也应该将新员工进行分类，以提供最具影响力的体验。组织需要确定，哪些因素是可以帮助所有的新员工顺利融入组织，而哪些需要进行定制化，以最大化入职体验

[①] NCR 公司是美国一家全球关系管理技术（Relationship Technology™）解决方案的领导供应商，为全球零售、金融、传讯、制造、旅游、交通及保安等客户提供服务，致力于帮助各种商业建立强大的客户关系。——译者注

的相关性和价值。这样的方式既可以保证所有新员工都获得相同的体验，以加强入职引导项目的品牌一致性，又能够因应每个群体的不同，涵盖独一无二的内容。

对于高管和普通职员，组织的期望是不一样的，因此，这两者的入职体验也应该不尽相同。业务一线的员工和坐在总部办公室的员工感受到的企业文化和环境是大相径庭的。其他对新员工进行分类的标准还包括年龄、地理位置、传统的员工分类（豁免员工、非豁免员工①、工会员工、非工会员工、海外雇员）、业务单位编制、职能部门编制、临时编制、过往行业及职能经验、多样化类别（种族和性别）、技能水平以及研究/兴趣领域。对所有的新员工都一视同仁地进行入职引导合理吗？答案是否定的。恰恰相反，从战略角度出发的入职引导项目设计，会在所有新员工都需要了解的内容方面保持一致，也会在最能为其产生价值的方面进行定制化处理。

美国银行为其新任高管量身打造入职体验，对其融入组织提供更多的支持。美国第一资本投资国际集团将豁免员工和非豁免员工的入职引导项目进行差异化设计，在项目启动时间、时长和参与活动等方面提供不同的体验。而美国科学应用国际公司（SAIC）②则专门为校园招聘的毕业生及千禧一代设计了新员工入职引导项目，其项目内容和程序则与上面二者有所不同。

✎ 科技

科技能够（也应该）成为推动入职项目更有效开展的关键推手，既可以支持从前端到后端的项目管理，改善入职引导项目的内容交付，也可以在不同地点的新员工之间推动内容的交付和互动。

今天，人才管理技术解决方案能够减少管理过程中使用人手处理文书的成本，还可以监控活动的完成情况。这些解决方案还可以为项目管理者提供数据仪表盘，确认新员工在入职引导流程中已经完成了哪些步骤，并通过切分各种类别

---

① 非豁免员工（Non-exempt Employee）是指在美国受《公平劳动法案》中超时条款保护的员工，可以向雇主要求最低工资待遇，且需要给他们支付加班费，而对于豁免员工（Exempt Employee）来说，雇主就不需要考虑这些方面的要求。——译者注
② SAIC 是为政府部门提供技术服务和企业信息技术解决方案以及提供国家安全、工程和卫生方面的解决方案。——译者注

的数据来显示项目是否有效，也能以虚拟门户的形式为新员工提供一站式的学习资源。然而，在重新开始设计入职引导项目的时候就着手选择项目管理软件并对此进行投资，并不是正确做法。如果没有列举出关键项目要素的蓝图，描述清楚希望让新员工获得哪些体验，以及与目标紧密相连的特征，就贸然选择相关软件，极有可能导致项目最终无法实现目标。

最近几年以来，很多细分市场的软件供应商带来了创新的解决方案，支持新员工的学习，比起传统的方式，也更能让使用者拥有更为积极的体验。例如，Jive、Yammer 和 Chatter①这样的解决方案，就在用户体验中增加了社交媒体的元素，因此比起使用单一的传统方法，它们不仅能够给新员工提供更多的即时学习和协作，还能够支持人际关系网络的建立和信息的分享。借力于移动技术，入职引导项目能够轻易且及时地让全球各地的新员工都参与进来。游戏化是软件应用于该类项目的另一个切入点，可以让新员工在整个入职引导过程中通过实现里程碑成果而实现升级。

飞利浦医疗与 Appical②合作，启动了支持平板电脑操作完成的入职体验，让新员工通过团队合作，完成知识竞赛和任务等挑战。这些知识竞赛和任务涵盖了企业的相关信息，如安全条例、生产政策以及品质保证。这个项目提高了新员工的敬业度水平，并将其达成生产率目标的时间缩短了50%。

成果衡量

为了判断入职引导项目是否按时完成且有效达成目标，组织需要使用相应的衡量工具和流程。正如古语有云"无测量，不管理"。随着新员工入职引导这一领域的持续发展，并已成为人力资源管理分支，人们对于如何衡量项目效果的期望也同样与日俱增。曾几何时，衡量新员工对入职引导内容的掌握（如对新员工入职培训进行柯氏模型第一、第二级的评估③）被认为是重要的，而现在有很多

---

① 这三个都是企业社交网络、协同办公类的软件平台。——译者注
② Appical 公司是美国一家提供信息技术和服务的公司。——译者注
③ 柯氏模型（Kirkpatrick Model）是世界上应用最广泛的培训评估工具，包括四级评估：一级为反应评估，二级为学习评估，三级为行为评估，四级为成果评估。——译者注

组织意识到衡量以及汇报此类项目所产生的影响更为重要（如新员工能不能更快达到绩效要求，项目的投入有没有带来流失率的减少）。

不管组织的入职引导项目在成熟曲线的哪个阶段，在设计衡量系统的时候，都应该以终为始，将项目的最终目的作为起点，然后通过各种方式衡量项目效果，以反映项目关键参与者和利益相关者的需求和视角（新员工、部门主管、业务单元高管及企业最高管理层）。

这样能够确保组织内部各成员的适当参与。评测和报告入职引导项目有效性取得的进展，尤其是在用人部门经理看来至关重要的方面，如新员工效率达到职位要求的时间，能够增加组织内部对入职引导项目的接受度和支持度，而这恰恰是打造成功的新员工入职体验的关键因素。

很多公司用来评估入职引导所创造的价值的方法，既有定性的（问卷调查、焦点小组），也有定量的（成本节约），同时还有混合法（观察效率达到职位要求的时间）。除了组织层级的指标，更先进的入职引导项目还使用相关指标来对各环节负责人进行问责。入职引导项目要衡量项目是否成功以及确保问责机制生效，就要为各个参与群体或者利益相关者制定相应的指标。这些数据对于发现入职引导项目的优势以及确定改善机会点有着巨大的价值。

一流的入职引导项目，如 IBM，已经不仅仅满足于衡量项目产生的影响，转而利用大数据分析来对项目进行预测分析，也就是说，找到某个项目设计要素与某个员工类别的留任率与敬业度方面的提升两者之间的相关性。荷兰皇家壳牌公司就使用了员工达成自主管理所用时间这一指标来让用人部门经理参与到新员工入职引导流程中来。

如何推动新员工入职引导项目的开展

现在你已经对何谓一流的新员工入职引导项目有了更好的了解，那么你就开始推动企业中的此类项目向前更进一步吧。虽然本章提供了在此领域先行一步企业的例子，但要小心的是，不要仅仅因为看上去很新潮或者有趣，就对最佳实践实行拿来主义。某些做法适用于某家企业，往往有着特殊的原因，与整体项目设计以及使用范围相得益彰。每个组织的文化、业务目标和具体情境不尽相同，因此同样的项目设计就可能结果各异。

开发一流的新员工入职引导项目之前，先进行诊断分析，以了解组织目前同类项目的现状。通过对目前的项目进行优劣势分析，能够帮助我们更清楚地看到哪个环节可以马上改善获得效果，哪个环节是最需要着手解决的优先事项。还可以看看人力资本的数据：工龄一年内的员工流失率是否比整体流失率要高？有没有哪个事业部或者地区的流失率偏高？有没有哪个事业部或地区的业务绩效优于其他？有没有什么因素跟流失率有相关性？新员工或者员工满意度以及敬业度调查的数据有什么结论？这些问题的答案，能够帮助我们找到重大改善的机会，并确定入职引导项目的具体目标。根据时间和可用资源的不同，这个诊断过程可以在很大范围内实施以使数据更全面，也可以只在高管层面进行。不管是哪一种，这一步都不能忽略。只有进行了这样的梳理，才能确定接下来的计划。

接下来，要厘清入职引导入项目的具体目标，这是整个流程中最关键的一步。有了诊断分析的结果，项目设计者就能够按照已知的信息确定项目的具体目标。这些目标会进一步决定整个项目的设计应该是怎样的。例如，以降低新员工流失率为目标的入职引导项目，同以加速退休老员工转移知识给新员工为目标的入职引导项目相比，看上去一定大相径庭。明确的项目目标同时为项目实施后是否成功提供评估依据，还可以在项目成熟时以此进行持续改善。最好的入职引导项目的目标是与业务绩效紧密相连的——如加速新员工实现生产率达标，以此推动销售收入的提升。

入职引导项目的目标一旦确定，就可以设计项目蓝图，搭建项目结构、开发方式，包括新员工入职体验的关键环节。项目要素需要记录在案，并与诊断分析结果相连接，以此突出将这些要素放入项目设计中所期望达到的目的。蓝图可以帮助项目设计和开发团队的成员了解每个要素是如何被整合为一、服务于最高目标的。蓝图还可以作为唯一的标准，确保项目目标和关键事项在初始设计阶段得到重视。

使用蓝图来指导项目的设计，开发项目的内容和资料。我们推荐按阶段进行项目开发，以避免千头万绪，导致项目设计团队失去动力，无法达成预期目标。

快速达成的成果有助于获得更多领导层对项目的支持以及认可，使得入职引导项目在组织内部获得更多的支持和领导层的参与。如果没有足够的资源对项目进行重新设计，那就聚焦于开发相关资料，以支持用人部门经理的工作。因为在新员工眼里，直接主管是否与其互动、提供指导决定了入职引导项目的成败。为用人部门经理提供快速启动指引，讨论提示词以及新员工各项体验的时间节点，都属于改善入职引导项目的低成本手段。

既然项目已经设计完毕，那就需要进行试运行并最终实施。正如之前所提到的，采用阶段性的方式是最佳实践，因为设计者可以对项目的要素进行测试，收集反馈，并据此改善项目设计。试运行既可对项目进行拆分、选某些部分进行，也可对某个新员工群体进行完整项目测试，以了解项目产生的整体入职体验。要用一开始就设定的项目目标来确定试运行的优先顺序。入职引导项目实施后，要对其效果进行持续的评估。组织与其业务目标都在与时俱进，因此入职培训内容以及体验也应该同步更新，为新员工提供有价值的信息。

总结

本章为读者呈现了理想的一流入职引导项目应该是怎样的，并且给出了构建此类项目的举措。OM 框架汇集提炼了各领先企业的设计原则，旨在设计出卓越的新员工入职体验，以帮助新员工完成过渡到一个不熟悉的组织这一艰难过程。这个过渡过程的确是要新员工来亲自把握的，然而，如果组织能够打造一个新的入职体验，就如同市场部门致力于为顾客设计完整的品牌体验，那么这一转变过程的发生将更为高效和成功，也能为组织带来前所未有的价值。

世界一流的新员工入职引导项目包含这些基本特征：对四个支柱内容的全面涵盖，为期一年，跨越完整的业务流程，确保配套资源的提供，支撑战略举措实施的组织架构，与组织战略目标相辅相成的定制化项目设计。在更为基础的层面，成功的新员工入职引导项目体现了设计思维——既借鉴相关的观察研究成果，也考虑新员工融入组织过程中的那些主要参与者的切身感受，其中尤以新员工本人以及用人部门主管为重。

作者简介

莎拉·哈格曼（**Sarah Hagerman**）是 Kaiser Associates 副总裁，公司的组织发展实践的联合领导者。擅长的专业领域包含入职引导、组织设计及组织效能、企业文化评估、劳动力分析、业务流程再造、变革管理以及包含专业服务、技术、工程、能源等多个行业的标杆管理。除了为来自各行业的众多客户领导组织设计、组织发展以及组织效能的项目，她还在世界大型企业联合会主办的多个会议和重大活动中进行入职引导以及人才获取方面的主题演讲。她拥有西北大学凯洛格商学院的 MBA 学位，主要研究方向为管理与组织，以及人力资源管理。

莉莉丝·克里斯琴森（**Lilith Christiansen**）是 Kaiser Associates 副总裁，公司的组织发展实践的联合领导者。她曾为全球顶尖的公立和私营组织主导操盘了大量的新员工入职引导的组织设计、变革管理、战略规划以及员工项目的再设计等活动。她是《成功的新员工入职引导：一个解锁企业内部隐藏价值的策略》（ *Successful Onboarding: A Strategy to Unlock Hidden Value Within Your Organization* ）一书的合著者，撰写了很多关于新员工入职引导及其他人才管理主题方面的文章，并发表在人力资源高管在线网站、《人才管理杂志》以及《投资者商业日报》。她在世界大型企业联合会、人力资本研究所以及财政行政学院做过很多关于入职引导的主题演讲。拥有宾夕法尼亚大学沃顿商学院的 MBA 学位。

马克·斯坦（**Mark Stein**）是 Kaiser Associates 高级副总裁，1990 年在乔治·华盛顿大学商学院完成金融专业的学习，之后几年从事相关专业服务的工作，于 1995 年进入管理咨询行业，迄今已经为多个顶尖的跨国公司主导了上百个企业战略、投资分析以及组织发展项目。他是《成功的新员工入职引导：一个解锁企业内部隐藏价值的策略》一书的合著者。他在很多组织发展和入职引导的会议上发表过演讲，其中有不少是由国际质量与生产力中心（IQPC）以及世界大型企业联合会主办的。他带领 Kaiser Associates 团队为博思艾伦咨询公司重新设计了新员工入职引导项目，而他所牵头的这个项目也赢得了 ASTD 2010 年度优秀实践奖。

第6章

设计内部人员转岗引导（针对内部转岗人员的入职引导）

莎拉·哈格曼

莉莉丝·克里斯琴森

马克·斯坦

不论一个组织是否设计了一系列旨在帮助新员工快速融入的新员工入职引导体验活动，每个新员工多多少少都要接受一些入职引导，再换到一个不那么明显的层面。其实一个组织的平级调动和内部转岗人员也需要经历一个相对独特的适应期，在这期间他们内心将对他们的新团队、角色以及职能进行感知和定义。事实上，在这段适应期结束的时候，有些人甚至会颠覆原本自己对整个组织的看法以及自己在其中的定位。正因为如此，组织需要一个系统性的、经过精心设计过的方法来帮助平级调动和内部转岗人员融入他们的新角色、新团队之中。

与新员工入职引导一样，组织不仅要注重给这些平级调动和内部转岗人员传递新职位所需的特定知识，同时要给他们提供有指导性的见解，以便他们能够快速理解、接纳新团队、新部门的独特文化和战略方向。例如，某些情况下，新人或许是从其他办事处调过来的，他们和新入职的员工一样，几乎不认识他们周围的新同事。组织必须赋予这些员工建立有价值的关系网络的能力，以便驱动他们与新团队建立联系。同时，因为这些人接受平级调动以及内部转岗都是出于个人职业发展的考虑，所以他们会特别注重寻觅那些能够推动个人成长或专业发展的机会。如此一来，组织还应当提供适当的职业支持和指导机制，否则这些员工必定会到其他企业去寻找相应的机会。

那么，我们该怎么称呼这个以"帮助现有员工融入企业内另一个全新的、不同的团队"为目的而设计的一系列体验活动呢？"入职引导"这个词通常被用于那种专门为从外部招募的、第一次邂逅本企业文化、同事以及工作流程的新员工而设计的项目。相比之下，平级调动和内部转岗人员基本上对此都有一定的经验，尽管他们依旧需要获取关于新角色、新团队的文化、实践要求等方面的引导。

新员工入职引导这种叫法几乎已被不分地域、不分行业的所有企业所接纳并使用，而与此不同的是，企业如今对于针对内部员工的入职引导却有着众多各不相同的叫法。很多企业保留了引导（boarding）这样一个词根，并在这之前加上了各种不同的前缀进行修饰，以示转岗员工的特点，这样的叫法有内部转岗引导（in-boarding）、跨界引导（cross-boarding）或者入职复训（re-boarding）。其他一些企业就简单地把这叫作"人才流动"或"内部转岗"。

这些叫法本身没有对错优劣之分，但对于本章而言，统一叫法却十分必要。因此，我们不妨将这种经过精心设计、用以整合平级调动和内部转岗人员的方法称为"内部转岗引导"（inboarding）——以示这个过程与新员工入职引导的过程有很多明显的相似之处。企业应当好好考虑一下两大员工群体——新入职员工与平级调动及内部转岗员工在需求上的异同。

其实，之所以迄今为止都没有一个统一的叫法，是因为鲜有企业意识到在内部转岗员工身上进行战略性、有组织的投入能够产生非常重要的业务影响。而近些年来，越来越多的企业已经开始关注企业内部的人才流动问题，并相应开发了结构化的、精心策划的内部转岗引导项目。

在最近的一次人才管理会议上，我们调研了一批专门从事新员工入职引导的人才管理专业人士，询问他们在平级调动和内部转岗人员身上的投入。当问及他们所在的企业是否有针对平级调动和内部转岗人员的正式的转岗引导项目时，仅有 35% 的受访者表示他们有正式的转岗引导项目，而这些人当中的 1/3 表示他们的转岗引导项目是粗放的。此外，没有内部转岗引导项目的受访者中，相当一部分人表示他们的企业将在不久的未来解决这一问题。而与之形成鲜明对比的是，在 18 个月前的一个类似的会议上，只有约 15% 的受访者表示他们有正式的内部转岗引导。

随着内部转岗引导在负责人才管理的高层领导中不断获得越来越多的认可和承认，它在未来几年内必将成为一个被优先关注的领域。那么，企业该如何设计开发一个有效的内部转岗引导解决方案呢？而负责人才管理工作的领导又该如何向他们的关键利益相关者和内部客户（资深业务领导）证明，内部转岗引导是值得纳入企业战略思考范畴并且需要配备专用的资源和投入的呢？

在内部转岗引导项目上进行投资的商业价值

对于任何一笔在人力资本或者人才管理方面的新投资，资深的业务领导都想要先看看这方面的商业价值以及针对某个人才项目或者某类人才进行投资的预期回报。他们想要知道，他们为什么必须在平级调动和内部转岗人员身上进行投资。跟新员工入职引导一样，企业往往会忽视内部转岗引导中的几个关键方面，而将资源投入到前端的实现人才流动性的流程之中（如在迁置费、社保福利转移以及签证担保等方面的投入）。实现人才流动性只是关键的第一步，如果企业不在接下来的时间里一步一步有效地对平级调动和内部转岗人员进行转岗引导，那么它将永远无法获得圆满的投资回报。

事实上，投资于平级调动和内部转岗人员甚至比投资于新员工更为重要。这么说的原因主要有两个：一是据估算，每年企业内部流动的员工数量比从外部招聘进来、需要进行入职引导的新员工要多得多。因此，对整个员工群体而言，内部转岗引导解决方案显然将产生更大的影响。二是对于这些平级调动和内部转岗人员，企业已经在他们身上花费了大量的时间和资源用于招聘、入职引导、培训以及发展等方面，如果这些人离职的话，企业将会丧失更多的机会成本。

转岗引导是生产效能的关键推动者——为了让这些平级调动和内部转岗人员快速地在他们的新角色上做出有意义的贡献，他们需要恰当的培训，需要更快地适应新团队的文化。即使他们已经在企业里工作了若干年，那也并不意味着他们能够在担当新角色、来到新部门甚至一个新国家的第一天起就知道该如何有效地开展工作。这段经历可能是充满挑战的，也可能是令人兴奋不已的——抑或压得人喘不过气来的——这一切都取决于他们的企业是否投资了一个系统化的方法来有效地引导他们，帮助他们融入新的角色和团队中。

很多企业错误地认为，因为这些平级调动和内部转岗人员在之前某个时间点上已经接受过入职引导，所以他们不需要转岗引导。然而，当你仔细想想内部转岗员工将要经历的过程时，你很快就会明白为什么他们需要接受转岗引导来使自己在新的团队中有效地开展工作。

让我们一起来思考一下，平级调动和内部转岗人员相对于一个即将参加经过精心设计的入职引导项目的新员工，会有哪些不同的经历。当新员工从外部来到企业时，报到时间是官方宣布的，企业需要等待他们来报到然后开始工作。而对于内部转岗员工，在调动决定宣布之后，他们就必须开始执行了。而这些内部转岗员工在他们结束旧职位工作、开始新职位工作之间并没有一个明确的休息间歇（就好像一场接力赛跑没有交接棒）。于是当他们还没离开原先的工作职位时，就已开始接收到各种与新职位相关的问题；而与此同时，当他们来到新职位的时候，又常常继续接到原先的工作团队抛过来的问题。缺乏一个正式的转岗引导经历，这些员工将在面对交接以及应对以上种种问题时毫无准备。

当一个高层领导面对转岗时，这　情况将变得更加富有挑战性。从调动命令宣布的那一刻起，老团队和新团队的工作都戛然而止了。新团队在等待他们的新领导来告诉他们，之后的工作会有哪些变化、对他们有怎样的期望；而与此同时，老团队也在等待，看高管层是会从团队内部提拔一个人出来领导这个团队还是空降一个外部招聘的新领导。为企业内部所有的利益相关者着想，一个经过精心设计的内部转岗引导流程将会化解一部分交接期间出现的不确定性。

探讨商业价值时，另一个必须权衡的方面就是成本。当人才管理领导在思考员工受众的数量以及转岗引导中所有可能涉及的活动时，他们常常会假想这样一个项目将需要很多重要的资源且需要额外的资金投入。而这是对有效的内部转岗引导的又一常见误解。企业能够也应该充分利用他们众多的项目、工具包、材料、技术以及那些已经设计部署好的、平行的新员工入职引导体验。很多企业已经成功地以相对最少的时间和精力投入实现对上述工具、材料等的转化，从而满足劳动力转型的需求。

转岗引导并不需要负责人才管理的领导浪费时间重复劳作；其实，这与他们给新员工做入职引导没有太大的区别，只是这群人有不同的需要和诉求，需要他们用一种具有同理心的、以学员为中心的方式来对待。

将入职引导原则应用于内部转岗引导

新员工入职引导中的核心原则同样适用于内部转岗引导。让我们一起回想一下第 5 章中提到的 OM 框架（Onboarding Margin™ Framework），特别是新员工入职引导过程中所经历的四个阶段：准备、入职、融合、优异。这四个阶段同样可以迁移应用到平级调动及内部转岗员工身上。让我们一起来看一下图 6-1。在这张图中，我们按照四个阶段对内部转岗引导的目标进行了分解，以此来支持内部转岗获得成功。

请重点注意图 6-1 中项目的目标和关键要素是如何设计的，从而达到培养员工驾驭组织文化、发展人际关系网络、给予早期的职业发展支持以及强化战略学习及方向引导这四个目的（OM 框架的四个支柱[①]）。当涉及员工内部转岗引导时，文化和人际关系网络是两个尤为重要、不得忽视的关键领域。

入门方法推荐

与入职引导一样，在设计内部转岗引导项目时，我们也必须时刻牢记几个关键的问题和原则。第一，员工在内部转岗引导方面的体验可以帮助企业确定当前状态，了解现状非常重要。通过主导一次诊断性评估——在这期间收集来自曾经有转岗经历的员工的数据信息，以及来自这些转岗员工的经理和领导的反馈，以及那些在转岗期间与这些员工共同工作过、提供过支持的人的信息——你可以据

[①] 关于 OM 框架的四个支柱，详见第 5 章。——译者注

此识别出目前的转岗过程中的短板和机会，包括目前转岗流程中一些不必要的和过于复杂的内容。

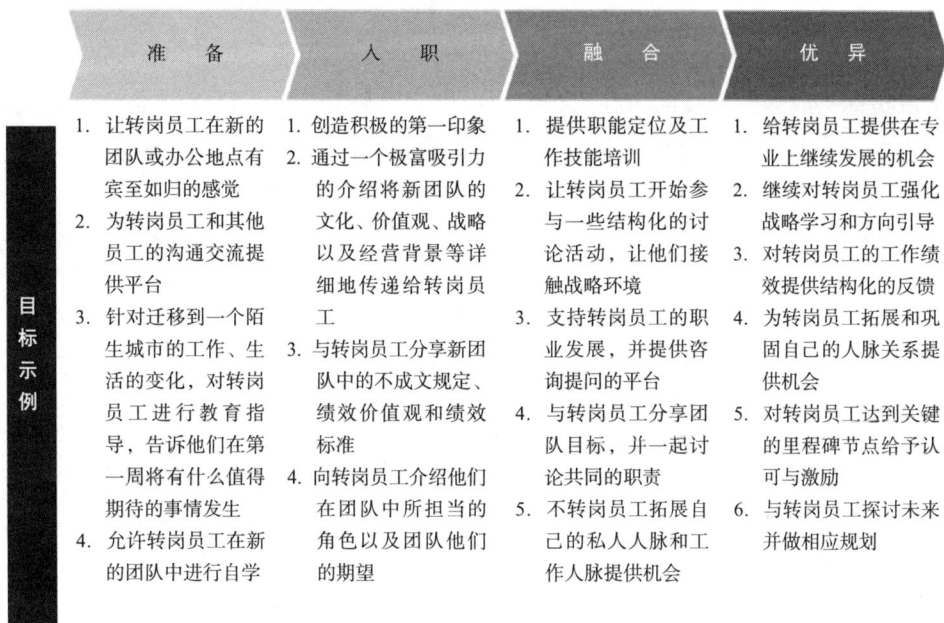

准 备	入 职	融 合	优 异
1. 让转岗员工在新的团队或办公地点有宾至如归的感觉 2. 为转岗员工和其他员工的沟通交流提供平台 3. 针对迁移到一个陌生城市的工作、生活的变化，对转岗员工进行教育指导，告诉他们在第一周将有什么值得期待的事情发生 4. 允许转岗员工在新的团队中进行自学	1. 创造积极的第一印象 2. 通过一个极富吸引力的介绍将新团队的文化、价值观、战略以及经营背景等详细地传递给转岗员工 3. 与转岗员工分享新团队中的不成文规定、绩效价值观和绩效标准 4. 向转岗员工介绍他们在团队中所担当的角色以及团队他们的期望	1. 提供职能定位及工作技能培训 2. 让转岗员工开始参与一些结构化的讨论活动，让他们接触战略环境 3. 支持转岗员工的职业发展，并提供咨询提问的平台 4. 与转岗员工分享团队目标，并一起讨论共同的职责 5. 不转岗员工拓展自己的私人人脉和工作人脉提供机会	1. 给转岗员工提供在专业上继续发展的机会 2. 继续对转岗员工强化战略学习和方向引导 3. 对转岗员工的工作绩效提供结构化的反馈 4. 为转岗员工拓展和巩固自己的人脉关系提供机会 5. 对转岗员工达到关键的里程碑节点给予认可与激励 6. 与转岗员工探讨未来并做相应规划

（目标示例）

图 6-1 适用于转岗引导的核心原则

第二，当你忙着寻找针对现状反馈的解决方案时，有两个有价值的问题值得你在此时好好思考一下：一个是哪个变化将带来最深刻的影响，另一个是重新设计转岗引导机制的投资回报如何。多数企业都会面临资源约束的限制（时间、员工、资金），一次的调整只能维持有限的改变。所以对于你的转岗引导项目的更新迭代要更加务实、更加深思熟虑。在着手重新设计项目的一开始，我们就需要为整个重构工作制定一个项目蓝图，以保证在整个项目中，我们能始终把关键利益相关方、交付者以及参与者的需求和利益放在首位。高效的项目蓝图不仅要明文标识出高级别的项目架构（包含项目目标、关键元素及使能元素等），同时必须陈述清楚需要进行变化和发展的背景原因（商业价值）。

第三，在你开始推行针对平级调动及内部转岗员工的内部转岗引导项目的首次试点时，一定要建立一个评测计划，用以收集学员反馈与衡量项目是否成功。

最有效的项目成果衡量策略是，将关键指标与项目目标挂钩，同时要求管理入职引导及人才流动流程的经理对结果负责。衡量指标里也可以将投资回报问题放在其中。通过量化评估项目目标的达成水平（即使这只是初始的、试验性的数据结果），你可以验证进一步在内部转岗引导解决方案中进行投资的商业价值。这些衡量指标将成为内部转岗引导流程中相当重要的一个方面，它们会通过可衡量、可观测的数据信息来持续地提醒和帮助人才管理领导对内部转岗引导项目进行改进。

关于内部转岗引导的常见误区及关键成功因素

在设计一个内部转岗引导项目时需要避免踏入的误区与在设计入职引导项目时要避免的是非常相似的。例如，很多企业在重新设计项目之前和之中都忽略了要做一个适当的诊断性评估。如果不结合诊断数据，你就是在冒着风险设计一个可能不会产生预期影响的解决方案。

还有很多企业自始至终都是通过软件进行内部转岗引导的。信息技术手段可以成为我们入职引导或者转岗引导中的重要组成部分，然而，仅仅采用这一种方式是远远不够的。此时，企业应该做的就是在转岗引导开始之初同关键利益相关者以及参与者进行沟通，了解他们的需求以及期望得到的结果。

再有，很多企业在员工参与转岗引导之初就给他们传递了大量的甚至超负荷内容。和对待入职引导中的新员工一样，企业不如等到平级调动和内部转岗人员对他们的新职位、新角色有了一定的了解熟悉之后，再给他们介绍所有新的相关信息，这样做反而会收到更好的效果。

想要避免踏入以上这些误区，企业就需要为这些平级调动和内部转岗人员制订一个整体计划，在其中明确哪些信息是需要介绍给他们的以及何时介绍，以及他们需要和哪些人进行会面和会面的合适时间。在考虑如何将这些平级调动和内部转岗人员介绍给他们的新部门时，首先要确定他们在这个新部门的联络人。联络人能够将这些平级调动和内部转岗人员与部门内的其他人连接起来，他们对周围的一切了如指掌，因此他们对这些平级调动和内部转岗人员的新角色而言十分重要。这些平级调动和内部转岗人员的新主管应该设立一些里程碑节点作为整个计划的一部分，这些里程碑节点将使这些平级调动和内部转岗人员能够看到他们在担当新角色时所取得的进步，进而再次坚定他们之前接受调岗的决定。采用一个深思熟虑的方案，相对于那些简单粗放的方法，无论对于个人还是企业而言，都将取得更好的结果。

还要注意的是，当涉及调岗员工需要迁往别处时，提前给予他们尽可能多的信息可能对他们更有帮助。如果不仅仅是职位有所变动，员工本身还需要去往一个新的工作地点，那么毫无疑问，他们如果能提前了解尽可能多的关于新工作地点的信息将会受益无穷。这样的做法，将会使他们在决定是否接受调动的时候心态更加平和，而一旦调动完成，他们也将更加自如。

最后，一个系统化的转岗引导项目对于平级调动和内部转岗人员来说是无价的，这将帮助他们适应他们在企业内部的新角色并取得成功。

作者简介

莎拉·哈格曼（Sarah Hagerman）是 Kaiser Associates 副总裁，公司的组织发展实践的联合领导者。擅长的专业领域包括入职引导、组织设计及组织效能、企业文化评估、劳动力分析、业务流程再造、变革管理以及包含专业服务、技术、工程、能源等多个行业的标杆管理。除了为来自各行业的众多客户领导组织设计、组织发展以及组织效能的项目，她还在世界大型企业联合会主办的多个会议和重大活动中进行入职引导以及人才获取方面的主题演讲。她拥有西北大学凯洛格商学院的 MBA 学位，主要研究方向为管理与组织，以及人力资源管理。

莉莉丝·克里斯琴森（Lilith Christiansen）是 Kaiser Associates 副总裁，公司的组织发展实践的联合领导者。她曾为全球顶尖的公立和私营组织主导操盘了大量的新员工入职引导的组织设计、变革管理、战略规划以及员工项目的再设计等活动。她是《成功的新员工入职引导：一个解锁企业内部隐藏价值的策略》（*Successful Onboarding: A Strategy to Unlock Hidden Value Within Your Organization*）一书的合著者，撰写了很多关于新员工入职引导及其他人才管理主题方面的文章，并发表在人力资源高管在线网站（Human Resource Executive Online）、《人才管理杂志》（*Talent Management Magazine*）以及《投资者商业日报》（*Investor's Business Daily*）。她在世界大型企业联合会、人力资本研究所以及财政行政学院做过很多关于入职引导的主题演讲。她拥有宾夕法尼亚大学沃顿商学院的 MBA 学位。

马克·斯坦（**Mark Stein**）是 Kaiser Associates 高级副总裁，1990 年在乔治·华盛顿大学商学院完成金融专业的学习，之后几年从事相关专业服务的工作，于 1995 年进入管理咨询行业，迄今已经为多个顶尖的跨国公司主导了上百个企业战略、投资分析以及组织发展项目。他是《成功的新员工入职引导：一个解锁企业内部隐藏价值的策略》一书的合著者。他在很多组织发展和入职引导的会议上发表过演讲，其中有不少是由国际质量与生产力中心（IQPC）以及世界大型企业联合会主办的。他带领 Kaiser Associates 团队为博思艾伦咨询公司重新设计了新员工入职引导项目，而他所牵头的这个项目也赢得了 ASTD 2010 年度优秀实践奖。

第7章

如何创建敬业文化

丽贝卡·雷　　戴维·代伊　　帕特里克·海兰德

约瑟夫·卡普兰　　亚当·普利斯曼

　　全球大衰退之后，随着世界经济整体的复苏，员工不再遵从于之前那种由雇主来主导的职业发展路径，而是更加积极地开始自我职业生涯管理。这意味着企业需要重视员工敬业度，特别是针对现实存在的各种员工群体——如日益增多的千禧一代员工——企业将提出高敬业度要求（德勤，2005）。德勤在 2015 年调研了来自 106 个国家的 3 000 多家公司后，发布了《2015 年全球人力资本趋势》报告。该报告显示，员工敬业度在公司高管最为关心的问题中，排名第二，仅次于组织文化。类似地，在世界大型企业联合会发表的《2015 年首席执行官挑战》这份报告中，也显示了提升员工敬业度是迎接人力资本挑战的最重要的五大战略之一；同时，在卓越运营的各项战略中，提升员工敬业度则排名榜首。

　　员工高度敬业的企业，能够更好地通过对顶级人才的吸引、保留和提升他们的生产力来优化业绩。很多企业都深刻体会到了员工敬业对组织绩效的影响。他们定期地发起和组织旨在提升敬业度的措施、项目和活动。在美国，每年花在这些与敬业度相关的活动上的费用大约为 7.2 亿美元（德勤贝新，2012）。尽管投资巨大，但很多企业仍然表示，他们在敬业度方面的努力可以做得更加富有成效。

　　敬业度学院是一家以在全球范围内推进对员工敬业度的理解为宗旨的研究机构。该学院在调研了超过 100 家企业之后发现，建立一种敬业文化，是在更高层级上实现员工敬业的关键驱动器。然而有超过一半的企业认为他们在创建敬业文化方面做得不够有效。本章总结了敬业度学院研究结果的主要发现，有助于读者了解那些具有高敬业文化的组织的具体做法及成功之路。本章也分享了创建一种敬业文化所需具备的关键模块和步骤。

什么是敬业文化

如果没有一套正确的方法和相应的资源，要想构建敬业文化将是极富挑战的。但是，如果能够有效实施，敬业文化又能帮助组织带来超乎寻常的业务产出，如生产力提高、利润率攀升和客户体验改善（Sorenson，2013）。

那么，到底什么是员工敬业度呢？在1990年发表的一篇期刊文章中，威廉·卡恩对员工敬业度首次正式定义如下：

"这是组织成员把自己投入其从事的工作角色中的程度；敬业的员工在从事本职工作的过程中，会通过生理、认知和情感来全情投入、展现自我。"

自从卡恩首提这个定义之后，后来又出现了一系列对该定义的各种不同的理解和解释，以至于人们曾经一度认为敬业度是个虚无缥缈，甚至让人混淆不清的概念。为了帮助澄清到底什么是敬业度，世界大型企业联合会在综合了文献中对敬业度的不同解释之后，将其定义为："一个员工对他的工作、组织、经理或同事的一种经过加强的情感和心智联系，这种联系可以反过来影响到员工本人，帮助他对自己的工作付出额外的自主性努力。"（世界大型企业联合会，2006）

在大多数敬业度定义中，其核心部分都是有关情感、认知和行为的成分。这些成分通常可以通过"员工对组织和工作的感受，以及由这种感受所导致的他们如何为组织效力"这方面的信息来进行评估。通过对文献的各个定义进行仔细逐一的评估，我们发现员工敬业度也把工作场所人性化的价值考虑了进来。换句话说，组织应该通过赢得员工的真心实意来帮助自己提升绩效。但是，赢得员工的真心实意并非自然而然发生的事，组织需要制定相应的战略并仔细筹划才能实现。

组织可以有意识地利用几个因素来影响或提升员工敬业度。研究表明，对于今日的员工队伍，敬业度的关键驱动因素包括富有意义的工作内容、亲力亲为的管理方式、不断成长的职业机会、对领导层的坚信不疑和积极向上的工作环境（Deloitte University Press，2015）。而特别影响积极向上的工作环境的因素，正是组织文化。那么，到底什么是组织文化呢？

德勤在 2015 年将"文化"定义为，包含了价值观、信念和行为方式的一套系统，它可以影响组织内的工作模式。文化表现于行为方式，这种行为方式通过激励或惩罚措施予以倡导或限制。文化可以是有意识培养出来的，也可能是不经意间形成的。

自上而下的文化通常可以推动一个高度敬业的组织，但很多高管都面临了大量来自内部和外部的压力，使得他们难以将产生凝聚力的战略形成制度固定下来。无论文化被如何定义，要建设敬业文化，首先就需要理解敬业度的形成原因。

让员工敬业是一门艺术，它始于一套清晰的价值观和强烈的使命感，并由同时聚焦于人员和绩效这两方面的战略、政策和实践所支撑。这就会建立一个帮助员工在工作中发挥自身最大潜力的工作环境（敬业度学院，2014）。当员工感受到了深层次的工作意义、自豪感、热情，并调整自我以更加适应雇主和工作本身要求的时候，敬业文化便得以不断进化（见图 7-1）。

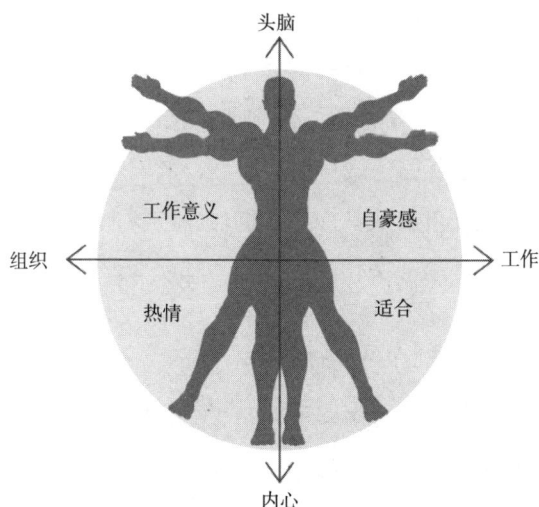

图 7-1　敬业文化模型

在高敬业度的组织中，员工都表现出对组织的自豪感，以及对工作文化的极其适应。这些员工也对工作表现得积极热情，因为这些工作对他们来说是目的性很强的。换句话说，他们热爱自己的工作内容、工作意义以及工作对象，这种热爱发自他们的内心。组织要想取得成功，秘密就在于如何创建并维持敬业文化。

如何创建敬业文化

敬业所呈现的形式一直在变化，但敬业的主题却是永恒不变的。此外，文化在提升敬业度的过程中所发挥的作用也日益明显。为了理解敬业文化的组成部分，敬业度学院研究了那些员工敬业度高的组织，看他们采用了哪些与众不同的做法来创建和维持高敬业的组织文化。这项研究包括了对数百家组织的深入分析，其中 12 家组织提供了他们对自己高敬业和高绩效现状的深入思考。结果如何呢？在被研究的组织当中，有八项共同要素被组织用于从战略层面推动并影响员工敬业文化。这些要素都有助于提升员工敬业度，也有助于在组织文化的背景下更好地理解员工需求。

对于那些志在建立和维持一种高敬业文化的组织来说，本章以下部分将会非常有用。这些内容包括：推动敬业表现的八大要素、实施这些要素的推荐步骤、阻碍这些要素实施的障碍以及通过这八个要素来推动敬业表现、绩效和其他重要业务成果的组织范例。图 7-2 总览了高敬业文化的八大要素（敬业度学院，2014）。我们使用一个"良好、优秀、最佳"的模型，来重点展示如何用层层递进的办法来评估一个组织的敬业度在成熟曲线上的位置。我们同时也提供了一个路线图，用以指导组织在创建高敬业文化的过程中，知晓应该如何发力以及在何处发力。

✎ 敬业战略与业务战略的一致性

高敬业组织能清晰阐述业务目标与员工敬业度之间的关系，以此来加强两者间的协同一致。这些组织能够理解也能够验证敬业度对业务结果的影响，如客户体验。这样便能建立一个强有力的行动方案，把领导者、经理和员工都团结在一起。此外，这些组织将敬业度作为一个主要的业务驱动力和绩效指标来加以重点关注，这也促使他们将时间、金钱和其他资源投资到与敬业度相关的活动上。事实上，参与调研的高敬业组织中，83%的组织每年在敬业度活动方面的投资超过10万美元（敬业度学院，2014）。

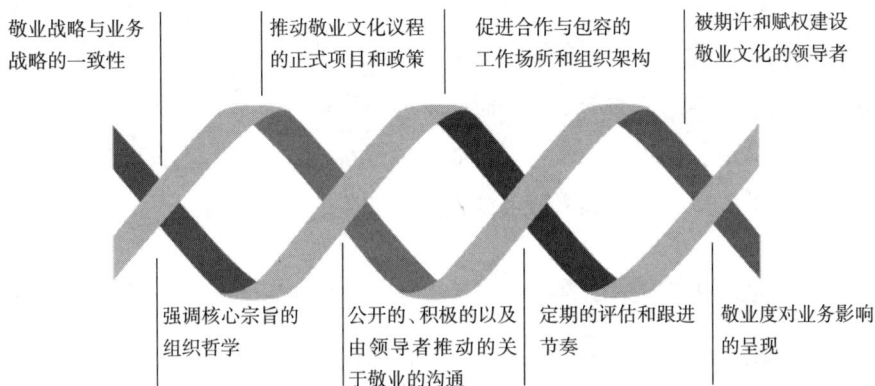

图 7-2　高敬业文化的八项要素

实施本项要素的推荐步骤

- 良好组织会建立一套与敬业度相关的通用的行动方案，将平均数量水平的资源投入其中；并将敬业度与部分、而非全部的业务职能相融合。
- 优秀组织会建立一套与敬业度相关的特定的行动方案，并就此与高层领导进行沟通。他们同时也会投入大量的资源。此外，他们会将敬业度与全部的业务职能融合。
- 最佳组织会建立一套与敬业度相关的特定的行动方案，并就此与高层领导、经理和员工沟通。他们同时会投入大量资源，并且利用敬业度来影响和塑造业务战略。

常见陷阱或障碍

获取充裕的时间、金钱和其他资源来提升敬业度的努力是艰难的，尤其是当HR不能清晰地展示敬业度和业务战略结果二者之间的关联关系时。甚至，即使在具备这样的资源之后，很多组织对敬业度进行投入仅仅是因为这是被期待的活动，而没有花时间去理解和衡量敬业度对业务绩效的推动效果。

范例

一家规模较大、从事按揭贷款业务的美国公司成功地将员工敬业度和业务结果结合在了一起，尤其是客户体验方面的业务结果。该公司的领导层相信，良好的客户体验在某种程度上取决于是否有一支敬业的员工队伍来满足客户需求。该公司坚信敬业度可以推动业务绩效。他们如此坚信，以至于他们会使用客户体验数据来发现员工体验方面的问题，而不是通过直接评估员工敬业度来发现。如果一个客户问题被发掘出来，该公司会通过内部排查，重点介入，直至满足员工需求。这样，员工就能更好地去服务他们的客户了。

强调核心宗旨的组织哲学

高敬业组织会营造一种使命、愿景及价值观优先的文化。这些组织将敬业度融入那些专注于组织使命的业务举措，由此来实现组织使命。此外，高敬业的营利性组织不会只是简单地创造利润，而高敬业的非营利性组织也不会只是简单地执行某项任务；他们的存在是为了惠及他们的员工、利益相关者、客户及社区。而且，他们以自己的员工和他们能为客户提供的产品和服务而自豪。所以，敬业度对激励组织持续地奋发前进起着至关重要的作用。

实施本项要素的推荐步骤

- 良好组织会确保组织上下都比较支持和理解组织的使命、愿景和价值观。该组织的领导者中有一种观点：吸引人力资本并促进他们的全身心投入，对组织的成功是至关重要的。
- 优秀组织的领导者会经常宣传组织的使命、愿景和价值观。这些组织深信，拥有一支敬业的和被赋权的员工队伍，是组织实现成功的关键。
- 最佳组织把组织的使命、愿景和价值观放在首要位置。他们认为，敬业不但是组织使命的一部分，而且是实现使命的手段。他们还认为，对组织的员工、利益相关者、客户和社区的支持，与实现财务盈利相比，其重要性有过之而无不及。

常见陷阱或障碍

把敬业度视作一项孤立的项目，或者仅是 HR 每年衡量一次的某个指标，这是组织必须克服的一个常见陷阱。组织领导者应该认识到敬业对实现组织使命是至关重要的，同时做到将敬业扎根于业务战略。此外，很多组织在从利润驱动或使命驱动模式转换到员工驱动、客户驱动和社区驱动模式的过程中困难重重。

范例

一家非营利性组织的核心使命是将高质量的教育机会带给那些教育不足的人群的孩子，这一切因为有该组织的敬业员工群体而得以实现。招聘和保留那些敬业的和有责任感的员工，是该组织业务计划的核心部分，因为组织领导明白这些员工所能给组织带来的收益。领导者向员工强调他们在组织成功中所起到的重要作用，并且在员工的日常工作和他们为之服务并带来福祉的社区和孩子们之间，建立了一个清晰的连接。

营利性组织同样可以实施这个要素。例如，一家大的食品零售商最近分享了一个超越赚取利润的愿景，该愿景致力于通过精心挑选供应商和产品，来惠及客户、员工、社会以及周围环境。

✐ 推动敬业文化议程的正式项目和政策

通过建立推动员工敬业的正式项目和政策，组织可以鼓励员工将敬业作为一项优先任务来对待。高敬业组织会正式地通过两种途径来认可员工敬业度。首先，他们将员工敬业实践融入其他的项目和政策中，如关于领导力发展和关于多元化与包容性的项目和政策。其次，他们通过正式和非正式的办法，包括颁奖仪式和奖金，来认可和奖励领导者、经理和员工所表现出来的组织所提倡的行为。

实施本项要素的推荐步骤

- 良好组织通常会开展基本的员工敬业项目，包括经理培训和新员工入职引导。他们也开始认可员工的行为和成就。这两种实践都会帮助领导者和员工意识到敬业的重要性。
- 优秀组织会根据组织独特的业务战略、使命和在敬业方面所发现的问题，将员工敬业项目与实践融入其他项目，如学习与发展、薪酬与福利、绩效管理、人才引进和入职引导。他们也有相关的项目和实践来正式和非正式地认可员工行为和成就。

- 最佳组织认为，敬业从员工入职伊始就应有所体现，并且跨越员工服务于组织的全周期的不同阶段。因此，他们具有一系列按照他们的特定需求来定制的、涉及范围广泛的、内容具有整合性的人力资本项目和办法，以此来提升敬业度。这些组织的领导者、经理和员工会通过正式或非正式手段，持续地认可和奖励个人、团队和整个组织的符合组织文化的行为。这些做法都再次突出了组织对相关行为的鼓励和欢迎。

常见陷阱或障碍

某些组织只是在事情发生后才想起员工敬业度，或者把员工敬业度视为对其他实践和项目的附加补充，他们并没有考虑过投资时间和资源来设计一整套全面的项目来提升员工敬业度。其结果是，员工几乎没有支持敬业文化的动力或动机，特别是当他们认为敬业度对组织无关轻重或者他们不会为此受到任何形式的认可或嘉奖的时候。

范例

一所私营的非营利性大学会对那些积极帮助学生投入学习，并帮助学生在学术学习中表现优异和获得成功的教职工提供奖励。该大学坚定地致力于一项叫作分享财富的计划：如果学校的毕业率和持续率①能够提高的话，学校将提供高达 4 万美元的奖金，来奖励那些帮助学生更加投入学习的员工。这是一种正式和公开的认可方式，用来感谢员工在大学成功中所起到的作用。

公开的、积极的以及由领导者推动的关于敬业度的沟通

组织为帮助员工获取信息而开展的沟通活动组织得越高效，员工就越敬业（Sirota，2013）。在沟通敬业度时，这一点尤其重要。如果没有来自所有领导层

---

① 学生能够从大学一年级继续升入二年级的比例。——译者注

的支持以及一整套连贯的沟通战略，要想实现可持续的敬业是十分困难的。因此，组织需要经常沟通员工敬业度的重要性，并通过在企业全面开展相关活动来提倡敬业、鼓励员工和领导层的对话、为员工提供公开透明的信息以及解决员工所关心的问题。

实施本项要素的推荐步骤

- 良好组织基本上是单向推动关于员工敬业度重要性的沟通，相关活动也只在有需要的时候才开展，这些方式都是自上而下的，只有随着时间的推移才会变得日渐透明。这些组织会利用标志性事物、故事和历史文物来辅助对敬业文化的清晰表达。
- 优秀组织会使用适度的渠道组合来定期沟通敬业度，并确保这种沟通可以持续、顺畅和透明地到达组织的各个层级（上下左右）。这些组织会利用标志性事物、故事和历史文物来辅助对敬业文化的清晰表达。
- 最佳组织会定期进行广泛的和公开透明的敬业度沟通。他们通过很多不同的形式，如社交媒体，使这种沟通可以顺畅地到达组织的各个层级。领导者和经理也会通过员工大会和跨级会议来和员工开展双向对话。这些组织会利用标志性事物、故事和历史文物来辅助强调对敬业文化的清晰表达。

常见陷阱和障碍

组织常犯两个错误：一是认为员工"只有在他们认为有必要的时候，才需要去了解那些他们应该了解的东西"。二是组织没有给员工提供一个提意见或提问题的机会。这种透明度和对话的缺乏，就算不至于打击员工，也会导致组织疏远员工。

范例

北美的一家大型食品零售商认为，开展员工沟通和制定员工政策的一个关键原则是透明。事实上，这家公司每年的年度工资报告，都会披露每名员工在上一年度的工资和奖金总额。组织鼓励员工在对自己的薪酬有疑问的情况下，和他们的 HR 代表进行开诚布公的谈话。这种积极的信息及期望的分享办法，足以保证员工可以获得一致的信息，从而提升敬业度。

类似地，美国一家大型铝制品生产商也采取积极的办法来推动员工沟通和敬业度。该公司的首席执行官定期召开员工大会和名为"通往敬业之路"的视频会议，重点沟通近期在员工敬业方面的成果。在这种公司规模的大会上，公司会展示员工敬业的最重要驱动因素，首席执行官也会挑选出下一次作为员工敬业度建设方面的重点领域。这种领导者驱动的沟通方式为敬业工作设定了标准。

促进合作与包容的工作场所和组织架构

一些组织开始通过更好的工作与生活平衡、弹性的工作安排、开放式的工作场所（包括现实的和虚拟的）以及支持性的组织架构来拥抱和实现多元化、包容性及协作性。这就意味着组织需要在各部门间打破单打独斗的模式，创建一个新的运营模式，对跨越组织边界的工作进行认可和奖励——不仅是所在团队或职能部门内部的工作，还包括那些有助客户和股东共同利益的工作。如果组织架构是有效的，自然会促进包容性，尤其是当组织通过弹性工作安排和开放式工作空间来优化内部多样化的知识体系、人才、背景、观点和经验时。

实施本项要素的推荐步骤

- 良好组织具备足够的物理空间，可以满足日常需求，但是这些空间并不是对所有类型的员工来说都是最佳的。此外，组织的汇报架构只是比较清晰和易于理解而已。

- 优秀组织在设计物理空间时会考虑业务绩效这一因素。特别地，这个空间架构有利于协作、团队合作和易于进入。此外，领导层会努力让所有员工清晰地了解组织的汇报架构。

- 最佳组织在设计物理空间时会考虑员工敬业度和绩效这两个因素。组织会确保有一套稳固的基础设施来方便分布在虚拟空间的全球员工，同时提供灵活性，方便办公室人员远程办公。工作场所的总体架构既便于开展团队工作和相互协作，也呈现清晰易懂的汇报关系和决策权分配。

常见陷阱或障碍

很多组织之所以无法实施一套可以成功促进协作与包容的组织架构，其原因在于架构、期望及激励措施不能协调一致，无法和业务战略连接起来。例如，薄弱的虚拟基础设施、模糊的战略方向、狭隘的个人任务重心、僵化的工作日程以及重叠或冗余的责任分工，都可能在组织内部妨碍协作与包容。

范例

当前，随着电子商务的出现，零售业的竞争开始变得异常激烈。一家生产鞋子和衣服的创新企业，通过重新思考其组织架构来加强协作和包容。高管层通过一种叫合弄制的架构来促进更好的团队合作与部门协作。这意味着企业用一种新模式来取代传统的组织架构，达到加强组织敏捷性并弱化头衔、角色和层级的作用。但是，这种模式并没有完全消除组织架构。在决策过程中，公司依然有一系列的内部治理流程来批准或推翻某个决策。这种新架构的目的在于减少繁文缛节和消除政策僵化，让员工可以有更强的创新、合作和响应能力。

定期评估和跟进节奏

组织只有知道敬业度是如何被衡量的，才能去推动敬业度的改善。所以，对敬业度进行评估是推动变革的第一步。同时，组织需要使评估具有持续性，以便在这样的数据基础上监控员工满意度的变化，这样才能保证那些从员工满意度分数所得出的结论是有效的和及时的，而且是能够帮助组织采取下一步行动的。

实施本项要素的推荐步骤

- 良好组织具备一套基本的员工满意度的测评办法，但他们不会利用测评数据来获得可以塑造在员工的职业生涯周期中不同阶段的体验的洞察力。

- 优秀组织拥有一套流程，对员工敬业度进行测评、分析，并根据得出的结论来推动变革。此外，他们从员工职业生涯周期的不同节点收集数据，来优化员工体验。类似地，这类组织会采用领导力发展评估的措施，以此来鼓励经理和领导者开展最佳实践。

- 最佳组织拥有一套广泛的、定期的和具有整合性的流程来收集和分析敬业度数据。他们也有一支专门的团队来从数据中识别关键问题，并为全面改善员工职业生涯周期的体验提供建议。

常见陷阱或障碍

在运用评估工具或流程来监测员工敬业度时，常见错误包括：在组织内部用不同方法来进行评估，缺乏与业务协同的战略来指导组织如何使用敬业度数据，以及未能支持领导者和经理就测评结果采取行动。如果测评目标不清晰，测评员工敬业度以及后续的跟进改善的工作就有可能迅速变得枯燥无味。

范例

很多组织都在发展他们的人力数据分析团队，注重通过不同渠道来获得测评数据，以便更好地理解和解决与敬业度相关的问题。一家领先的专业服务公司有一项敬业指数的得分受到公司首席执行官和业务领导者的密切关注。他们就利用这项得分来评估工作进程、确定工作优先顺序以及促进绩效管理项目。所有领导者都负有长期关注并使敬业度结果保持健康的责任。这种定期的跟踪和报告可以在团队之间实现协同，并有助于提升那些分布在不同城市、国家和环境下的员工的敬业度。

另一个范例来自一家联邦航天组织，该范例进一步印证了定期对敬业度结果进行测评和监控的重要性。该组织鼓励员工填写一份问卷调查，分享自己关于当前工作状况的想法。最近，该组织鼓励员工对调研问卷进行问题补充，同时由大家投票来决定哪些问题入选。领导层将这些问题作为确定改善敬业度的工作优先级的信号。这种做法帮助领导层和员工之间实现了更多的虚拟协作和互动。

✎ 被期许和赋权建设敬业文化的领导者

有效提高员工敬业度需要领导者和经理清楚地定义与敬业度相关的测评手段和测评目的（成果）。所有高层领导者都应该一致同意敬业度对业务的重要性，并采取同一标准的行动来帮助他人实现成功。这种做法不但对每个团队大有裨益，也有利于创建一种赋权员工做正事、行正路的环境。

实施本项要素的推荐步骤

- 良好组织通常对领导者和经理的职责只做有限描述。他们对经理和员工几乎没有授权。此外，他们只提供有限支持来建设一种敬业文化。与此同时，他们仍然要求领导者和经理奉命行事、按指令在组织内部提升员工敬业度。

- 优秀组织对领导者和经理的职责进行清晰定义，并通过教练辅导、培训和其他正式的培养办法来对他们提供持续支持。这些组织赋权领导者和经理采取措施，加强员工福祉。其结果是，这些组织的员工更加努力地工作，实现了更好的绩效。

- 最佳组织清晰定义高级领导者在敬业工作中的职责，为他们设定了可测量的结果目标。领导者和经理能获得持续的支持来帮助他们更好地理解敬业度和开展行动。在此基础上，他们会定期同员工就有关敬业度优先工作的问题展开讨论。这些组织鼓励领导者和经理持续地向员工寻求反馈以提升敬业度。这种做法帮助员工坚持自我，并愿意超越本位要求来交付卓越的工作结果。

常见陷阱或障碍

在一个组织中，如果大家都不清楚到底由谁来负责推动敬业文化，领导者或经理缺乏支持和指引，员工也没有被赋权来创新或执行日常任务，那么这个组织就很难让其领导者变得敬业。当那些最资深的领导者都心猿意马的时候，要指望并赋权一线的员工去高度敬业将是难事一桩。

范例

一家联邦机构克服了提升敬业度的工作中赋权员工的障碍。在这家组织中，管理能力和领导力的发展在建设敬业文化中起着至关重要的作用，因此，这两项能力的发展也成为入职引导的重要组成部分。每一位新入职的管理者都要参加一个强化的管理培训项目。该项目一年举行两次，新人们可以学习有关教练、辅导和提升虚拟员工敬业度的课题。这项对人的投资提升了管理者的责任感，促进了敬业文化。

敬业度对业务影响的呈现

组织应该理解实施有目标的敬业度工作的价值，而不是仅仅去赶时髦。要想让提升敬业度的工作持之以恒，就需要去探索敬业度与业务之间的真正联系。领导者和经理应该问问新流程或新政策是如何帮助加强团队内的敬业度的，通过这种方式，就能够以对业务影响的效果来定义与敬业度相关的每个决策。

实施本项要素的推荐步骤

- 良好组织通常在实施敬业战略时，没有具体理解重要业务结果和员工敬业度之间的关系。这些组织经常会去收集员工反馈，但是他们不会花时间去理解反馈内容，或在反馈基础上制定行动方案。他们表现出了收集反馈的意愿，但却跳过了通过洞察反馈来推动积极变革的后续步骤。
- 优秀组织会持续地验证关键业务结果与员工敬业度之间的关系。这些组织深刻理解如何基于员工反馈来实施变革。他们将员工敬业度视作实现业务目标不可分割的一部分。
- 最佳组织针对敬业度有一套完全整合的办法。他们根据敬业度数据和员工反馈制定行之有效的行动方案，以此实现了突出的个人绩效和卓越的业务结果。从实质上讲，最佳组织听取员工意见，并采取措施以确保员工能够提升绩效，同时还不会牺牲工作满意度或工作质量。

常见陷阱或障碍

某些组织难以识别或无法清晰表述与敬业度相关活动的价值。常见错误包括：将员工需求置于业务需求之上；对于那些有可能影响组织业绩的敬业度工作，在跟踪和监控方面，资源调配不足；缺乏标准的评测依据来衡量组织的成就；缺乏有效的业务结果数据以及对此类数据有效的分析手段，难以显示业务结果和敬业度得分之间的相关性。

范例

俗话说，"有评测，事竟成"。一家联邦航空组织利用员工敬业度调研指数，来衡量组织在三个方面推动文化建设的工作效果：建立员工之间的相互联系，以及员工和组织使命的联系；树立模范主管；认可和奖励创新。只要组织的前进方向正确，领导者便会对团队为建设敬业文化所做出的贡献始终保持信心。

总结

随着市场竞争日益激烈，组织发现仅靠产品和服务来实现差异化将难以为继。因此，组织需要更加注重通过文化和敬业度来实现差异化。也许我们不难发现，如果组织不能使组织文化和员工的敬业水平协调一致，最好的业务战略也会迅速变得无济于事。

文化是绩效在人这一面的关键要素。世界著名的管理学专家彼得·德鲁克曾经说过："文化能把战略当早餐吃掉。"——那些将两者分离的组织将难以获得成功。（世界大型企业联合会，2015a）组织文化会深刻影响员工敬业度。文化如果包含了正确的要素，就可以加速和加强敬业水平；文化如果和正确的要素脱节，则会阻碍和倾覆敬业。这种象征性的关系要求对敬业文化八大要素进行关注和平衡：

- 敬业战略与业务战略的一致性。
- 强调核心宗旨的组织哲学。
- 推动敬业文化议程的正式项目和政策。
- 公开的、积极的以及由领导者推动的关于敬业度的沟通。
- 促进合作与包容的工作场所和组织架构。
- 定期评估和跟进节奏。
- 被期许和赋权建设敬业文化的领导者。
- 敬业度对业务影响的呈现。

不断变化的就业人口特点，为组织将员工敬业度嵌入战略和文化的努力增添了更多压力。自大衰退之时起，非传统员工，特别是那些兼职员工的数量扶摇直上。事实上，兼职员工的比例一直高于大衰退之前的水平（Short，2015）。因此，建设一种敬业文化变得愈发关键。非传统员工将继续成为就业人口的重要部分，他们需要一种积极向上的工作环境来实现优良的工作绩效。

无论对雇主还是对雇员而言，组织忠诚度都变得与从前大不一样。对于雇员，他们已经跨越了那种在同一个组织中让自己的职业生涯从一而终的阶段；而对于雇主，无论是出于对业务、组织还是战略方面的考虑，他们都需要员工队伍具有一定的流动性，来保证队伍的活力。但是，要想吸引那些最优秀的和最聪明的人才，组织只能通过培养和激发敬业文化才能从中受益。

作者简介

丽贝卡·雷（Rebecca Ray）在全球大型企业联合会担任知识组织的执行副总裁。她负责公司领导力、经济与业务环境、人力资本等方面的研究策划和传播。她同时担任敬业度学院的院长职位，该学院是她与德勤咨询公司和思诺塔公司共同成立的、从事实践研究的一家机构。她毕业于纽约大学，拥有博士学位。她独立或与人合作发表过多篇文章和书籍，包括《如何衡量领导力发展水平》（*Measuring Leadership Development*）和《如何衡量领导力发展的成功》（*Measuring the Success of Leadership Development*）。

戴维·代伊（David Dye）拥有超过 30 年的领导力和管理咨询经验，服务过联邦政府和多家商业机构，他的工作主要是帮助员工、工作团队和组织改善绩效。作为德勤的人力资本总监，他帮助客户开发和整合了各种人力资本项目，来帮助实现组织战略和使命。他毕业于乔治·华盛顿大学，拥有工业与组织心理学博士学位。他在全球范围内做过演讲，并在各种专业期刊上发表过文章。

帕特里克·海兰德（Patrick Hyland）是思诺塔公司的研发总监。他在组织研究和咨询方面拥有超过 15 年的经验。在思诺塔，他主要从事与客户调研相关的各种研究和行动工作。最近，他发表了一篇调研行动方面的文章，见诸《社会学的调研方法论手册》（*Handbook of Survey Methodology for the Social Science*s）。他毕业于哥伦比亚大学教师学院的社会组织心理学专业，拥有博士学位。他在该校担任了 10 年的客座教授。

约瑟夫·卡普兰（Joseph Kaplan）在人力资源、组织效率、变革管理、培训和领导力发展方面拥有超过 20 年的经验。作为德勤公司员工敬业度业务的领导者，他主管德勤在敬业度学院的参与工作。他也为各种组织提供咨询，帮助他们制定员工敬业度战略，以更有效地吸引、保留员工以及持续提升员工自主性努力，最终实现对业务结果的优化。他毕业于芝加哥洛约拉私立大学，拥有应用社会心理学（工业与组织方向）专业的学士和硕士学位。

亚当·普利斯曼（Adam Pressman） 担任思诺塔公司的全球客户合作总监，他负责拓展思诺塔公司的全球业务。他在业务发展专业服务以及领导力与组织效率咨询方面，拥有超过 18 年的经验。他在盖洛普公司服务了 11 年，帮助该公司创建了员工敬业度方面的业务。他拥有俄亥俄州立大学的市场营销和国际商务方向的 MBA 学位，以及华盛顿大学迈克·G. 福斯特商学院的市场营销专业本科学位。

第8章

将报酬转化为人才管理的战略贡献者

乔恩·英厄姆

人才发展作为主要从培训和发展演化而来的新形式，它的出现扩大了人才管理领域正在发生的变革规模。来自神经系统科学和行为经济学的新洞见以及新技术（社交、移动、云）正是其中的一部分驱动力，使人们把新的焦点放在创造人才发展的环境上。回望十年前甚至五年前，那时的人才发展工作把重心放在提供培训上。将此与人才开发者在接下来的十年中将扮演的角色（学习类 App 设计者、内容管理者和社群管理者）相比较，很显然这是一次革命，而不仅仅是一次迭代式改进。

本书所回顾的人才管理的其他领域也经历了类似程度的变化。例如，招聘或人才获取，它们也经历了从聚焦招聘广告到聚焦搜索、雇主品牌和外部人才社区的根本转变。

但是报酬方面的情况如何呢？报酬是有关支付员工薪资并使员工敬业工作的主题和活动，它通过货币和其他交换形式实现。

虽然对于新报酬方式有很多讨论，但是迄今为止新的和旧的报酬方式之间并没有太大区别。

报酬的过去和现在

为了理解组织如何改进报酬方式，我们需要看一下报酬希望予以支持的目标以及它的发展历程。

报酬的第一个目标是吸引潜在候选人同组织建立某种联系，并且让候选人有申请加入组织的潜在可能。传统上组织仅仅通过为员工提供有竞争力的固定基本工资来达到这个目标。

报酬的第二个目标是保留组织已经招聘到的员工。这里传统的应对方式（至少对于在英国和美国工作的执行高管而言）是提供长期激励或者其他股权计划。在这些计划中，离开公司意味着会损失一笔未授予的投资。

为了实现这个目标，组织需要在相关的劳动力市场上与其他组织进行比较，维持合适的外部相对报酬水平，并确保内部也感到相对公平。很多组织通过职位评估来实现这个目的，虽然这种方法现在比过去用得少了，因为雇主们现在更多关注的是如何让员工在不同工作族群的宽带内晋升。

根据在职时间向员工支付报酬在某些工作和行业仍然是很重要的，但是总体上看，在员工心目中，这一点已经没有以前那么重要了。取而代之的是，这也是大多数组织所看重的报酬的第三个目标——激励员工表现得更好。为了达到激励目的，他们通常采用一些可变激励或奖金方案，使奖金额取决于是否达到业绩标准或者为组织做出更广义的贡献。这种贡献很有可能基于多种因素来定义，有些聚焦于产出，通过目标的实现程度来衡量；有些聚焦于投入方面，通过一系列行为或能力的展现来衡量。组织已经在很大程度上纠正了早期的一种倾向：基于新技能获取或老技能改进给予报酬，因为能力改进并不能保证绩效改进。

第四个目标：确保报酬的增加或减少跟组织支付能力保持一致，从而支持业务的灵活性和风险管理。这一目标强化了对可变薪酬方式的使用。很多组织通过收益共享或利润共享的安排，特别是在高层管理者这一层级，把部分可变薪酬和组织绩效捆绑在一起。有些组织也把奖金和股东回报联系在一起。但是，因为股东回报不受管理层控制，所以通常人们认为这对绩效和奖励来说并不是一个有效的衡量指标。

今天，这些目标和所提供的奖励类型之间的关系变得更加复杂。人们认为，绩效奖金对人才招聘与保留的重要性和对激励员工的重要性是一样的。为了顺利应对这种复杂性，很多组织已经把报酬的范围进行延伸，把附加福利包括在内，这种福利常常以一揽子弹性福利的形式提供给员工。

除了报酬这种雇主与员工之间的有形关系之外，组织也正在对那些无形因素，即两者之间的心理契约，给予更多关注。组织将这些有形的和无形的因素，如学习和发展支持、工作环境、工作与生活的平衡等一起提供给员工，由此构成了员工价值主张。在一个更高层面对这些因素的总体概括，则会对雇主品牌提供帮助。

不过要注意，上面这些概念的核心在于，员工是评判这些有形和无形报酬价值的人。作为回应，雇主们已经把重点放在了报酬沟通上。例如，通过提供总体报酬的说明来帮助员工理解公司为他们提供的工作的价值所在。

与绩效薪酬有关的问题

尽管有从固定薪酬到变动薪酬的总体转变，但基本没有证据表明，为更高绩效支付更高薪酬已经产生了更大激励或绩效方面的真正提高。

但是这个应该不出所料。毕竟，关于报酬影响有限的认识可以追溯至 20 世纪四五十年代由亚伯拉罕·马斯洛和弗雷德里克·赫茨伯格所做的研究，后来又被更多来自行为经济学、行为科学和神经系统科学中的最新洞见所加强和延伸。

研究发现，报酬是一个保健因素而不是一个真正的激励因素。也就是说，报酬几乎没有激励作用。如果处理不当，甚至只是让员工感觉不当，都可能成为强大的负激励因素。同样地，如果员工没有取得最大可能的或期望中的回报，他们最后都会感觉受到了惩罚。

此外，虽然基于绩效的报酬可能对生产线工人有用，但是它对于彼得·德鲁克所说的知识工作者的影响却非常小。正如爱德华·戴西在 1995 年提出的过度合理化效应①，其结果是外部报酬减少了内在激励，而内在激励正是这些知识工作者工作的出发点。例如，很多投资银行家对高薪本身的兴趣低于对这一薪酬所代表的象征性价值的兴趣，也低于对高薪为他们带来的和同事之间的绩效对比方式这一方面的兴趣。当银行家开始把报酬看作他们自身价值的等价物时，他们就变得很受外在激励，这时组织要向员工沟通他们的相对价值的话，可想而知，这将是一个非常昂贵的薪酬体系。

如果人们认为激励太小或者不重要时，激励就不起作用了，甚至对生产线工人也是如此。对那些非物质主义者、拥有自己价值体系的人，或者视公平和公正更甚于财富的人，激励的影响也非常有限。

可变报酬也可能具有短期影响，所以组织可能发现员工在领取一笔奖金后，短期内会更敬业，但是很快又回到之前的低敬业度水平上。员工也开始把这些奖励看作应得权利，因此下次如果要提高相同的敬业度，就需要更高的奖励。事实上，不同的研究表明，高薪或潜在高薪会降低生产力和绩效。报酬达到一定水平后，就无须再为更高绩效支付更高报酬。

奖励会鼓励短期主义并减少冒险，这样做的结果是导致一种服从文化而不是改进文化。但是，不适当的奖励也可能鼓励过度冒险，大家已经看到了，正是投资银行家的行为触发了最近的全球经济衰退。

针对个人的奖励会破坏工作关系，也会阻碍团队合作。因为知识工作者所承担的工作更多要依靠强大的团队关系，而不是个人贡献。这些奖励会让生产力偏离既定轨道。

最后一个问题是，对组织管理层的信任度在下降。例如，一个领先的全球信任度调查，爱德曼全球信任度调查（the Edelman TrustBarometer），已经发现在过去十年左右的时间内，信任度不断下降，而且下降最多的是层级组织中的人际关系以及拥有大量权力的职位（如首席执行官这样的职位）。与此相关，奖励计划的执行方式以及是否公平使用也受到关注。平等报酬审计常常发现虽然无意但却

---

① 过度合理化效应（Overjustification Effect），也称过度理由效应，是指附加的外在理由取代人们行为原有的内在理由而成为行为支持力量，行为从而由内部控制转向外部控制的现象。
　——译者注

不公平的报酬现象，它隐藏在现有的性别报酬差异中。对管理层以及对管理层执行的报酬方案缺乏信任，降低了这些报酬对员工的正面影响。反而，员工在心理上打了个折扣，更关注他们自认为可能得到的报酬，而不是他们能全部实现的报酬。

所有这些引出了一个问题，就是组织真正从基于绩效的薪酬方案中得到了多少价值。

聚焦未来

尽管组织有很多很好的理由相信报酬方案需要改变，但他们也有同样真实的理由解释他们为什么还没有调整这些方案。报酬方案大体保持不变，部分原因是报酬方案日益增加的复杂性。要完全理解如何影响员工激励，比单纯地理解人们如何学习，要困难得多。把这些付诸有效实践则更加困难。

人才管理要变得有效，组织中所使用的人才管理流程就要与业务战略、更广义的组织环境以及在组织中工作的人协调一致。因此，关于报酬的新方法不仅需要和战略匹配，还需要与员工队伍的期望相一致。因为员工会习惯于某种报酬方式，所以组织在尝试其他方法时可能非常吃力。也因为报酬是雇佣合同的核心事项，所以组织在改革报酬方式时面对的障碍要比人才发展其他方面的障碍大得多，因为在其他方面，流程对员工的实质性影响要小得多。

在技术初创型公司和近十年内成立的其他公司中，可以看到报酬方式转变出更多的形式。这些公司已经能为候选人提供与众不同的报酬方式，而且他们所招聘的人都对此方式感到很满意。这种方式也有助于使报酬架构的设计与业务战略、员工队伍的现状相协同。

但是即使在这些公司中，员工期望总体上还是基于之前报酬方面的已有经验。对业务和组织管理层的信任缺乏也意味着员工和候选人更加看重传统报酬的可见性，而不是他们可能认为更有价值但可见性较差的东西。通过研究员工和猎头针对不同类型报酬的观点，我们发现大多数人只是想要一份高的基本工资，或者一份他们自己可以相对控制的可变奖金。

最后，糟糕的薪酬决策所带来的后果可能比糟糕的人才发展决策带来的后果更严重。一次设计糟糕的发展干预会导致时间和成本的浪费，并降低人力资源或者人才管理部门的可信度。但是，这些措施不可能产生更严重的后果。然而，一个设计糟糕的薪酬方案能够让一个组织破产。原因不是成本浪费（虽然成本也可能很大），而是糟糕的报酬方案会导致员工的不敬业和离职，并降低组织的招聘能力。

少数特立独行的组织已经开始执行一些非常有创意的报酬计划。虽然这类创新通常仅限于这些组织，但是快速浏览一下这些案例你就会了解到，不同的方式至少是有可能的。

最经常被引用的创新公司是塞氏企业[①]，公司的首席执行官里卡多·塞姆勒在 1993 年写过一本书叫《塞氏企业：设计未来组织新模式》[②]。在书中，塞氏企业的能上能下报酬方案允许员工根据企业提供的标准管理他们自己的薪酬。塞氏企业发现员工总是提出合理加薪建议。然而，请注意，这种创新已成为更大范围内对人才和业务管理的本质进行变革的一部分，是用自组织替代了层级体制。

也有很多人对网飞公司[③]个性化的、基于市场的薪酬方案（Hastings，2009）感兴趣。这个方法的主要目的是当业务增长时将薪酬复杂度降到最低，中间不需要规则和流程，通过高薪吸引高质量的人才。网飞公司满足了简单化的要求，支付高工资而不进行内部比较，只是简单地支付一个高质人才在任何一处都能拿到的最高工资，这个薪水是公司保留同样人才或者另行招聘替代候选人所需要支付的水平。

大多数薪酬创新有助于满足之前描述的业务目标。作为对比，美捷步公司[④]以

[①] 塞氏企业（Semco）是巴西最大的货船及食品加工设备制造商，采用员工自我管理模式。——译者注

[②] 本书（*Maverick: The Success Story Behind the World's Most Unusual Workplace*）中文版由浙江人民出版社出版，2016 年 4 月 1 日第 1 版。——译者注

[③] 网飞公司（Netflix）是一家在线影片租赁提供商，成立于 1997 年，总部位于美国加利福尼亚州。——译者注

[④] 美捷步公司（Zappos）是一家美国卖鞋的 B2C 网站，自 1999 年开站后，快速成长为网上卖鞋的最大网站，在 2009 年被亚马逊收购。——译者注

及最近它的母公司亚马逊公司，在报酬方面都采取了不同寻常的做法，包括帮助不适应公司文化的员工离开。在完成紧张的入职程序之后，美捷步公司会为新员工提供 2 000 美元，让他们当中认为自己不太适应公司并且想离开的人离开，通过这种方式美捷步公司达到了自己的目标。

最后，截然不同的报酬实践案例很少。大多数组织倾向于做得大同小异。这样加大了在报酬方面做出重大变革的难度，但是这么大规模的组织中采用的胆小修补也是不可取的。因为薪资福利预算总是比培训和发展预算高得多，所以对组织来说，确保在这方面得到合理回报更加重要。虽然做错的风险很高，但是做对的可能性也很大。

进一步转型的方案

没有最佳实践可以轻易地解决上述所有难题。但是，有一些途径可以帮助组织将报酬转化为确保战略成功的基础，使其作用至少不输于人才发展。以下为这些途径的介绍。

从物质报酬转变为非物质报酬

因为物质报酬并非像人们经常认为的那样对绩效和激励产生巨大影响，组织应该考虑建立一种吸引人的环境，让身在其中的员工能够产生内在激励。根据爱德华·德西的自我决定理论，这种环境需要强调自主、胜任力和关联性。

丹·平克在他的畅销书《驱动力》[1]中发展了这些观点，并建议聚焦于自主、专精和目的。建立一个鼓励上述理念的环境并非易事，但是，组织将时间和精力投资于这个方面，会好过把更多的金钱投资于物质激励。

转变方向也要从面向复杂到面向简单。组织的目标应在于对员工支付足额的报酬，让报酬不再成为问题（尽可能按照员工价值支付报酬，而不是仅仅支付一

---

[1] 本书（*Drive: The Surprising Truth About What Motivates Us*）中文版由中国人民大学出版社出版，2012 年 3 月 1 日第 1 版。——译者注

笔员工勉强可以接受的数额），然后把精力放在对实现组织目标有重大影响的人才管理的其他方面。

一个值得关注的途径是游戏化，这是商业和人力资源行业的一个新趋势。事实上，游戏化与报酬具备很高的关联性，如同它与人才发展的关联性一样。

游戏化将游戏的特点和元素应用到工作的各个方面，让工作活动变得更加引人注目。游戏化的三大主要特点是积分、徽章和排行榜。另一个例子是对虚拟货币的使用。虚拟货币与报酬方案高度相关，可以帮助员工与同事之间相互比较各自的工作进程和成绩。游戏化激励可以在将来的某个时候转化为对员工有价值的东西，为员工带来更大的潜在激励，但是又不会为雇主带来相同的成本。如果使用不当，这些游戏元素可能导致不健康的竞争以及失调的行为。但是，游戏化也可能有助于合作，并为工作场所赋予意义，通过允许员工在擅长的领域内再接再厉来驱动内在激励。

游戏化手段的一个正面案例是 IGN 公司[①]的病毒式奖励，该公司通过 1 美元的代币形式和员工分享一定比例的利润，这些代币可以根据每名员工的意愿在全体员工中分配。尽管具体分配是保密的，但 IGN 公司会公布那些最成功员工所获金额，以此作为激励其他员工的一种方式。

报酬个人化

组织应该根据不同的员工群体来调整（或个人化定制）报酬。特别地，全球化组织需要根据文化和法律差异来调整报酬。私营企业和公共部门之间、销售部门和其他业务部门之间也都存在差异（销售业绩管理和刺激永远是一个需要专门报酬手段的特例）。不同雇佣关系中的员工，如兼职员工和在家工作者，也会有不同需求。

---

① IGN（Imagine Games Network）是美国一家拥有多媒体和评论网站的公司，是全球规模最大的游戏娱乐媒体。——译者注

组织还需要考虑代际差异。随着 Y 世代[①]和 Z 世代[②]继续进入就业市场，关于这些员工是否不再推崇物质享乐主义的争论（相比于报酬，他们对拥有一份有意义的和有发展空间的工作更感兴趣）会继续影响报酬决策。

不管怎样，年龄差会比代际差更重要，处于职业生涯早期的员工喜欢现金报酬更甚于总体报酬计划中的其他部分。这个情况可能会抵消新一代员工中不断增加的自我实现的欲望，至少在短期内如此。事实上，组织有时面临如此多需要考虑的因素，以至于有效应对这些情况的唯一办法就是对每名员工的报酬进行个人化定制。或者，至少确保他们的报酬是根据员工个体的不同的参与度需求而非他们所在工作职位来定制的。例如，德勤允许员工调高或调低对自己工作、职业期望以及报酬的要求，调整依据取决于员工个人需求以及这些因素随着他们职业生涯所发生的变化。

社交认可

在很多组织中，报酬转型的一个主要机会可能就是利用新型社交与游戏化技术，引入或加强对个人的认可。这些技术帮助组织强调对组织战略和价值观的认可，并吸引全体员工对此给予认可。社交认可能够对报酬向非物质报酬和个人化报酬的方向转变的需要给予支持；社交认可所代表的报酬方式的转变趋势，跟人才发展领域中正在向非正式化与社会化学习转变的趋势，最为相似。

当然，组织及其成员无须通过这些技术系统来相互表达谢意。例如，金宝汤公司[③]的道格·康纳特在其担任公司首席执行官的 10 年间，向员工发出了 3 万张个性化致谢卡。但是，科技让每个人（并非只有那些最敬业的人）可以很容易地致谢他们的同事。科技能够使组织建立一种文化，让大部分员工可以参与认可他人或接受他人对自己的认可。

---

① Y 世代（Generations Y）指的是在 1979—1995 年（或 1980 年以后）出生的人，其共性是具有天生的优越感、专心和注重个性化、自我意识强。——译者注

② Z 世代（Generations Z）指的是在 20 世纪 90 年代中期至 2000 年后出生的人，善用网络资讯以及通过网络自学，希望将他们的爱好转变成全职工作，缺少品牌忠诚度。——译者注

③ 金宝汤公司（Campbell Soup Company）是美国首屈一指的罐头汤生产商，总部位于新泽西州。——译者注

✎ 提高薪资透明度

大多数组织会鼓励员工对自己的报酬保密，因为员工喜欢根据工作内容来评判同事的价值，忽略工作中更加无形的挑战部分。这意味着薪资水平可能是很难判断认定的。但是，在今天的工作场所和社会中，员工基本上都可以轻易地分享信息。更为重要的是，员工更加渴望对信息的分享。鉴于对透明度的期望值，试图在工作场合维持报酬保密变得越来越难以为继。特别是，考虑到类似玻璃门网站这样的透露雇主企业文化和薪酬水平的网站越来越受欢迎，而且针对薪资的对外发布也出现了更多的立法要求。

但是，增加薪资透明度的主要原因还在于，让人们去信任一个不透明的薪资系统是困难的，尤其是在当前这个信任度已经很低，而且未来的薪资会越来越以人定薪而不是以岗定薪的时代。HR 和人才管理部门的员工已经知晓并接受了其他员工的薪资，因此，认为其他员工无法处理好这类信息是不公平的。不管怎样，在那些所有或部分工资已经公开化的国家，薪资透明就不是一个主要问题。

巴菲尔公司[①]是一家鼓励薪资透明的企业，它强调透明度可以带来信任度，并有助于建立更好的团队精神（Gascoigne，2013）。作为对其薪资公开政策的支持，巴菲尔公司公布了员工工资、奖金和股权奖励的计算方式与金额。

✎ 减少薪资差异

在过去几十年里，组织越来越接受员工绩效的差异性。一些组织认为他们的高绩效者的价值是低绩效者的几十甚至几百倍。其结果造成了薪资差异（至少在盎格鲁—撒克逊文化中）大幅增加。例如，英国富时 100 指数（FTSE 100）公司的首席执行官今天的薪资是他们员工平均水平的 180 倍。

但是，也许正因为此，越来越多的人相信，组织在刺激和奖励人才与高绩效方面、在不对等地拉大高管与其他员工薪资差异方面，已经走得太远了。如果有更多的组织采用薪资透明制，那么社会上对提高薪资公平性的要求必将会变得更加强烈。

---

① 巴菲尔公司（Buffer）是美国一家社交媒体管理公司。——译者注

减少薪资差异的最主要原因，是这样做能够改善整体业务绩效。薪资差异巨大，从强调员工个体贡献的角度来看是完全合理的，但是，由此导致的不公平也会破坏组织的社会结构。

爱德曼全球信任度调查显示，在过去几十年里能够让信任度上升的少数几种关系之一就是，员工和像自己这样的人之间的关系——或者，员工与某人之间通过一种个人因素把双方联系到了一起，如来自同一个家乡、欣赏同一种音乐或喜欢同一支球队。

薪资差异巨大所带来的一大问题是，如果首席执行官薪资是员工平均薪资的180倍，员工就不大可能把自己和首席执行官联系起来，从而不太可能信任该首席执行官。如果首席执行官薪资没有那么高，组织的情况可能更好，即便该首席执行官制定的商业战略没有那么耀眼，员工也会更愿意支持该首席执行官所提出的战略。一份普通的但是能严格执行的战略，远胜过一份炫目的但被搁置的战略。例如，正因如此，全食超市①公司限制其高管的最高薪资不得超过员工平均水平的14倍。

在人才管理方面，越来越多的组织不仅需要人力资本的视角，还需要社会资本的视角。如果实施的报酬或其他任何人才管理措施优化了人力资本，但在实施过程中却损害了社会资本，那么对组织来说，这还是不明智的。例如，有研究结果显示，高绩效者之所以能够获得高绩效，完全是因为他们和他人之间的关系，以及他们从别人那里获得的支持。

除了减少薪资差异，组织如果能扩大福利和股权计划的覆盖范围，让所有员工（包括高管）享有同样待遇，即便与其他差异较少的总体报酬相比，组织仍按职位对这些计划的构成比例进行了差异化的设定，那也会给组织带来好处。

基于团队的报酬

在很多组织中正在发生一大变化，就是从等级结构转变成团队结构，为更多的合作需求提供支持。这种转变取得成功的前提就是以团队为基础的报酬。

① 全食超市（Whole Foods Market）是全美最大的天然食品和有机食品零售商。——译者注

这种转变具有很大的风险。例如，根据团队具体情况，团队报酬也能在团队之间加剧竞争。根据对采用团队报酬的案例的研究，尤其是那些涉及知识工作者的案例，团队报酬并不那样受欢迎。不过，团队报酬所带来的结果取决于对其如何使用。在很多研究案例中，团队报酬的设计或执行并不非常高明。伊冯娜·加博思和尤得·康瑞德在 2013 年对团队报酬所做的 30 项不同研究的元分析表明，团队报酬在小团队和混合性别的团队中实施起来最为有效。该研究也表明，在团队成员中公平分配报酬比简单等额分配报酬更为重要。

为使团队报酬发挥效力，组织应该根据团队成员个人的绩效来为团队支付报酬，并根据成员对团队的贡献大小来进行具体分配。这样做可以确保成员在团队内部聚焦于合作而不是竞争，同时成员和整个团队能够聚焦于提升每个人的绩效，避免任何社交惰化的倾向。

一种替代方案就是把团队报酬和个人报酬结合起来。例如，全食超市公司提供个人基本报酬，但是其他报酬是和团队绩效联系起来的。为了帮助这套机制发挥作用，员工对自己团队中其他人的工作也具有一定发言权。

尽管转变起来可能困难，但这不足以成为不去尝试实施团队报酬的理由。团队报酬代表了将报酬职能与人才发展职能相关联的一个改善机会，因为团队报酬方式的成功需要发展有效团队。

实施转型

实施上述或类似转型需要思路清晰、计划周密以及合理的变单管理，最理想的是和人才管理其他领域的变革结合起来。下列步骤可以用来指导你的转型之路。

审视业务需求

让报酬发挥更大作用的一个成功标准是，将报酬与组织特定的环境和需求清晰地结合起来，开发出最适合的而不是来自最佳实践的方案。

尽管转型意味着未来要采取迥然不同的做法，组织仍然能从审视当前有效和无效的做法中受益。报酬管理人员可以考虑使用由道·斯科特、托马斯·D. 麦克穆伦以及理查德·斯伯令在 2006 年提出的一个评估工具。该工具有点像人才开发中的柯氏四级培训评估模型，它也聚焦于四个层次：反应、对报酬系统的理解、行为和最终结果。

开展这种审视的一个越来越重要的手段是使用分析法。参考一下迈克·刘易斯的著作《点球成金》，该书对报酬管理工作有着特殊的意义。

✎ 审视员工需求

报酬管理从业人员也应该理解员工的本性和动机。

这样做起来实际上非常困难，因为员工调研结果并不能完全回答哪种报酬形式可能行之有效。相反，报酬管理从业人员应该尽力观察不同的员工是怎么做的，以及他们对报酬的反应。他们也应该去和员工交谈，大体了解他们的需求、想法和生活方式，并找出哪种报酬途径能为他们的想法和行为带来意义。

✎ 审视其他输入信息

除了着眼于内部，组织也越来越多地需要向实证管理的方式转变，让报酬决策建立在现有的最佳洞见基础之上，包括对标其他组织、了解学术研究成果和获得来自外部网站（如 LinkedIn 和玻璃门网）的深刻洞见。

培训和发展职能向人才发展的转型对科学技术有严重的依赖性，而报酬转型通常也需要先进技术。因此，报酬管理从业人员也应该确保自己了解那些最新的、可能影响报酬的技术发展状况。例如，他们可以利用众包[①]系统来让员工推荐或决定预算的最佳使用，以及通过额外资源嘉奖员工或团队来支持创新。

✎ 制定新的报酬目标

根据上述新洞见，报酬管理从业人员需要审视其所在组织的报酬理念以及报酬目标。报酬管理从业人员越清楚了解何种报酬能够最有效地影响组织，以及报酬能如何达到这些目标，他们制定的新方案就越有可能具备影响力。新的报酬目

---

① 众包模式（Crowdsourcing）是指一个公司或机构把过去由员工执行的工作任务，以自由自愿的形式外包给非特定的（而且通常是大型的）大众网络的做法模式。——译者注

标也应该包括清晰的衡量手段，可以用来监测新方案实施，并帮助持续改进。

组织也需要清楚地了解目前的报酬设计中哪些部分符合新目标，不符合的部分需要在短期或长期的未来予以更新或替换。

✎ 策划变革

接下来，报酬管理人员需要策划如何实施这些变革，以及何时实施。有时，变革计划需要聚焦在一个企业的不同部门，通过不同方法来进行试点或实验，以此更加清楚地了解组织需求以及如何能将新方法以最优的方式引进。

变革计划还需要聚焦于培养更佳的报酬管理技能，或许在报酬职能以内，但更普遍的是要提供一线经理和业务领导适用的技能，这样可以帮助他们在绩效和个人化报酬方面做出更好的判断。

报酬管理人员也需要让员工参与制订这些计划。比分配公正（有关报酬是如何在员工中进行分配的）更为重要的是程序公正。员工需要感受到报酬方案的制定过程是非常公正的。制定这些方案时，他们参与得越多，就越有可能信任方案的最终结果。

✎ 完成变革

在仔细研究并制订完变革计划之后，组织需要实施这些新方法。实施过程会带来一定程度的风险。但是，如果你仔细遵循上述流程，就能降低实施变革的风险。

此外，报酬转型应该被视为一个持续的进程。报酬计划新鲜出炉的时候，它会发挥一定功效，然后很快就变成一种确定的预期，从而失去激励作用。这就意味着，组织需要一直保持对报酬机制进行创新，使员工能够持续聚焦和投入公司希望他们从事的工作。

人才发展模块如何支持报酬模块

作为人才发展整体的一部分，各流程领域的从业者共同协作、互相帮助。人才发展从业者可以通过以下工作来帮助他们负责报酬的同事：确保学习成为整体薪酬要约的一个部分，并且在招聘期间就推广报酬理念，在员工入职之后还要继续定期推广。

实行整体薪酬的主要目标之一就是，确保组织文化可以支持员工的内部培养和晋级，公司最好的人才也无须总从外部获取。大部分研究成果表明，内部晋级确实能带来最有效的战略。

另外，人才发展从业者可以确保员工能够理解自己报酬所代表的价值，尤其是那些比较复杂的构成要素，如养老金和其他福利计划。这也是对负责报酬的同事的一种帮助。人才发展从业者也能帮员工变得更具财务头脑，这样员工就可以最大化地实现自己报酬的内涵价值和福利收益。

报酬模块如何支持人才发展模块

将人才发展和报酬进行整合的一大机会，就是为员工的胜任力发展支付报酬。组织也可以将报酬作为一个激励因素来配合人才发展项目。例如，我曾经参加过一个咨询项目，参加者还有来自招聘、报酬和其他领域的从业者。该项目是帮助一个企业的人才发展中心，如何在企业发生重大业务变化之后帮助员工重新投身企业。我们的招聘顾问让客户的员工认识到，如果到外面寻找工作机会，他们的报酬可能并不会增加。而客户的报酬人员紧接着向员工解释，如果员工继续留在公司，他们可以如何实现报酬的预期增长。

正值时机

现在开始报酬转型看起来正值时机。报酬在一个健康的经济环境中进行变革总是更加容易，因为组织可以在无须替换员工已有报酬的基础上增添新的报酬手段。当然，过去很多试图变革报酬的努力都未成功，因为这些努力都是和成本削减联系在一起的。未来，组织应该利用相对健康的经济环境来进行更多的报酬创新。

作者简介

乔恩·英厄姆（Jon Ingham）是英国的一名咨询师，他的关注领域是如何将洞见和创新应用到人才管理与组织发展中。他所做的大量工作都体现了他坚定的观点，即对人才进行更明智的投资可以为企业带来巨大潜力，以及为企业创造新的价值可以为企业带来更好的机会。他之前在安永公司任职，担任人力资源总监，先是在英国工作，后来到了莫斯科，负责前苏联国家业务。他是《战略人力资本管理》（*Strategic Human Capital Management*）一书的作者。他的博客"战略人力资本管理"（Strategic HCM）被广泛认为全球最好的 HR 博客之一。他每年都会在世界重要的 HR 会议上发言，并通过小型研讨会的形式培训大约 500 名 HR 从业者。

第9章

人才保留的基础：组织文化

朱莉·克洛

我的曾祖母在一家工厂度过了她的大半生。为了生计，她从故乡迷人的意大利小镇移民到宾夕法尼亚州一个沉闷的煤矿城镇。不幸丈夫早逝，在鲜有单身母亲的年代独自抚养三个孩子。让她感到自豪的是，她有份裁缝的工作，手艺也极其出色。

在她晚年时期，巴比松制造公司（Barbizon Manufacturing Company）在附近城镇开了一家工厂，她在那里找到一份缝制高级女士内衣的工作。她干活儿又快又好，因为住得远，工厂主自愿每日亲自开车接送以确保她上下班安全。她在那里一直工作到工厂歇业。

历经四代，现在我的女儿也即将进军时尚业，正在开展实习。在选择实习机会时，她考虑的是：

- 那个品牌想要实现什么目标？自己的观点是否与之一致？
- 公司的工作环境如何？自己能在那里开心工作吗？
- 能从这份经历中学到什么？获得什么成长？

我无法想象我的曾祖母在接受那份工作时会思考这些问题，那时候能有份工作已经是万幸了。

拜互联网和其他大规模现代化发展所赐，过去100年里很多行业发生了翻天覆地的变化。同样，今天的时尚产业和 20 世纪初的服装制造业早已有天壤之别。服装制造业的准入门槛更灵活，也更大众化。只要有创意，任何人都可以建立自己的品牌线，在全球范围内搜寻面料供应商、制造商以及经销商，整个过程变得相对容易，成本也更可控。现在公司面临的挑战不再是把产品做出来，而是使产品超凡卓越。换句话说，我的曾祖母工作于制造经济时代，而我的女儿则要在知识经济的鼎盛时期加入产业大军。

从一个更高的层面上看，两个时代的组织最基本的区别在于，制造经济时代的组织要求收敛思维①和计划性，而知识经济时代则要求发散思维和敏捷性。表 9-1 显示了两个时代的公司是怎样做自我定义的。

表 9-1　制造经济时代和知识经济时代公司的差异

20 世纪早期	21 世纪早期
决定生产什么产品。 例如，生产女用内衣	决定要努力实现的成果（使命）是什么。 例如，用时尚激发人们的热情
定义怎么做。 例如，为生产合成面料及式样设计制定流程	定义达成使命最重要的价值观是什么，如何在不同的价值取向间取舍。 例如，以对社会负责的方式创造最前沿的街头时尚
通过规则和政策确立工作环境中的规范。 例如，工作时间为早 7：30 到下午 4：30，中间一小时休息时间；遵守培训流程和政策	为员工创造理想的工作环境。 例如，让员工充分了解设计原理，进行创新；授权员工在富于合作的环境里大胆尝试各种设计和创意
找到具备完成上述事项所需技能的人。 例如，刊登广告招聘裁缝，要求具备十年以上手工缝纫和刺绣经验	找到认同以上想法并能在这个环境里充满活力茁壮成长的人。 例如，招聘对街头时尚充满热情，其生活方式能反映出相应的审美品位，并具有相关从业经验的人

一家公司要在知识经济时代做出卓越的产品，关键是随时随地把握卓越的真

---

① 收敛思维（Convergent Thinking）又称聚合思维、求同思维。特点是使思维始终集中于同一方向，使思维条理化、简明化、逻辑化、规律化。收敛思维与发散思维相对。——译者注

谛并创造出相称的产品。其实质就是解决问题，用新办法解决老问题，解决新出现的问题，解决你甚至不知有其存在的问题。最终的产出也很难事先规定。雇用员工时，你也许只知道把人放到什么地方，而不见得知道要他们来解决什么问题。在这样一个充满不确定性的环境里如何雇用合适的人？如何培养他们的能力并给组织带来积极成效？最重要的是，如何历经时间考验仍能保留他们？

答案很简单，那就是，建立一个强健的、充满活力的组织文化。

组织文化的定义

首先，组织文化具有多面性，但其核心是，清晰而强健的组织文化能够使所有组织成员方向一致，借此形成组织合力，而非制造混乱。其次，组织文化还将个体成员推向更高的目标，为他们的工作赋予意义。最后，组织文化也是一种日常环境，人们每天一早起床就来到其中，和他人互相激励启发，互相帮助，让大家都变得更好。

在过去 100 年里，"组织文化"这个词语的使用量大幅增加。通过图 9-1 我们看到，该词汇使用量自 20 世纪 60 年代开始上升，到 90 年代上升速度猛然提高。随着新世纪知识经济的欣欣向荣，使用量又继续攀升。组织文化和知识经济这两个概念高度关联，反映了我们所做的工作和做这些工作的方式之间的联系。

一般而言，走进一个组织，只需四下打量就能知道这个组织的文化是否建成、是否健康，所谓看到即知道。但如果要负责在组织里改革、改进或者影响组织文化，问题可就没这么简单了。

组织文化也许已经有了正式的定义，但同样重要的是，要充分考虑那些约定俗成的非正式行为，那种氛围，以及人们在组织里工作的体验。把使命宣言和价值观张贴出来，不一定等于组织真正践行了它们，必须使它们真正地让人们的行为发生改变。

较之员工从日常工作乃至报酬中获得的相对满意度而言，员工敬业度则更具多面性。它受诸多因素的影响，包括人际关系的质量、目标感、价值观认同、工作生活平衡、个人掌控度、领导风格等（Wildermuth，Pauken，2008）。虽然组织不可能去了解和满足所有员工在敬业度上的方方面面，但组织可以通过努力营造自身文化，让广大范围的员工找到长期的满足感和归属感。要想在吸引和保留人才方面立于不败，就要将每位员工的生活和工作看作一个整体，并建立一套具有凝聚力的组织实践活动予以相应的支持。

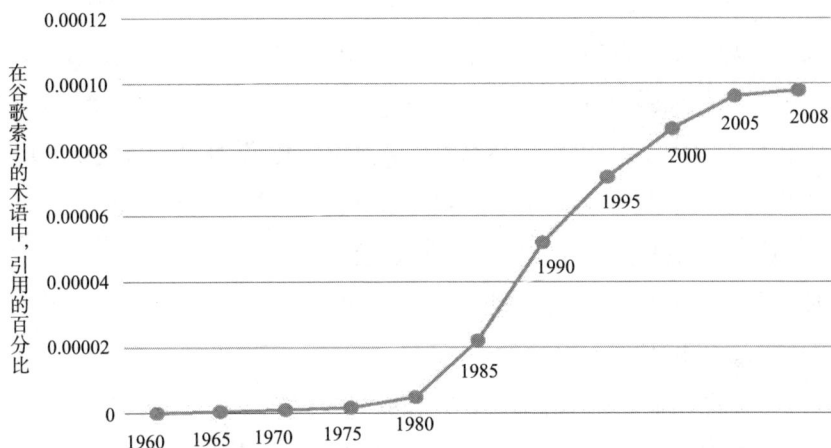

图 9-1　自 20 世纪 60 年代以来，组织文化的使用呈上升趋势

资料来源：谷歌全球书籍词频统计器（Google Books Ngram Viewer）。

下面我们会尝试界定组织文化的各个构成要素，并将这些或具体或模糊的要素和人才保留联系起来。对于想要评估、定义、改善并最终形成组织文化及人才保留策略的组织，这些要素能引导它们获得一个良好的开端。

使命和价值观

使命和价值观能让组织就所要达成的目标以及员工如何达成此目标这两方面形成共识。建立使命和价值观并没有什么通用公式，它们是组织文化中有正式定义的要素，用以向员工乃至顾客传递一种目标感和意义感。

使命界定了组织的方向，在某种程度上也涵盖了组织要做的和不要做的事情。如果定得太具体，可能限制想象和创新；如果太宽泛，如为股东增加价值或成为业界最佳，又极可能无法启迪思维。

最好的使命宣言表达了一个组织最有兴趣去解决的问题（Clow，2012）。例如，Facebook 的使命是"给予人们分享的力量，让世界更开放、更互联"。Facebook 在不同时期可能有不同的业务形态，而这一使命确立了其所有业务追求的宗旨。它为公司员工和最终用户提供了清晰的方向和远大的抱负。这一抱负尚未真正实现过，却值得为之去努力。

价值观是使命宣言的重要补充，两者共同定义了一个组织的特定行为和原则，而组织想要在这方面成为引领者。价值观能塑造文化，它会融入日常工作环境里，潜移默化地影响员工做什么，能做到什么。例如，在线鞋类销售商美捷步的十大价值观之一是，"创造乐趣以及一点点不可思议"。这一价值观使得员工能够在工作中寻求乐趣，表现真我，不必担心自己是否过于离经叛道。由此，员工也清楚地知道美捷步的工作环境不会严肃刻板。

使命和价值观的表现形式各异。有的公司制定愿景宣言，有的公司公布的则是使命宣言。有的公司有自己的价值观（如美捷步），有的采用领导力原则（如亚马逊），有的对外发表自己的宣言（如露露柠檬①），有的甚至罗列"我们的十个信条"（如谷歌）。不管是什么形式，使命和价值观体现了一个组织深思熟虑后所做的自我定义：想要成为什么，工作中重点关注什么，在产品和服务中始终贯彻什么。

如果组织不能清晰地阐明其使命和价值观，员工也许将难以理解其工作的意义。一种情况是，仅仅把使命和价值观写下来却不去实行它，或者与实际情况不一致，那么员工就可能质疑和嘲讽组织的领导力。另一种情况是，潜在候选人和员工可能发现自己难以和公司的使命和价值观产生共鸣。与其被动应对由此造成的绩效低下问题，不如让个体能自主选择加入或离开一个组织。

不过，如果组织能够清晰地说明自己的使命和价值观，并展现远大的抱负，员工就能把自己和一个更高远的目标连接起来。塔米·埃里克森在她 2011 年有关组织发展的研究中提出，把组织价值观贯彻到日常工作体验中，将会为员工的工作赋予意义。就工作激励而言，工作意义比金钱更富成效，也更深入人心。用

① 露露柠檬（Lululemon Athletica）是加拿大一家瑜伽服品牌零售商。——译者注

她的话讲，"工作意义就是新货币"。当在一个组织中工作的新鲜感和获得新工作的兴奋感渐渐消失时，工作意义将成为重要的人才保留工具。

产品及其风格

当你购买任何苹果产品时，不管是 iPhone 手机还是 MacBook 笔记本电脑，甚至一个电源适配器，拆开产品包装的体验都充满魔力。纸袋、包装纸、包装盒、盒子里的隔层以及包装设计，无不让你感到简洁、精密、爽滑。苹果产品强烈地体现着组织文化：设计是公司的核心关注，对细节的考究更是无以复加。

与产品有关的决策传递了组织的关注重点。以仓储式会员店好事多超市（Costco）为例，顾客不会冲着商品的多样性而去购物。事实上，好事多超市刻意只为每种产品提供一到两个品牌。他们搜寻最好的供应商并缩小选择范围来为顾客提供最低价格。仓储式卖场不会显得精致高档，但它体量巨大，能够覆盖从鲜肉、电子产品到家具等极其广泛的商品门类。

苹果公司和好事多公司都建立了自己特有的产品及风格，体现出各自的文化背景，它们反过来又决定了哪种员工最适合自己的公司。

例如，一位热衷用户界面设计的软件工程师可能感到苹果公司的环境令人振奋和自在。相反，一位喜欢思考如何建立巨型系统框架的软件工程师则可能认为谷歌的工作机会更称心如意。软件工程师也好，其他职业人员也好，不见得可以在任何环境间互换。我们都在符合自身兴趣、能展现自身优势的环境里表现最佳，也更有可能在一个符合自身风格和审美趣味的公司里投注长远的职业发展。

同事

在那个组织里工作的是些什么人？他们是什么背景？他们会承担自己的责任吗？绩效低劣的人会潇洒度日吗？员工之间关系和谐互相喜欢吗？

在知识经济时代，人是获得成功最重要的推动力之一。焦点咨询集团（Focus Consulting Group）在 2010 年做了一项调查，了解资产管理公司成功或失败的主要因素（Ware，2010）。他们对比了那些在金融危机期间取得佳绩的公司（充满活力者）、勉强幸存的公司（幸存者）和完全失败的公司（跳水者）。在"我们有适合的团队成员去达成组织目标"这一选项上，一家跳水者公司分值最低，在所有参与调查的公司里位列第 2 个百分位。值得注意的是，这家公司在"具有清晰的使命"选项上分值甚高。也就是说，一家公司即使有坚定的方向，没有适合的人才也依旧无法成功。

要吸引具备创造产品和服务所需技能的人才，现有员工的人数、构成及类型具有显而易见的影响。此外，它们还会影响到：

- 每天去上班并和同事们交往的社交体验。
- 组织吸引新成员加入现有团队的能力。

这两点都至关重要。工作中的人际关系对员工敬业度有极大的影响力。在盖洛普 Q12 敬业度调查中就包含了"在工作中我有自己的好朋友"这一问题。此外，潜在的候选人也会尽力去了解他们的工作伙伴是谁，可以向谁学习，能否在团队里展现自己的个性并找到共鸣，总体而言，即人际环境如何。一个人可能基于人际关系做出是否加入某个组织的决定，也可能基于此而选择是留在还是离开某个组织。

因此，认真界定组织文化意义重大。组织可以依据其价值观和行为要求来评估未来的员工，同样，这些人也可以通过能否找到文化共鸣来决定是否加入这个组织。在选对人上做得越好，他们也越有可能在组织里长远发展。

✎ 工作场所的氛围

当你走进一个办公空间时，你的视野所及、声音、人员、办公桌摆放和办公室布局、室内装饰、人际交往模式等，通通可以概括为一种总体氛围。工作场所氛围可以是正式的、休闲的、无忧无虑的、有趣的、严肃的、学术性的、紧张的、高压的、令人恐惧的、驱动性的。一个组织可以有意识地通过办公室设计来营造某种氛围，而这种氛围也应该和组织文化的其他方面相匹配。不过说到底，一个地方让人感觉如何，真正起到重大作用的，是在这里工作的人。

从前台开始，这个地方看上去如何？装修是为了引人注目还是让人感觉舒适？前台人员怎样接待访客？

走进办公区，里面的布局如何？是开放通透排列有序，还是隔断林立阻碍视线？办公室空间能让人方便地聚集交谈吗？大家看上去开心吗？是热热闹闹打成一片，还是各自待在自己的小天地里？

人们上班来得是早是晚？是集中到达还是参差错落？午餐是大家一起在公司吃，合伙去外面聚餐，还是就在自己的工位上解决？下班是到点就走，还是留下加班？离开公司时是否一边聊天一边走向大门或电梯？

会议多不多？团队每天开例行站会[①]吗？经常有全员会议、演示会或学习活动吗？人们会花时间交往，如一起打乒乓球或下棋吗？

我曾在双西格玛投资公司（Two Sigma）工作。这家公司的使命是再造投资管理，组织文化则围绕"成为优秀极客的最佳之地"这一口号展开。它概括了公司努力打造的环境，也描述了要吸引的人才。我能在日常工作中感受到这种氛围。几乎每天都有基层员工自发的学习活动，同事们利用午餐休息时间下象棋或者六子棋。办公室很明亮，同时有种轻微的未完工感——抛光混凝土地板和外露管道，和传统投资管理公司昂贵而精致的设计风格迥然相异。办公区是开放的无隔断设计，但员工可以待在会议室房间里，因此大部分地方都比较安静，正适合多数员工性格偏内向的特点。这地方让人感觉很惬意，还透着股学术范儿。尽管办公室环境设计对公司氛围影响很大，但真正让这种氛围活起来的是人，是公司员工，他们会真切地感受到组织文化并和这一文化保持一致。

阿里·德赫斯[②]在 2002 年对存活几十年甚至几个世纪的大型公司做了一个调查，他想要了解这些公司历经时代和领导者的变迁而仍然存活的成功之道。凝聚力和认同感是他所发现的四个成功因素之一。它可以解释成"一个公司创造员工共同体和员工形象的能力"。换句话说，这些大公司的员工们，即使分散各地，也仍然会感到他们是整体中的一分子，这正是公司能历经人员变动和行业兴衰仍能屹立不倒的关键。此外，这些公司还能留住经理级人员并让他们走上领导职位，这是保持凝聚力的另一个关键。

---

① 例行站会（Stand-up Scrum Meetings）是敏捷开发方法中的一个仪式，团队成员每天开站会，用 15 分钟的时间沟通开发状态。——译者注

② 阿里·德赫斯（Arie De Geus）是长寿公司模式的创造者，"学习型组织"概念的重要创始人，当代管理大师之一。——译者注

准确地说，公司氛围就是员工不论职位或层级所共同拥有的凝聚力，而这种凝聚力又反过来推动团队的发展以及公司整体使命和价值的实现。

沟通

使员工和组织使命目标保持一致，内部沟通的频率、基调以及整个组织参与沟通的人数具有重大的影响。如果公司沟通量少稀疏，或者粉饰太平，这种沟通的空虚，必定导致员工间流言滋生猜疑横行，带来种种消极影响。

可能有些行业明文禁止完全开放透明的沟通，有些业务领域因为知识产权保护也禁止完全的透明。排除这些限制，公司沟通（正式的、非正式的、自上而下或自下而上的）能创造整体感和关联感，强化组织的目标和战略，沟通的风格基调也会影响工作环境的整体氛围。

沟通最重要的是要频繁。麻省理工学院人类动态实验室的研究人员通过多项研究发现，高效团队均致力于持续频繁的沟通，所有团队成员平等地参与其中，在现有团队和核心团队之外的沟通也同样重要（姑且称之为探索式沟通）（Pentland，2012）。因此，沟通应有正式的渠道，但同时也是跨整个组织的，能支持基层员工在团队内部和跨团队的沟通。

对内对外沟通的风格和基调应该和组织的价值观和产品相匹配，使沟通和其他组织文化要素相互一致相互配合。如果核心价值是乐趣，沟通的基调就应偏轻松和富有喜剧性。但如果组织文化强调质量和精确，沟通也应因循这一基调。

主体性与程序性

任何组织都在某种程度上需要借助程序来确保一致性及贯彻决策，然而太多的程序会扼杀创新和创造。程序的多少在很大程度上取决于所处的行业、环境的风险度以及相关规范。技术性公司因其更具自由度而闻名，员工能够以创新的名义去试验甚至打破规则（主体性）。与此相对，医疗行业强调规则，是否遵循规则甚至可能导致生死之差（程序性）。

在知识经济时代，创新对于商业成功至关重要，因此有必要扩展主体性的边界以激发员工的主动精神，既能宏观思考又能结合具体任务、具体产品寻求改进之道。网络音乐服务商 Spotify 通过制作和发布有关敏捷文化的视频，介绍了他们是怎么面对这一难题的（Harasymczuk，2014）。在其工程师文化下，Spotify 花了大量的时间来辩论什么是"最低可接受的行政管理"——意思是如何在混乱无序和行政管理之间进行微妙平衡。他们先明确了两种极端状况下的危害（低效和浪费时间），然后找到一些程序，刚好够获取规模经济的利益又不会因无谓的流程而负担过重。

员工能在多大程度上自主管理时间、自主决策、对自己的工作负责并采取主动，是组织文化的一个重要体现。尽管人们感觉创建高度介入式的工作环境是由科技创业公司的管理创新所引发的新趋势，但实际上对这一问题的研究和讨论已经持续了几十年。菲利普·伦克尔在 2003 年做了一个总结，很多公司通过简化程序提高员工在工作中表达意见的自由度而获得了更高的生产力、产品质量和员工幸福感。最终，员工的自主感越强，其工作成就感也越高，而这正是保留员工的一个重要因素。

工作报酬和个人成长

认可和回报员工的方式是组织文化的重要体现。设想一个组织的报酬完全基于员工的个人绩效而与团队或整个组织的绩效无关，员工会因此而努力工作并在自己的职位上发挥主人翁精神。不过在这样的环境里，员工也许不会努力去提升团队或组织整体的绩效。再设想另外一个组织，报酬只基于团队的绩效。员工也许会更有动力去开展合作，但这种环境也会导致责任模糊，降低员工付出额外努力的动力。

对回报方式的选择受到行业、商业模式以及所期望的组织文化的极大影响。一些组织可能发现个体激励非常有效，而大多数组织都采用将个人、团队及组织绩效相结合的报酬机制，还会衡量员工是如何达成团队和组织绩效的（例如，员工是以符合组织价值观的方式达成这些结果的吗）。

和报酬类似，个人成长机会也有很大的差异性并反映组织文化。个人成长机会包括学习和培训机会、导师指导、参与项目、给予职责扩展或新的角色、加入新的团队（也许是组织里的不同部门团队）、转到管理或领导职位、晋升、调动到不同的地点或分支机构等。成长机会可能依据资历、绩效、公司政治（你认识谁）或者对员工发展潜力的判断来授予。成长机会也是一种报酬。和报酬机制相似，如何授予个人成长机会也是组织文化的反映。

为组织选择恰当的报酬理念和员工成长机会，不仅要考虑和组织文化的结合问题，还要知道受这一文化吸引的员工会有怎样的整体需求。员工对自己的工作角色感到满意，对有机会获得更高的职位及更高的总体回报充满信心，留住他们的机会就会比难以提供成长前景的组织要高很多。

如果报酬太低，员工可能因为别处的机会而选择离开。然而，越过一定的基准线之后，只有报酬已经不足以激励员工（Chamorro-Premuzic，2013）。因此，要激励员工留任，对报酬和个人成长机会的整体观念就变得格外重要。

慷慨大度

把慷慨大度列为组织文化的一部分可能看起来有点奇怪，但它的重要性正在日益提升，因为，对他人慷慨会引发更多的慷慨行为。研究发现，人们会受到他人造福群体行为的感召。换句话说，慷慨的行为会在人们的社会网络里串联叠加（Fowler and Christakis，2010）。

慷慨大度可以有很多含义。它可以是组织及其员工为社会和社区福祉所做的投入（如社会责任和施与），可以是组织为员工提供的特别待遇，也可以是员工乐意为同事付出自己的时间。

特别待遇已经成为组织文化的关注中心（它也是高科技领域人才争夺战的起因），但它并不能定义组织文化。要定义文化，要看组织如何帮助员工将个人工作和生活相结合，实现长期可持续发展。

谷歌在员工特别待遇方面似乎树立了一个黄金典范，他们提供的待遇包括一日三餐免费美食、各种服务和设施（健身房、游泳池、汽车服务、干洗和洗衣服务）、乒乓球桌、供应啤酒和红酒的各式活动等。我曾在谷歌工作过，我证明这些特别待遇并不是为了宠坏员工，而是旨在帮助员工轻松实现工作和生活的无缝衔接。

并非每个组织都能够或者应该像谷歌一样提供如此昂贵和精细的特别待遇。

事实上，组织文化仅靠啤酒和乒乓球桌支撑门面，应被潜在员工视为警报信号。特别待遇应该充分为员工着想，是组织文化的延伸。作为一个谷歌员工，我感受到了这家公司真诚的慷慨，这也使我在时间和精力上愿意对公司投桃报李。

立式涡轮机专家公司是一家位于得克萨斯州卢博克市的制造业公司，它在体贴员工、慷慨大度方面树立了良好示范。2005 年，他们注意到由于工作的重体力要求，员工容易反复受伤，为此他们为受伤员工提供了一周四天的免费脊椎按摩保健。工厂搬迁到 40 英里外的地方后，他们开始为所有员工提供免费的膳食平衡午餐，补偿他们的汽油费和通勤时间。后来，他们又开始在工厂提供免费的有氧无氧穿插健身课程，这种功能性运动对重托举工作的劳动安全非常必要。最终，由于公司对员工整体康乐的高度重视，公司的健康保险费支出（完全由公司承担）大幅下降，而生产力和质量则有所提升。最为突出的成果是，此举彰显了公司对员工的忠诚，反过来增强了员工的忠诚度。

除了组织和员工的关系外，员工相互之间的慷慨程度以及员工为他人提供帮助的方式也很重要。在双西格玛投资公司，员工之间的扶持互助主要是通过互相教学实现的。

这种基于社团的学习机制使每个员工都能轻易地开设课程，演示介绍自己的工作，召集技术沙龙或外部专家分享，或者组织游戏之夜活动。由于组织文化将学习列为一项核心价值，这种慷慨的教学精神也成为这一文化的真实例证。

强有力的文化，强有力的留任

正如之前提到的，建立独特而真实可信的组织文化很少有什么正确或错误答案。它取决于很多因素，既有诸如创始人和现任领导者的个性特点这种难以捉摸的因素，也受公司历史和传统的影响。此外，它还应满足组织使命、目标和产品的需要。

无论如何，组织文化的总和必定与员工保留紧密相连。如果组织文化定义含糊或支离破碎，员工的工作目标感和意义感将难以保证。含混不清的组织文化也让招聘正确的员工——那些能领会组织文化并在这一环境里活力焕发的员工——

变得困难。

同样地，如果组织文化尽管清晰但是有害，也仍然难以吸引或长期留住员工。

最理想的情形是，建立一个清晰而真实可信的组织文化，这样会更容易吸引到那些能在组织里找到归属感的人，他们也更有可能和组织同甘共苦、不离不弃。它注重营造一个人们乐享其中的文化，而不能仅靠提供免费接送上下班这种特别待遇来留住员工。

塑造组织文化

谁对组织文化的塑造、衡量和传播负有责任？答案是：组织里的所有人。每个员工都有责任去培育、塑造、发展以及传播组织文化。领导者必须时时谈论文化，帮助界定文化，启发人们去体会文化，而员工的实际行为会最终证明他们是否真的信奉组织文化，具有和组织文化相一致的价值观。

人才管理及 HR 专业人士必须思考自己的每项计划、倡议、沟通、行动对组织文化的影响，会如何反映、增强和拓展组织文化。事实上，他们有责任传播组织文化、创造文化产品，尽可能频繁地开展文化建设活动。

当然，人才管理和 HR 专业人士能够也必须通过多种途径为组织文化做出贡献，但以下领域应被列为关注重点。

招聘。找到和组织文化共鸣的人：

- 在面试和招聘流程中包含与组织文化相关的评估，面试官对文化匹配度的评估负责。
- 在候选人库里搜寻那些具备重要组织文化要素的人才。
- 让候选人广泛接触现有员工、各类公司活动及职场设施环境，让他们对组织文化有清晰的印象。

报酬和福利。投资于富有冲击力的福利和特别待遇，投资于最具组织文化匹配度的员工：

- 设计基于文化价值观和影响力的绩效管理和报酬体系。
- 仔细审慎地选择和部署福利和特别待遇的安排，用以支持、塑造和创造良好的组织环境（而非仅仅为了和其他组织竞争）。

学习和发展。通过任何可能的机会建立和加强组织文化：

- 在运用学习和发展的框架模型时参考组织价值观和原则，确保每项学习和发展计划都能反映组织的价值观和行为模式。
- 设计并开发与组织文化一致的项目、资料、市场营销和信息沟通活动。
- 创造各种与成长和发展相关的项目和机会，将这些项目和组织内的发展与成长联系起来。
- 提供各种渠道和机会使每位员工都能帮助同事进步，如非正式指导和教导等。

每个组织都应有能反映自己的历史、员工面貌和成功的关键要素的独特文化。这并不是说有自己独特文化的组织就是完美的。它们并不完美，也永远不会完美。每个组织都有自己感到骄傲的东西，也有看起来难以撼动的缺陷。而人才管理专业人士的一项重要使命就是有意识地经历这一无尽的旅程，去塑造和加强组织文化，然后去招聘那些能领悟这种文化并在其中活力焕发的人才。这也是长期人才保留的不二法门。

作者简介

朱莉·克洛（Julie Clow）是香奈儿公司的全球人才发展高级副总裁。在香奈儿之前，她在双西格玛公司担任组织和人才发展负责人，这是一家具有前瞻性思维的投资管理公司。她也曾在谷歌工作，主要负责团队效率、领导力和管理、组织文化。在其任期内，她发现了自由和自主对于创建活力工作环境的积极影响，受此启发她发表了个人著作《工作革命：为全员的自由和卓越》（*The Work Revolution: Freedom and Excellence for All*）。她曾参与美国全国广播公司财经频道（CNBC）节目制作，《今日美国》及其他商业刊物也曾刊文介绍她有关工作及让工作更美好的观点。获得心理学博士学位后，她开始从事培训设计工作，为大型组织客户提供培训解决方案。欢迎通过推特账号@clowjul 或访问 workrevolution网站联系朱莉·克洛。

人才使用

对于企业投入大量精力和资源招聘到并保留住的人才，如何有效使用？第 3 部分将介绍两个效果很好——如果做不好，风险也相当高——的人才管理活动，绩效管理和人才分析。

根据德勤发布的《2015 年全球人力资本趋势》报告，鲜有组织或员工会一成不变地实施或效忠于他们的绩效管理体系。事实上，有 89% 的组织要么最近已经改进了他们的绩效管理体系，要么已经在准备改进的路上。

第 10 章，威廉·希曼和克雷格·丁赛尔将解答为什么绩效管理体系常常不能带来价值，以及企业应该如何去解决这个问题。他们将带着读者一起了解 ACE 人力价值框架匹配性、能力和敬业度，以及如何运用一种更为动态的绩效管理对话方法来加速学习和成长。

第 11 章，马特·彼得斯将从领导力和组织战略的角度来探讨同一主题：如何让绩效管理体系发挥价值。他着眼于绩效管理中的热点问题，并就"如何让领导们积极参与到绩效管理体系中"这一问题提供了解决方案。

第 12 章，马库斯·白金汉针对当前大部分企业中的错误做法以及他们实际应该做什么这一问题，提供了很有震撼力的实例，由此促使我们对我们所认为的绩效管理进行反思。他构建了一个蓝图，描绘出了新一代绩效管理体系的六大重要特征。

接下来，是关于人才分析的部分。对于人才管理所面临的许多挑战性问题，人才分析是找出根本原因和潜在的解决方案过程中一项必不可少的工作。然而，似乎很少有企业能够出色完成这一工作。对此，在第 13 章中，马修·G. 瓦伦西亚解释说，当数据和分析铺天盖地让人难以负荷时，人才管理领导者需要在"大至足以产生影响力"与"简至足以保证结论可行"两者之间找到平衡。

第 14 章，约翰·W. 布德罗和爱德华·E. 劳勒三世提供了一种调研法，告诉人才管理者如何基于人才分析的结果进行管理决策。他们提出，人才管理领导必须作为带头人，推动这一可以增强人才分析的简洁度、可预测性和可及性的变革过程。

最后，第 15 章，凯文·奥克斯和克里夫·史蒂文森探索了关于人才分析和测量方法的发展趋势。他们特别强调，培养和发展具有分析思维、能够将数据转化为深刻洞察力的领导者，非常重要。

第10章

ACE：一种更为动态的
绩效管理方式

威廉·希曼　　克雷格·丁赛尔

过去的二十年，绩效管理一直是企业最热门的争议话题之一。奥多比系统软件公司（Adobe Systems）和奥本海默基金公司（Oppenheimer Funds）已经在绩效管理的对话方式上取得了根本性的改变，而与此同时，其他公司，如霍尼韦尔（Honeywell），却还在加倍投入来保证他们的管理者能够执行好现有的绩效管理流程。在几年前的美国人力资源管理协会大会上，出席人数中超过一半的高层管理者说他们计划放弃他们的绩效管理体系。简单地说，他们没有从绩效管理中得到他们想要的，或者他们已经厌倦了绩效管理流程中的那些无休止的争吵和没有意义的等级评定工作。沮丧疲惫的气氛弥漫整个房间，许多管理者希望赶快结束这个议题。

即便如此，他们还是继续完成了进一步的讨论，而在这之后，他们大部分都意识到，他们确实需要一些绩效管理的构成要素来管理企业，但是他们仍然不知道为什么要把绩效管理搞得那么复杂。这些争论吸引我们开展了更深层次的研究：绩效管理在什么时候起作用、什么时候不起作用，以及，为什么；为什么如此多的公司，其中不乏世界 500 强企业，仍在努力把绩效管理作为他们业务构成的一部分？毕竟，优化绩效并不是一个新概念，而是一个由来已久的愿望：优化那能够驱动业务绩效的资源，将为企业带来更高的客户满意、留住更多的客户，以及最终财务指标上的成功。

本章将探讨绩效管理存在的目的是什么，它为什么常常失败，企业又应该怎么做。说到底，绩效管理体系并不是必须如我们常见的那样复杂。它依然是帮助企业达成业务结果的关键工具。

绩效管理的目的

我们曾做过一个小测试，询问企业中的领导者：绩效管理体系能为他们做什么。结果，超过 90% 的企业领导者对绩效管理有着不同的定义和期望。一个显而易见的教训就是，对绩效管理的定义必须清晰，高层管理者也必须清楚，绩效管理体系需要获得什么支持。那么，你希望通过绩效管理体系得到什么呢？

或许你像我们调研的许多团队一样，把绩效管理看作实现以下行为的方法：

- 量化业绩（以区分员工中的高、中、低绩效者）。
- 识别能力上的发展需求（如何站在企业未来的角度来提升能力和绩效）。
- 确保员工的报酬是基于正确的对比因素而确定并给予的。
- 评估员工流失风险，并留住正确的人。

以上想法的问题在于，这些对绩效管理的要求看起来挺全面但是没抓住重点，由此所反映出的就是想法上的混乱。要建立一个健康的绩效文化，关键在于澄清绩效管理的目的。

绩效管理的首要目的是让个体绩效能够同组织战略相匹配。绩效管理当然也有其他价值，但如果企业忽视了这个首要目的，就很容易偏离轨道。

绩效管理的定义

看看下面这个关于绩效管理的定义，它超越了传统的绩效考核定义，并能够意识到绩效对话是战略执行的关键一环：**绩效管理是领导者和贡献者之间的协作**

性对话，一方面要用于设定共同的目标并对其保持监控和回顾审查，另一方面要用于确保这一对话能够同业务战略相匹配，同"确保实现个人绩效和集体绩效最大化"所必需的重要元素的管理措施相匹配。

以上所有环节中，绩效考核和评价的环节通常被认为是关键点。传统的模式通常是在每一财年初给大家树立对目标的信心，然后在财年末以一个粗暴而忽然的方式进行绩效评价，并将绩效排名与薪资待遇挂钩。美国人力资源管理协会2014 年的一个调研表明，70%的企业仍在采取一年一次的绩效评价方式，16%的企业采取的是一年两次。

这种评价过程已经成为近几年争论激烈的议题，组织心理学家已经证明，明确、具体和可衡量的目标可以带来更高的绩效。他们还证实，绩效反馈能够为员工的能力提升提供非常必要的信息。如果你都不知道是否达成了目标，又如何能够做出改变呢？

心理学家也证实，人们都有一种学习和成长的内在愿望：对个人而言，能力发展不仅重要，而且在竞争日益激烈的世界里，甚至会决定你能否存活下来。尽管证据确凿，企业也投入了巨大精力去设计绩效管理体系以提升员工能力，但大部分绩效管理体系产生的结果并不如意：公司弥漫着挫折氛围，员工不敬业，投入巨大却仅局部有效，或者干脆半途而废。例如：

- 仅有 14%的企业对他们的绩效管理体系表示很满意（Rock，2013）。
- 在 119 家企业中，仅 66%的员工对"绩效管理能够清晰地传递愿景、发展方向及企业战略"这一点表示赞同（Metrus Institute database）。
- 在我们所研究的 104 家企业中，有 76%的员工认为他们的绩效目标是明确的。但在许多企业里，只有不到 50%的员工认为他们的目标与部门或公司的目标有联系。
- 在绩效反馈方面，在 69 家企业里，只有 64%的员工认为他们能收到有益于自己能力提升的绩效反馈，认为绩效反馈有效的企业的比例更是低至38%（Metrus Institute database）。
- 尽管投入了大量的精力和时间，但仅有 23%的 HR 执行高管认为他们的绩效管理体系能够准确反映员工的真实贡献（Corporate Executive Board，

2014)。

- 仅有 8% 的企业认为,他们的绩效管理流程为其带来了切实的价值,而 58% 的企业认为绩效管理浪费时间且徒劳无功(Barry, Garr, and Liakopoulos, 2014)。

大部分传统的绩效管理体系,包括年度回顾,并未取得期望的效果。为什么?

绩效管理体系因何失败

我们走访了许多企业领导、绩效管理体系的使用者及 HR 专业人士,同时调查研究了一些案例,发现了一些关系到绩效管理体系成败的原因。接下来,我们看看最主要的原因有哪些。

绩效管理与绩效评价的对比。绩效管理应该被视为领导者和贡献者之间的一种协同对话方法,用于设计、监控目标,并且确保与业务战略保持一致。相比之下,绩效评价往往是一年一次的目标设定和年度绩效回顾,更多是在理念或执行层面的指责和争论,抑或两者皆有。这个差别非常重要,在全面绩效管理体系里,有一些比人才更为重要的因素扮演着不可忽视的角色,如绩效理念、组织架构、技术实现手段或供应链资源。因此,要找到绩效管理的问题,很重要的一点就是要关注在全面绩效流程中不奏效的那些因素。

执行。跟企业成长中遇到的许多问题一样,绩效管理和评价系统的失败可能是执行不力或欠缺管理层的认可度(Rodgers, Hunter, 1991;Rodgers, Hunter, Rodgers, 1993)。拉里·博西迪和拉姆·查兰 2002 年的著作、杰克·韦尔奇和约翰·A. 伯恩 2001 年的著作,以及许多其他深受好评的文章都将问题聚焦在执行层面:管理者知道绩效管理流程是什么吗?他们确实按要求的方式设定了目标吗?员工有资源、工具和能力去实现目标吗?管理者定期提供绩效反馈和绩效辅导吗?能够按绩效理念论功行赏吗?

问责制。大多数企业及其领导者混淆了问责制和执行。执行通常是指有效地完成一个精心设计的绩效管理流程,而责任通常更侧重于个人或团队目标的实现状况及相应后果。在个人层面上,通用电气有两方面的管理能力早已广为人知:

一个是明确对员工的结果期望（要达成的目标），另一个就是确保员工为方法（为达成目标所采用的方法）承担责任。而在网上，零售商美捷步公司对"价值观和文化的契合性"的评价权重占到绩效回顾的一半之多（Hsieh，2009）。

来自同侪的压力，哪怕只是自认为有这种压力，都是一种强大的激励因素（Heath and Heath，2008）。横向问责这种形式要求团队成员承担高水平的目标和绩效责任，而无须主管或教练的介入（Ray，2007）。例如，WD-40 公司①期望它的部落（团队）参与到选拔决策和绩效反馈中，从而帮助这些部落提升能力，最终实现高生产力水平。

考核内容不足或过多。 常常引起争议的问题之一就是绩效管理流程中所要考核的内容，究竟应该多到什么程度。在我们的研究中，大多数高绩效企业拥有有效的措施去推动整体绩效。在个人层面上，有研究表明，同时制定过多的目标（及衡量措施）可能降低绩效。但大多数研究表明，如果有足够的准备时间，追求多重目标实际上是可以提高绩效的（Locke and Latham，1990）。经验人士建议制定 3~5 个主要目标是最有效的，最高上限是不超过 7 个。

未评估绩效管理体系的影响和效果。 企业应该尽力去评估绩效管理体系在战略执行和取得卓越绩效方面所产生的影响和效果。然后，很少有公司会对他们的绩效管理体系实效进行正式评价。有的企业会向不同的利益相关者问询，他们认为绩效管理体系中的哪些环节可以帮助企业取得目标。其实更好的方法是找到这样一类问题，既适合向业绩执行者（员工、分包方）提问，也适合向那些受绩效结果直接影响的利益相关者提问。此类问题包括：

- 业绩执行者和利益相关者的目标是保持一致的吗？
- 企业的愿景、价值观、目标能被业绩执行者接受吗？
- 绩效反馈能帮助业绩执行者提升绩效吗？如果不是，为什么？
- 业绩执行者具有达成高绩效所需的技能、信息和资源吗？

企业也可以通过对比上期绩效来衡量绩效管理体系的影响效果。例如，生产力和生产质量提高了吗？公司的高绩效者越来越多了吗？与上期相比，客户和内

---

① WD-40 公司是提供润滑类产品、清洁产品等多用途产品的全球消费品公司，总部位于美国圣地亚哥，强调部落文化。——译者注

部利益相关者能看到更显著的价值表现吗？

但是，即使企业提出了上述问题，并且他们严格按此执行，评估过程中仍可能存在缺陷。

- 不少评估体系，如强制排名，会导致员工之间相互对立，破坏团队协作和更高层面组织目标的实现。
- 评估体系混淆了金钱激励和其他奖励在人才发展和目标提升方面的影响，因此产生了目标冲突：我到底应该得到更高的业绩排名，还是去提升我的技能短板以换取未来绩效提升？
- 当被评价的员工被打上"赢家"或"输家"的标签时，评估体系就会威胁到人的自尊和自我价值。
- 许多评估体系会引导员工只去做预先计划好的事情，或者那些明知不对但是被期望要做的事情。例如，即使假设条件已经发生了变化，或者目标已产生了不正常的结果，仍然要继续实现原有目标。
- 经理主管们不具备掌控评估流程的技能。

那么，在绩效管理体系的设计与执行方面，是否能有一个绩效管理体系框架，可以为企业和人才管理者提供指导和帮助？

ACE 和绩效管理

人力价值框架能够帮助我们澄清绩效管理的目的和结果。三个基本因素构成了人力价值框架：匹配性（Alignment）、能力（Capabilities）和敬业度（Engagement），通常简写为 ACE。

- 匹配性：企业里所有员工同时同向、步调一致地前进的程度。高匹配性的企业具有明显的行为特征，即他们的行为与企业的目标、顾客期望及企业品牌是高度匹配的。
- 能力：为了实现内部与外部客户的期望，员工在胜任力、信息、资源等方面的充裕程度。

- 敬业度：它本身包含三个因素——满意度、认同度和支持度。高敬业度要求以上三个因素都要具备高水平的表现。例如，当最基础的满意度驱动力——工作安全感、薪资福利、公平感——在经济不景气时期下滑时，敬业度就会骤降。相比之下，当满意度和认同度都很高时，企业如果也能得到员工很好的宣传支持（如员工愿意对公众群体表达对公司的认可、赞扬），那么这家企业的员工敬业度将会达到最高水平。

为什么是这三项（ACE）？有研究表明，这三个因素是企业绩效成功的关键。企业的员工必须确保自己在目标、原则、优先事项等方面的理解跟企业的要求是相匹配的；企业必须具备执行其业务战略的能力；没有全体员工对战略的敬业投入，战略执行就很可能是有问题的，继而被更敏捷的竞争对手超越。高 ACE 的企业始终比低 ACE 的企业表现得要好，他们有更高的员工留存率和绩效表现、更高的客户满意度和质量水平，也自然会产生更好的财务结果。

ACE 的效用案例

下面是麦特瑞思咨询[①]和其他一些公司研究 ACE 效用的案例。

- 杰克在盒子里公司[②]是一个拥有超过 4 万名员工的快餐公司，他们发现 ACE 与员工离职率、顾客满意度、生产率、销售额和利润均有显著相关性。

- 麦特瑞思咨询集团对 56 家医院进行的一项调查研究显示，ACE 对息税折旧摊销前利润（EBITDA）有显著相关性。

- 在一项针对 30 个行业的 2 041 家公司的调查研究中，库斯曼和希曼在 2005 年发现，ACE 和财务业绩、质量和员工离职率等经营成果之间具有高相关性。例如，ACE 方面排名前 25% 的公司的员工离职率只有排在后 25% 的公司的一半。

---

① 麦特瑞思（Metrus）是一家专门从事企业战略、组织绩效评估、员工测评、绩效变革等咨询工作的咨询集团。本文作者之一威廉·希曼是该集团的首席执行官。——译者注

② 杰克在盒子里（Jack in the Box）公司是类似于麦当劳、汉堡王的美国家喻户晓的快餐连锁店家，他们的产品在揭盖时经常出其不意地跳出玩偶给人惊喜。——译者注

> ● 塞伯特和希曼在 2010 年提出，组织的内部价值也与 ACE 相关。也就是说，如果企业的内部支持性职能与供应链职能（HR、IT、研发）在 ACE 上得到改善，那么它的财务收益和客户产出也会得到提升。

拉尔夫·伊佐是美国公共服务企业集团的首席执行官，他总结说："要想成功，你需要一支优秀的领导团队，他们会关注人才、会发展企业所需的能力，并且知道如何创建员工敬业文化，由此来使你的人才效能最优化。"（Schiemann，Seibert，2013）

因此，如果企业运用 ACE 去设计并执行他们的绩效管理体系，就会看到绩效管理对企业成功的直接影响。下面我们会简单介绍 ACE 的各个因素和绩效管理之间的关系。

绩效管理与匹配性

要实现战略目标，那么包括品牌、事业部、部门以及个人或小组等之间的目标就必须相互关联，目标的衡量标准之间也应如此。企业的某个级别的局部成就应该有利于实现更高级别的目标。高绩效企业会为这些目标与衡量指标指定责任人，并且赋予各类资源帮助他们去取得那些目标。

绩效管理是保障所有工作能够与企业的愿景、使命、价值观及发展战略相匹配的关键系统。

绩效管理与能力

确保匹配性常常被看作绩效管理的首要目标，同时，能力是另一个关键产出。大部分绩效管理体系旨在对重要的绩效和胜任力状况进行反馈，以使个人和团队能够加以改进，通过投入时间、精力、资金等资源去提升那些能够使绩效增长的潜在能力。这些反馈可能是关于流程或技术的改善建议，也可能是关于某项技能提升或者团队如何更好地合作等方面的建议。

马库斯·白金汉等不少人认为，绩效反馈可以使人充分发挥他们的长处，扬长避短，从而产生高绩效（Buckingham，Coffman，1999）。他们认为，试图去弥补能力短板是不可能的或者是不划算的，更为重要的是，发挥人的强项，而非弥补短板。这种做法确实会使人注意到绩效回顾中的反馈和发展环节，但是企业如果没有太多调整人员职位的机会以使他们的能力与职位更匹配的话，这种做法就不能有效地告诉企业如何帮助那些技能不匹配的员工。而且，对于那些仅仅是有少量技能缺口的员工，扬长避短的方法也没有什么实际效果。

如果管理得当，通过绩效管理中的反馈，再配合一些绩效改进举措和行动，你是能够有效提高整个组织的能力的。

绩效管理与敬业度

绩效管理和敬业度之间的关系是常常被忽视的。这既是一个感性问题，也是一个理性问题。想象一下，你在跑马拉松，你跑完之后，发现你这次的成绩提升了 30 秒。你激动不已！或者，想象一下你正在跑一个 10 公里的比赛，但跑完后发现你比预想落后了 1 分钟。你会感到失望，但是你想搞清楚为什么。你定下的目标和实际完成值之间的关系，深深地激励着你。非常可能，这些小目标会促成你达成更大的目标。

企业同样如此。当一个销售员达到了他最高的全年销售纪录时，他会很激动，并很有可能继续努力去冲击年度销售大赛奖牌。相反，当一个销售员没达成他所期望的目标时，他常常会努力搞清楚到底什么地方出了问题，以及如何才能在下一年改进。

当贡献者（个人或团队）接受并奋力实现他们的目标时，绩效反馈可以创造前进的能量。当他们不会为自己的目标努力，没有把它当一回事，或者担心达不成目标时，绩效反馈很可能就变成一种削弱能量的过程，导致他们在下一个绩效周期里表现得更为消极。

有了 ACE 这个工具，接下来我们看一下高绩效的企业是如何做的。

绩效管理的另一种观点

基于文献和案例研究，并通过与资深从业人员的访谈，我们发现了区分高绩效组织的一些关键性的成功因素，具体如下。

- **拥有清晰的、达成共识的愿景和战略。**一份针对 500 多位来自世界大型企业联合会的副总裁和总监以及一些 HR 高级领导者的研究提出，近 1/3 的企业没有明确达成共识的战略。而大多数的高绩效企业为了让他们的领导团队在愿景、使命和价值观方面保持高度一致，都投入了大量的精力和时间。

- **将愿景和战略转化为明晰、易懂的目标和衡量举措。**根据范迪纳研究公司的调研成果，只有大约一半的企业（52%）在部门计划与企业总体目标保持匹配性方面表现较好（Smith，2008）。

- **执行战略目标时的情感投入。**理解企业愿景和战略是一个基础，员工还必须欣然接受并拥抱它。

- **明确列出对战略目标有支持作用的职位及其任职要求。**企业需要勾勒出执行战略目标所涉及的相关职位和职责，然后，在整个企业中使这些职位和职责能够有效地交织和关联起来。

- **足够的能力。**企业要让员工做出实现目标所需要的行为，就要使他们获得适当的组织能力、个人胜任力、信息和资源方面的支持。匹配性保证了对战略焦点的共同理解，但如果没有合适的人才（知识、专项技能和通用能力），那么企业的目标仍难实现（即使目标很清晰、易测量）。

- **目标实现过程中的即时反馈。**类似销售代表的职位常能收到频繁的、结构化的反馈，而其他职位则不会如此。有的也做了绩效反馈，但反馈往往滞后于业绩周期，或者绩效反馈是啰唆散乱、充满主观判断的，或者是对被评价人的反馈，因为评价人的不同（不同的利益相关者）而不同，甚至会出现相互冲突的情况。为了解决这些问题，核心地带公司①利用了一种社交式的绩效管理软件，通过这个软件系统可以实现实时、全年的绩效反馈（Windust，2015）。

- **有意义的奖励措施。**各类奖励手段，如奖金计划、荣誉奖励、职责延展以

---

① 核心地带公司（HubSpot）是一家总部位于美国马萨诸塞州的创新公司，为中小型企业提供一站式营销软件，帮助企业吸引访客，转化销售线索，培育购买客户。——译者注

及其他激励制度等，其有效性视不同的环境背景而有所区别。奖励有效性大部分取决于个人或团队的绩效结果与奖励手段之间的关联关系，并要确保奖励可以及时兑现。如果员工能够信任绩效的衡量手段，也能接受相应的绩效奖励机制时，那么他们的业绩就会得到提升。

- **敬业文化**。文化是绩效管理的最基础的驱动因素。例如 WD-40 公司，他们的绩效管理体系扎根于员工做主的价值观：员工对业绩目标的达成共同承担责任，强调团队合作、开放的沟通文化、自主行动等。同时，对于帮助新员工取得高绩效这一点，管理层要共同承担责任。WD-40 公司的激励制度所指向的激励对象也是团队绩效中的佼佼者。

一种全新的、动态的绩效对话方式

由于变化的速度越来越快，竞争的不断加剧，企业需要既富有激情又理智有加的员工。企业需要更加用心地建立他们的绩效管理系统，使其与他们的文化相匹配，也能帮助员工提高能力。许多企业都在采用更加动态的方法来创建绩效管理对话的管理模式。这些企业把员工视为企业的贡献者，视为其"共创价值"这一观念践行中的不可缺少的组成部分。

在 WD-40 公司，员工做主这一价值准则是员工行为的总体指导方针。每年，该公司会组织大家共同展望："如果每个员工都取得 A 级绩效，公司能够达到什么目标？"这使员工参与到一个对话过程中：管理者会与员工探讨 A 级绩效是一个什么样的表现，并且管理层有责任在这过程中支持员工达到 A。相比较那些把绩效结果假定为钟形分布（大部分人员是中等绩效）的企业而言，WD-40 公司通过展望最优绩效而建立每个员工都有可能实现目标的信心，恰恰得到了跟预期的 A 级绩效最为接近的结果。

我们调查研究的一家金融服务公司同样采用了一种动态方法，在绩效管理对话的三个方面下功夫。一是理性："为什么我需要做这个？"二是感性："这值得我做吗？"三是实用性："我打算怎样实现它？"公司领导层把绩效管理看作一种持续的对话，从设置目标和业绩标杆开始，把人才规划作为与员工沟通交流的一个常规构成部分，不断地根据团队和公司的目标调整个人绩效目标。这家公司通过赋予员工能力来持续推动自下而上的改善，加快了这种新式的、更加动态有效的绩效管理体系的建立。

采用动态的绩效管理方法，企业就可以放弃绩效排名，转而实施有理有据的口头反馈方式。Adobe 公司的全球人力资源高级副总裁唐娜·莫里斯曾经说，Adobe 公司在从传统的绩效管理方法转型后，绩效管理流程已经成为能力较弱的经理们的得力支撑工具。"经理们单靠完成'绩效排名'是无法完成绩效管理工作的。"莫里斯说，"他们现在必须设置期望值，并提供真正的持续的反馈。"

采用动态的绩效管理对话方式的企业，不再根据单一的评级来决定员工的薪酬。他们会根据校准会议来制定薪酬决策，使薪酬能够反映个人绩效的整体表现。Adobe 公司的莫里斯说，他们远离的并不是绩效驱动的奖励体系，而是以排名和评级为基础的奖励体系。Adobe 公司在完成绩效管理体系的改造后，在分配报酬方面，就转变成以财务预算为基础、由管理人员负责进行决策的模式。

凡是采用更为动态的绩效管理方法的企业，领导层都普遍对变革给予关注并在其中亲自投入了大量的精力，以建立新的绩效理念。这不是通过授权或委托其他第三方就能达到的。

前面所述的金融服务公司，我们对采取新绩效方法的每个团队在实施 ACE 方法的前后都进行了调查，结果显示，使用新方法的员工的 ACE 得分显著高于那些继续使用传统方法的员工。在全公司都转为新的绩效系统后，员工满意度的得分持续维持高分值。这样一个持续的改进对绩效管理氛围形成了一个显而易见的积极变化。

行动步骤

以下四个行动步骤，可以帮助你启动一个更为动态的绩效对话方式。

1. 召集企业的主要领导讨论绩效管理体系的基本原理和目标。发起一场对当前系统是否正在帮助他们实现这些目标的讨论。如果答案是"否"，那么是什么阻碍业绩取得更大的成功？为了使你的绩效流程和方法能帮助目标达成，应该做出哪些改变？

2. 要让你的高层管理者在进行有关绩效管理的沟通讨论时，确保沟通成效，获得他们的认同：绩效流程设计和推出后，他们准备好做一个好的绩效榜样，并且积极参与到绩效流程里了吗？他们做好准备在企业设置绩效管理规则和绩效管理问责制了吗？他们准备好实施这套新绩效流程了吗？如果你不能在这方面获得认同，那么后面再多的努力都徒劳无功。

3. 在企业里发起一个关于人力价值和绩效管理流程的 ACE 因素的评价。你可以调研员工，包括管理层和在绩效管理工作里扮演重要角色的那些教练。ACE 的得分可以作为你衡量未来改进效果的基准值。有效的绩效管理流程应该使 ACE 得分明显提升。

4. 确保管理者具备有效执行绩效管理流程的技能。许多管理者在如下方面有盲点：设定目标，提供绩效反馈，主导批评性（建设性）的对话，提供能力和职业发展方面的教练辅导，有效使用奖励手段等。要帮助他们改善这些技能。

总结

绩效管理，以及它与业务战略间的关系，在过去几十年中已经有了巨大的演进。但是，在试图重塑绩效管理体系以维持高绩效方面，却很少有企业取得全面成功。

总体来说，企业分为两大阵营。第一阵营仍采取传统的工程设计式的老方法，即层层分解年度目标，并与财务预算紧密相连。这个类型的企业里，表现最好的那些企业在这种传统的绩效方法上已经做了加倍的投入，以确保所有部门和员工都有明确的年度目标和年终评价。他们更多的是将精力聚焦在解决困扰许多企业的绩效执行问题上。

第二阵营采取一个全新的绩效管理方法，基于心理学原理思考绩效问题，这些企业承认不断变化的环境，并且意识到对业绩贡献者采用一个更有意义的绩效管理方式的迫切性。这些企业开始与员工对话，而不是领导者一个人唱独角戏；采用可能改变整个财年计划的灵活的目标，而不是偏执地一定要消除与既定目标的差距（而不管目标是否还合理）；制订计划，定期进行专注于怎样让员工采用更好的工作方式、方法的讨论。他们集中精力打造能够促进学习和成长的环境，而不是绩效陷阱。

这两种方法都需要训练有素的绩效教练。没有哪种方法是胜券在握的。大多数经理从未有过教练辅导方面的训练。很多经理忙于应对的问题包括为下属设定合适的目标、提供及时且有意义的反馈、辅导员工表现出最好的一面等。一些企业，如通用电气、宝洁、星巴克等都已经意识到绩效管理者非常重要，虽然难度也很大。他们已投入很多资源确保新的领导者掌握这些技能。这样做的成果之一就是，他们很快就将那些不能真正培养高绩效员工的管理者淘汰出局。

以下是一些使个人和组织绩效最大化的实践做法。

- 通过有效的沟通，建立明确的、相互认可的、可测量的目标和举措。
- 让员工和团队在设置目标和监控目标的达成方面，担当更大的责任。当然，领导者需要在员工和团队目标上签字，但是，更多在重要的经理位置上的员工能够证实一点：员工个人自发制定的目标能够帮助企业取得关键的目标和价值。这就意味着，如果这样设置目标，他们就会有动力去更好地了解业务，以及考虑如何对业务产生贡献。
- 设计薪酬策略，以支持绩效管理的理念，而不是为了满足薪酬体系的需要而去建立绩效管理体系。

没有一个系统是完美的。我们知道，企业需要找到一些流程或方法来确保自己的绩效体系在执行战略方面比竞争对手的更有效的，这是可以理解的。但是，那些领先的公司们都会根据自己的战略、文化和管理风格，去个性化调整绩效管理要求，并且，他们会把这些均视为一个完整框架上的不可缺的一部分，而从全盘的角度来推进绩效管理。

作者简介

威廉·希曼（**William A. Schiemann**）是 Metrus 咨询集团的首席执行官。Metrus 集团是一家咨询公司，专门从事企业战略、组织绩效和评估、员工测评、管理转型等方面的咨询工作。

　　克雷格·丁赛尔（Craig Dinsell）是奥本海默基金（Oppenheimer Funds）的前任首席人才官，是 Metrus Acuity 公司的管理合伙人，专注于打造高匹配性、高能力和高敬业度的企业组织。

第11章

关键对话：使领导者高度投入的绩效管理方式

马特·彼得斯

绩效管理是提高劳动生产率的重要领导力工具。它通过在领导者和员工之间建立连续、双向的伙伴关系，帮助彼此保持对工作重点的共同关注并推动工作改善。行之有效的绩效管理可以确保组织的员工有能力、有动力地完成组织的重点工作。事实上，高绩效组织标志性的特点，一是他们对绩效管理非常认同，二是他们会为员工提供有效的绩效管理工具和激励机制，以帮助实现组织目标。员工意见调查领域的领先者合益集团（Hay Group）发现组织成员的高敬业度、高授能度同组织的经营绩效具有明显的相关关系（见表 11-1）。

表 11-1　高敬业度、高授能度与经营绩效之间的关系

经营绩效	高敬业度	高敬业度+高授能度
员工绩效（高于预期水平的员工所占比例）	10%	50%
员工留存（员工流失率的降低比例）	−40%	−54%
客户满意（客户满意度）	70%	89%
财务成功（收入增长率，与行业平均水平相比）	2.5 倍	4.5 倍

资料来源：合益集团，2012。

然而，许多组织仍挣扎在实施和管理绩效管理体系的斗争中。美国的 CEB

公司①在最近的一项调查中发现，绩效表现不佳的组织里，绩效管理体系是与企业的目标脱节、相互分离的，而且经常鼓励互相冲突的行为。在这些情况下，绩效管理体系通常有如下表现：缺乏一个明确的定义或流程，无法区分目标的优先次序，过于复杂，未与组织的战略保持关联，在绩效周期内缺乏适应变化的灵活性（Engler，2014）。

同样，在当今的全球经济中，在信息时代环境下，面对千禧一代，关于绩效管理是否有效的问题一直处于争议之中。争议的核心焦点主要包括：绩效管理对于人才决策的价值，绩效管理对业绩改善的直接作用（绩效工资），以及绩效管理潜在的对管理者和员工之间信任的破坏作用。还包括其他一些关注点，比如，如何保持持续的反馈，过于强调负面信息，专注于个人行为而不是团队，如何使评价标准化，如何保障互相之间的协作性（Freifeld，2012）。

然而，以上所有的关注点中，大部分都是同组织的领导有效性和组织文化相关的，而不是绩效管理本身。根据 2005 年华信惠悦咨询公司②（现在已更名为韬睿惠悦咨询，即 Tower Watson）的研究，让员工对高管团队从一贯性、沟通和其他影响信任度的行为等方面进行评价，得分高的公司所创造的财务收益是得分低的公司的两倍。员工对领导者的信任度每天都在变化，每天都会根据这些领导者的领导决策与行为而发生变化。

领导力的本质是一个主观，多变，需要根据对象（人）、项目和措施的不同而不断给出价值判断和决策的过程。领导者必须创造一个愿景，激励员工，克服障碍，创建和维持高绩效的团队。他们必须解决冲突和推动文化变革。他们必须清晰地与员工沟通关于组织的核心任务的重要问题，包括这些核心任务是什么以及为什么，这些核心任务完成时能得到什么样的预期结果，如果不能完成又会有什么后果等。不过要注意的是，要确保整个组织是公平、公正的，那么就需要为领导者提供标准化的领导力工具和程序步骤。

---

① CEB（Corporate Executive Board）是全球领先的美国会员制顾问公司，它汇集数千家会员企业的最佳实践，结合先进的研究方法以及人力资本分析法，为高层管理者及团队提供深入洞察和可执行的解决方案，帮助其企业实现业务转型。——译者注

② 华信惠悦（Watson Wyatt Worldwide）是世界著名的从事人力资源管理和精算的顾问公司，2010 年与韬睿正式合并为韬睿惠悦咨询公司。——译者注

绩效管理可以为上述目标提供服务，因为它能够规范整个组织的领导方式，推广最佳领导实践，以及确定领导行为的最低要求。绩效管理迫使领导者与员工定期沟通，这是发展和提高信任度的直接因素，对企业的成功有着巨大的影响。

总体的绩效管理流程是相当简洁明了的（见图 11-1）。因为其意图是使日常工作与组织的战略重点和经营目标相匹配，所以管理者就必须具备设定恰当的绩效目标的能力——这些绩效目标要能够对战略重点和经营目标提供清晰而直接的支持。除此，管理者还需要具备识别胜任素质的能力，即能够识别员工在日常工作中需要哪些核心能力或技能。最后，他们必须在绩效周期内就上述内容与员工面对面讨论至少三次，包括制订计划、考核评估以及考核结果应用。

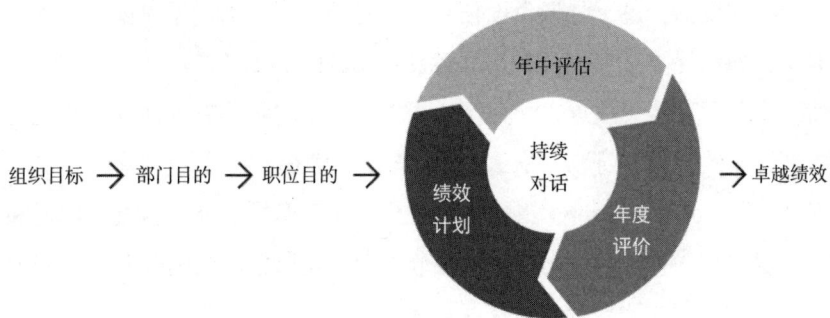

图 11-1　员工的个人工作如何与组织目标相关联

一家公司的绩效管理体系应该体现其文化，提高员工敬业度，并保持透明和公平，以促进成员之间的信任与合作。如果企业文化和绩效管理之间的联系是明确且充满活力的，你就能够创建出这样的氛围：所有员工步调一致，清楚地理解他们各自贡献的重要性，并且能够互相珍视。他们会觉得自己是某项比自身更具有价值的事业的一分子，就像 1962 年美国国家航空航天局（NASA）的团队成员们觉得他们正努力改变世界。

约翰·F. 肯尼迪总统在 1962 年参观 NASA 时，看到一个清洁工正拿着一把扫帚往前走。肯尼迪总统打断了他的路线，走到他面前说："你好，我是杰克·肯尼迪。你在做什么？""你好，总统先生！"清洁工回答道，"我在帮着人类登上月球。"

绩效管理可以对员工和组织的业绩产生积极或消极的影响。直接面对问题员工和挑战拥有不同特权的平级或其他同事，这是需要勇气的。相比之下，当个不管闲事的领导维持现状，到了年底给出好的评价和奖金，显然要容易得多。但工作并不总是顺利和高效的，因为不同的部门工作重点、不同的个人视角都会对工作推进产生影响。领导者需要掌控这些局面，协调组织资源，并为他们的团队提供工具，消除障碍并获得成功。他们需要明确必须完成哪些具体工作，并要在过程中及时了解任何可能妨碍工作及时完成的问题。

绩效管理流程应该既能促进工作任务的完成，也能规范员工的工作方法（或行为）。它应该帮助管理者区分出工作的优先顺序和下属的业绩优劣。它应该建立一套能被贯彻到经营层、团队层和个人层的战略目标和战术目标。最低限度上的要求是，领导者必须澄清期望值，设定阶段性目标，确定阶段性目标对战略目标的贡献，评审结果，并提供反馈。绩效管理也应该允许管理者基于组织工作重点和投入资源的变化来调整阶段性目标，同时要求管理者为员工的职业发展承担直接责任——因为持续学习是提升绩效的关键。

绩效管理没有神奇的公式，没有哪两家公司对绩效管理的认识或操作完全相同。你不能简单地复制一个绩效管理模板，强制全面实施，然后还期望从其中得到更多的效果。有些绩效管理制度有很多的文字描述，还有一些含有复杂的计算。每个绩效管理制度都需要精心设计，以适应企业的具体需要。

绩效管理流程必须对领导者提出明确的要求：领导者必须说清楚需要做什么、由谁来做、在什么时间前做完。他们还需要向员工解释为什么要做绩效管理，公司和员工个人能够从中获得什么收益。在整个年度中，任务目标和工作表现可以通过教练辅导和导师指引不断得到探讨和调整。这些讨论应包括工作重点、工作方法、可接受的行为和不可接受的行为（这一点也同样重要）。绩效管理流程应该确保企业能够快速应对工作重点和人员管理措施等方面的变化，从而提高整个员工队伍的灵活性、响应性和敏捷性。

绩效管理为何失败

绩效管理工作不达预期，通常都是因为企业或有意或无意地把它作为一个常规的行政管理流程。绩效管理的过程可以概括为"关键对话"。它的实施和管理需要管理者的积极主动投入。如果管理者专注于填写表格，而不是激励团队和员工，那么这种绩效管理注定是要失败的。事实上，他们会更早地体验到所有的负面影响。

绩效管理的问题会出现在组织层面，也会出现在个体员工层面。在组织层面，绩效管理很难将员工的工作任务同经营成果及战略目标一一对应，这就导致它们之间缺乏可信度和相关性。在整个组织范围内不公平的绩效等级划分标准也会引发麻烦，这意味着绩效管理制度本身缺乏总体的质量控制。绩效管理制度应该对业绩优异的员工给予物质激励，以鼓励他们持续地达成超过预期的成果；对普通员工则要关注他们的努力行为，以尽力提高他们的效能；对于业绩不佳的员工，则要通过提供额外的专业发展和教练辅导来使他们获益。毕竟，如果每个人都能取得同样的业绩，那么就没有优秀可言，而如果每个人都是平均水平的话，企业本身也会变得平庸。

给出负反馈是绩效管理中最困难的一个方面，但要使绩效管理真实有效，这些对话就是必不可少的。问题通常是由无效沟通和缺少人际交往技巧而引发的，具体表现为回避冲突、绩效目标描述不清、反馈时内容混乱不明所以。所有这一切都会导致管理者无法为员工提供直接和及时的反馈。他们宁愿直接将不好的评价给员工而使得员工不明就里、心怀不满，也不愿意就问题与员工定期沟通。

建立清晰明确的绩效负反馈程序，是绩效管理的重要组成部分。绩效改善计划应该随时启动，只要出现不良绩效。这个计划的具体目标应该是帮助员工提高，因为绩效管理的关键在于持续改善，而不是终止合作。绩效改善计划要为员工指出他们可以提高业绩的领域，并根据实际情况修正某一绩效周期最初的绩效计划。企业还应该决定一个绩效改善计划需要持续多长时间，以及计划终结时达到或没达到预期目标时，将分别得到什么奖惩措施。

绩效管理的组成部分

从管理的角度看，绩效管理体系通常包括政策、程序、流程和表单。以下是绩效管理的标准定义、角色和职责，以及重要节点。

- 目标。设定目标尽管困难但非常重要。常用方法是设定 SMART 式的目标，这一概念由乔治·多兰在 1981 年首次提出。SMART 原则强调每个目标都应该：

  — 具体的（Specific）。目标必须提供清晰的期望结果。要使目标明确，就必须界定清楚目标的 4 个 W，即谁来做（who）、是什么（what）、何时完成（when），以及在哪里完成（where）。

  — 可衡量的（Measurable）。目标必须提供用以衡量目标达成进度的具体标准。

  — 可达到的（Achievable）。在设定的完成期限内，目标必须是按常理可以达成的。

  — 现实的（Realistic）。实现目标所需资源必须是在合理、可提供的范围内的。

  — 有时限的（Time-related）。目标必须确定完成期限。明确时限要建立一种紧迫感。

- 行为。行为是指组织要求管理者和员工完成相应工作所要具备的核心竞争力。它的涵盖范围广泛，可以根据职位的不同、根据企业对给定部门或小组的期望的不同，而以不同的方式展现。

- 员工。企业期望员工能够以组织目标、标准和预期结果为参照，尽力履行自己的工作职责，对自己的工作绩效和职业发展负责。员工必须参与制订自己的绩效计划，即在绩效年度之初与他们的经理一起建立自己的绩效目标和专业发展目标，讨论所需的措施，并就业绩预期形成明确的共识。

- 直接主管。他们必须指导员工制订绩效计划，监督和记录员工的完成情况，提供及时的教练辅导和反馈，进行准确的绩效评估，并确保员工每隔一定时间就能有机会参与绩效管理过程（绩效对话）。

- 隔级主管。他们负责确保绩效管理与组织的战略和经营计划相匹配，还要确保整个组织中关于战略和经营计划的宣贯标准化（确保一致性）。他们必须确保员工绩效得到测量和跟踪，审核所需文件资料提交的及时性和质量，并鼓励批评性（建设性）对话。

- 绩效计划。绩效计划概述了具体的目标、衡量标准以及绩优员工所应具备的行为和业绩成果。

- 中期绩效回顾。这一回顾是在员工和其直接主管之间进行的，它应该在绩效周期的中间时点开展。回顾包括主管和员工各自对绩效计划进展情况的评定。如果组织的工作重点和资源发生了变化，中期绩效回顾时就可以调整目标值和期望值。

- 年终绩效评价。这个正式的评价过程用以评定员工的整体绩效，包括工作职责和目标达成情况。它包括与员工面谈和完成绩效评价表单。

绩效管理体系的日常管理是复杂的，但必不可少。员工在绩效周期内的所有工作时间都应在管理范围之内，不管是工作发生了变动还是主管发生了变动。表 11-2 总结了典型的绩效管理问题与可行的对策。

表 11-2　绩效管理常见问题

问　　题	后　　果	对　　策
与战略目标关联弱或相关性模糊	工作同战略的匹配性欠佳或匹配关系含混不清	复习战略规划 审视当前的战略规划，以更好地理解工作如何对战略规划提供直接支持
与经营计划及其目标关联弱或相关性模糊	工作同经营计划及其目标的匹配性欠佳或匹配关系含混不清	评估当前的经营计划是否与战略规划直接相关 制定更多的衡量指标
目标描述不清	缺乏有挑战性的目标，且业绩不佳	加强针对绩效管理相关技能的培训 建立针对绩效管理工作的质量控制流程

问 题	后 果	对 策
过于复杂的绩效评估计算方式	不必要使员工混淆对绩效管理的关注重点，更多地去关注对表彰的解释，而忽略了绩效本身	尽可能简化绩效管理的表单和流程
绩效表单格式混乱；评价模块过多或不足	员工认为绩效管理只是一种行政管理任务，而不是领导力工具和流程	尽可能简化绩效管理的表单和流程
评估过于主观	员工不敬业 丧失工作投入的热情	重新设计绩效管理表单 重新制定阶段性目标（满足 SMART 要求）
分数贬值[①]（人人都是绩优者）	一团和气 打击绩效优异的员工 员工不敬业	建立质量控制流程以确保评估标准一致
考核期内工作变动	员工不敬业 增加了领导者的管理投入 员工抱怨	重新制定绩效管理政策和流程，确保整个期间都有考核
考核期内主管变动	员工不敬业 丧失工作投入的热情	重新制定绩效管理政策和流程，确保整个期间都有考核
组织对绩效结果未给予强化支持或奖励	问责制不健全——缺少对绩效优异员工的正向激励和对绩效不佳员工的负向激励	建立严格的监督，及时完成所有关键节点事项 建立透明流程，对绩效优异者进行奖励
整个组织范围内的考核评级标准不一致	员工不敬业	提升执行高管层面的协调统一，以确保有一套共同的期望标准
与绩效执行者改善绩效相关的程序欠佳	员工不敬业 增加了领导者的管理投入 员工抱怨	重新制定绩效改善程序

---

① 分数贬值（Grade Inflation），指因评分过高，导致得高分者激增。——译者注

续表

问　　题	后　　果	对　　策
将绩效管理用于证明解雇决定的合法性	"记录不良业绩"成为绩效管理的一个环节	回顾绩效改善程序，确保其被按章执行
未明确绩效管理与员工职业发展的关系	领导层在绩效改善对职业发展的影响方面意见不统一	制定针对全体人员的强制性的职业发展标准

改善绩效管理

你是否觉得应该改善你们的绩效管理体系？你们的绩效管理体系是否有效？你们的领导者真的投入了吗？改善你们的绩效管理体系的一个很好的起点就是，考虑一下你的组织是如何使用绩效管理的——是把它作为一个行政管理程序还是作为一个领导力工具；还要考虑你的组织是如何衡量绩效管理的成功抑或失败的。在决定你的行动方案之前，你需要准确评估你的绩效管理体系所希望达成的结果，包括显性公开的，也包括隐含不明示的。毕竟，如果你不知道你要去哪儿，那你自然也无从知道自己有没有迷路。

下面是一些你可能需要考虑的基础问题。

- 贵公司有一个精心完善的战略吗？
- 有具体且可衡量的经营目标来定义期望和成功的标准吗？
- 有详细的经营计划吗？这一计划要详细到足够明确"为实现战略和经营计划，需要完成哪些工作"。
- 文化规范是什么？它们是可以被接受的，还是需要彻底改变或者演变调整即可？
- 你的领导团队不仅能正确指导工作，而且能发展、教练、指导员工并为员工提供咨询建议吗？
- 在员工个体层面，有可衡量的、可量化的目标吗？

- 你有切实有效的绩效管理和领导力发展培训计划吗？
- 你如何衡量成功？

如果你真的想改变，你就应该把绩效管理视为一个重大的变革项目。你需要在公司应该如何运作以及公司需要何种文化方面，获得领导层的一致意见。但如果你只把绩效管理的调整视作执行方面的问题，那就不会有太多的改变出现。所幸的是，人才管理和 HR 专业人士可以提供很好的帮助，因为他们熟知如何使用组织杠杆来提升员工信任。

理论联系实际，让我们来回顾一下华盛顿都会区交通局（WMATA）的案例研究。

案例研究：华盛顿都会区交通局

2012 年，华盛顿都会区交通局（WMATA）开始对其绩效管理体系进行彻底检查。WMATA 是一个中等规模运输公司，拥有超过 1 万名员工，为华盛顿特区 1 300 平方英里区域内的 460 万人口提供每天 120 万次的服务。它拥有全美第二大重型轨道交通系统、第二大公共汽车网络，以及第四大辅助客运服务系统[①]。根据过往经验，在未来的 30 年中，可以预见华盛顿地区人口将增长 30%，就业将增长 39%，相当于新增一个费城或休斯敦地区。这种持续的增长和发展需要 WMATA 作为一个高效的组织来响应（WMATA，2012）。

许多 WMATA 的领导者已经认识到，尽管公司已从小规模成功发展到中等规模，但却没有形成能够支持其继续发展的管理基础和流程，以保证其在更大规模时仍能良好运转。公司当前没有战略规划、胜任力架构，也没有聚焦的经营计划。公司缺乏高管层的领导力发展计划，实际上，一代又一代的新领导者都是在没有正式培训的情况下进入新的领导职位的。公司的绩效管理体系是由薪酬办公室负责管理的，其重点也不在劳动生产率方面。公司的许多历史遗留下来的绩效管理程序已经偏离原来的要求，导致大量的重复工作和不一致性。

---

① 辅助客运服务系统指无固定路线或时间表的客运系统。——译者注

认识到这些情况，WMATA 制定了新的战略规划——动力计划，用以在未来 10 年中指导其制定决策和经营计划。这项计划的本质是公司的一个需求，即建立一个高积极性、高敬业度和高能力的员工队伍；这一战略规划的四大目标之一是"投资于我们的员工和资产"。动力计划特别指出公司需要建立一个能够招募、发展、激励和保持一个多样化、高绩效的员工队伍的 HR 组织。WMATA 强调要建立这样一种绩效文化：有详细的经营计划，经过优化的、数据驱动的决策，以及团队协作。

WMATA 采取让员工直接参与的方式来努力建立一个更具稳健性①的绩效管理体系。WMATA 组建了一系列跨部门的焦点小组，小组成员要一起识别可以用来代替核心胜任力的关键行为，进而定义和勾画出一个新的绩效管理体系；这种焦点小组的方式也帮助创建了与公司企业文化相一致的新的绩效管理形式。这个过程引发了公司上下对"如何衡量行为表现""体系应包括多少强制的和可选的绩效目标""最终使用多少评定等级"等问题展开了深入思考和探讨。

WMATA 将其 HR 职能扩展成其有史以来的第一个人才管理办公室，负责推进新的绩效管理体系的实施。WMATA 也开展了十几年来首次员工意见调查。调查结果显示，WMATA 在促进员工效能提升的某些领域得到了员工的正面评价，包括：高水平的员工敬业度；良好的学习、发展和晋升的机会；明晰的公司使命；对于"员工对公司成功所做的贡献"的认知。同时，调查也显示了 WMATA 需要进一步改善的地方，如对领导层的信任、公开和诚实的沟通氛围、员工间的互相尊重和欣赏、团队协作等。最后，调查结果表明，公司需要创建一个以绩效为基础的企业文化。

WMATA 在推行其新绩效管理体系的初始阶段，主要是加强绩效管理基础知识的学习，改变行为方式，以及强化领导者的以身作则。执行高管层给予高度重视，确保了绩效管理基本流程实现闭环管理——从绩效管理计划开始，到年中绩效面谈，再到完成最后的绩效评价。公司举办了超过 75 场的管理者必修的培训课程，目的是帮助管理者掌握关键对话的技巧和新绩效管理体系的操作流程。部

---

① 稳健性（Robust）也称鲁棒性，指控制系统在一定（结构、大小）的参数摄动下，维持某些性能的特性。——译者注

分管理者由于未能在初始阶段掌握关键要领，从而在训练过程中表现不佳，他们认为"没有什么新的"。

人才管理办公室将培训内容扩大至营造绩效管理文化氛围方面。他们引入了部门领导层的绩效管理计划工作坊，通过工作坊，引导这些部门管理者清晰地阐述部门经营计划的关键内容，统一认识，然后在各自团队内形成相互匹配的绩效计划。人才管理办公室还与其他部门合作，开设了一门一线管理者的必修课程——"管理者的原则"，其中就包括针对绩效管理不同模块的、基于场景的行动学习。绩效考核不佳的员工全部都要接受由人才管理部门，或员工关系部门，或劳工代表等处提供的教练辅导。在新绩效管理体系实施的第一年末，绩效评价的结果被用于决定绩效工资的增加。

同时，WMATA 开始采取其他举措以完善人才管理体系架构。公司开始了一项历时多年的工作：更新所有的工作说明书，并开发出具有总括性的胜任力架构。公司通过内部调查让员工分享他们对绩效管理体系的看法。本次调查的总体评价肯定了绩效管理体系的积极进步，同时表明有更多的工作需要完成；47%的管理者提出，新体系不能准确地衡量工作业绩，在结合部门的经营计划制定员工的绩效目标环节感觉操作困难（见表 11-3）。调查结果还表明需要提升各层管理者的参与度，因为报告显示，非管理者对绩效管理过程的积极性与参与度要比他们的经理们略高一些。

表 11-3　WMATA 员工调查：绩效管理

问　题	正面评价
你熟悉公司的绩效管理体系吗？	73%
使用一种方法来衡量一个人完成工作的质量好坏，你认为重要吗？	90%
你的管理者被要求积极参与绩效管理过程吗？	63%
在年初、期中、年终的绩效回顾中，你对你所收到的反馈满意吗？	50%
绩效管理表单容易理解吗？	66%

WMATA 在 2014 年度的员工意见调查报告突显了初步的改善成果。绩效管理体系获得了总体的良好评价，有 67%的员工说他们定期收到了对他们工作表现的明确反馈，71%的员工表示他们了解绩效目标是如何制定的以及对他们的绩效

是如何进行评价的。报告显示，新体系可以继续改善的方面包括提供更好的教练辅导、强化薪酬与绩效之间的关联、对不佳绩效的处理更加一致。

在接下来的几年中，WMATA 将在这些初步成果之上继续推进。每月定期的绩效管理在线研讨会将加速形成通用的基准，与此同时，执行高管团队也已成立一个人才管理委员会，旨在推进整个组织内的绩效管理标准化。

总结

绩效管理是提高劳动生产率的重要领导力工具。虽然对绩效管理体系本身是由 HR 负责的，但是绩效管理体系的实施却是需要组织内各个领导者分头承担的。这是因为绩效管理的工作要求领导者与其团队进行沟通，提供指引与激励。若要运行一个成功的绩效管理体系，请记住以下五个关键点：

1. 在员工和他们的上司之间，需要通过关键对话来建立信任和沟通。
2. 你需要一个现行的战略规划，而且这一规划配有稳健并可衡量的经营计划。
3. 绩效管理的流程和表单应易于理解和使用。
4. 你的领导团队必须创建阶段性目标并识别其中的优先项。
5. 你必须像管理一个重大变革项目那样来管理你的绩效管理体系。

作者简介

马特·彼得斯（Matt Peters）目前担任 WMATA 第一任人才管理执行官和首席学习官，他负责创建新的企业学习和员工发展项目、流程和操作步骤。他是国际绩效改进协会（ISPI）的前任会长，并一直在联邦政府和军事组织中担任首席学习官和资深 HR 高管。他在人力资本开发、战略性人才管理和推动重大组织变革的培训举措方面拥有深入而丰富的经验。

第12章

发挥优势①：新一代的绩效管理

马库斯·白金汉

1850 年，从美国密苏里州的圣约瑟夫市邮递信件到加利福尼亚州的首府萨克拉门托市，一般需要 5 周的时间。这样的速度着实让人沮丧，尤其是在 1848 年加州发现金矿、西部开荒热潮正盛的大背景之下。美国需要更高效的方法与新贵们交流沟通。

驿马快信（Pony Express）给出了解决问题的方法——400 匹马、150 名短小精悍的骑手、200 个驿站，再加上创新的轻便皮质邮筒。这是一种复杂到让人难以置信的安排，它需要细致的深谋远虑、详细的规划，以及相当的胆识。这个复杂系统的发明者将所有的元素整合在了一起，成功地让这个系统流线化运行，取得了极好的结果。第一次运行，之前从圣约瑟夫到萨克拉门托耗时 5 周的长途跋涉，变成了 10 天短距离快速跑。为了庆祝这一创举，人们发表演说，燃放烟火。

然后，这一切却被帕维尔·许林林②摧毁了。

---

① 原文为"StandOut"，本文作者马库斯·白金汉的一本著作即以此命名：*Stand Out：The Groundbreaking New Strength Assessment from the Leader of the Strengths Revolution*，此书中文版译名为《现在，发挥你的优势》，中信出版社出版，2013 年 3 月 1 日第 1 版。——译者注

② 帕维尔·许林林（Pavel Schilling，1786—1837），俄罗斯外交官，在 1832 年发明了实际可用的电报系统，被视为这一领域内的开创性发明。——译者注

当然，他不是故意为之的。但是，他发明了电报。凭借这一创新，他创造了一种新的世界观。这个世界观，让驿马快信这个其他人费尽心思去精简的系统，变成了过时的玩意儿。

我们现在使用的绩效管理系统和驿马快信是如此的相似——劳动力密集、复杂、总部统筹的系统，拼了命地想为使用困难、复杂冗长的流程增加一点价值。

那么电报呢？在这一章里，电报就是发挥优势系统。

电报其实是一种新技术（电磁信号电缆）和一种新语言（莫尔斯电码）相结合的产物。类似地，发挥优势也是新技术与新语言——智能手机和关于优势的语言——相结合的产物。这样的组合，创造出了更轻、更快、着眼于未来的系统蓝图。

在探索这一蓝图之前，我们先来揭示一下为什么我们在绩效管理系统上投入了如此多的时间和金钱，却总无法得到有意义的回报——不管我们在其中加入了多少技术。

绩效管理的评分系统是不可靠的

目前所有的人力资本管理体系都是建立在这样的信念上，即管理者能够被引导成可靠的评分者，评定他人的优势和技能。这里的假设是：首先你拥有准确的衡量标准，并且配上了能描述它们的准确语言；其次，你会被要求观察特定的行为，并且你被告知，如果这些行为经常发生，那么就可以给这个人打 5 分，如果这些行为没那么频繁地发生，那么就可以打 3 分；最后，随着时间的推移，针对他人的表现，你和其他的管理者同僚就将成为可靠的绩效评分者。

如此一来，你们的评分将拥有很高的**评分者间可信度**（Inter-rater Reliability，即对同一件事情，两位经理会给员工绩效给出一致的评分），公司会使用这些评分来找出绩效不佳的员工，提拔优秀员工，以及决定每个人的薪水。

遗憾的是，几乎没有证据表明上文描述的情况会发生。事实上，大量研究揭露，对于他人的优势和技能，我们每个人都是不可靠的评分者。凑巧的是，在评估他人时，我们自己的优势、技能和偏见会成为障碍。最终，我们会按照自己的、而不是那些非常客观的衡量标度来评估他人。结果会如何呢？

我们的评分衡量的是自己，而不是那个被我们评估的人。

关于"评分究竟在衡量什么"这一问题，斯蒂文·斯卡伦、迈克尔·蒙特和梅纳德·高夫三位教授所做的研究最为全面。他们的调查共涉及 4 492 名参与者，其成果发表于 2000 年的《应用心理学期刊》。根据若干不同的绩效纬度，每一位参与者都接受了两位上司、两位同僚和两位下属的评分。整个调查产生了将近 50 万份评定报告。研究人员分析后发现，这些评定中 54% 的差异可以归因于特异品质评分者效应，换句话说，就是归因于每个评分者看法的特点。只有 21% 的差异可以用被评分者的实际绩效来解释。所有这些让三位教授得出了如下结论：

"虽然，我们含蓄地假设评分衡量的是被评分者的绩效，但实际衡量的却是评分者独特的评分倾向。因此，评分揭示的是评分者而非被评分者的情况。"

这不仅意味着某人对于他人的评分是不可靠的，还表明当我们把很多评分结果（如 360 度评估）结合到一起时，数据不会更可靠而是更糟糕。如果一次评分衡量的是评分者而不是被评分者，那么大量的评分就只是许多评分者对自我评定的组合，这只会让被评分者难以理解。如果一次评分得到的是不良数据，那么许多次评分不会将它变成好数据：它们只会让数据变得更糟。

搜索文献资料，你将发现还有类似的研究确认了我们在给他人的胜任力和技能评分时的挣扎。当然，我们对于他人的评分看上去很精准，像客观的数据。但事实并非如此。它们并不可靠。它们提供的精准只是一个假象。所以，当我们决定根据某人 4 分的评分结果来提拔他，或者某些特定任务只开放给绩效表现达到超过预期这一级别的员工，或者根据评分发放薪水、推荐某些培训课程等这些时刻，我们都在依据错误的数据做出决定。

在《华尔街日报》2013 年的一篇文章中，杰克·韦尔奇提倡根据胜任力清单进行评分。用他的话来说，这样"就能让人们了解到自己的现状"。这或许是值得注意的看法，但评分却永远做不到这点。考虑到我们如此不擅长打分，评分只能让人们对自己的现状更加迷惑。就像他们在数据世界中所说的："如果你输入的是垃圾，那么输出的也一定是垃圾。"

错误的实践：绩效管理系统流水线化

就算我们能以某种方法训练管理者成为客观的评分者，我们现有的绩效管理系统还是有缺陷的。这又是为什么呢？因为，当我们想要将这些系统应用到自己的团队中时，很多人就会意识到，这种绩效管理系统的设计是流水线式的，它是那些优秀管理者完全不熟悉的实践方式。

我们知道优秀管理者是如何进行管理的。他们清晰定义想要的结果，然后，尽可能地了解员工，从而找到最好的方法帮助他达成结果。不管你称之为个性化方法、基于优势的方法，或者就是基于常识，总之这些是优秀管理者所做的。

这并不是现行的绩效管理系统所正在实践的。它们忽略真实的人，反而让管理者根据虚无缥缈的胜任力评估某个人，然后再教导这个人如何获取缺失的胜任力。这很难，而且绝不仅仅难在评估环节，教导的部分更是惊人的艰难——究竟什么方法是帮助某人学习如何成为更好的战略思想家或者展现出学习灵敏度的最好方法呢？在意识到这种做法的困难程度之后，现行的绩效管理系统试图将整个过程流水线化：这一系统会针对某人拥有或者缺乏的胜任力，向其管理者提供关于反馈时如何措辞的写作提示；然后，这一系统会将评分结果整合到公司的学习管理系统中，进而这一学习管理系统就能"吐出"一门培训课程来矫正某种胜任力差距。

这种做法的问题是什么？我们缺乏能证明"优秀员工就拥有所有胜任力"的可信研究？或者，缺乏证明"只要获取了之前没有的胜任力，绩效就能改善"这一结论的研究？再或者，如同我们之前描述的，经理在评估他人胜任力时，存在着如此让人遗憾的不精确？不，这些都不是最关键的，这种做法的关键问题在于，这根本就不是优秀管理者会做的事情。

优秀管理者不会忽略真实的人，而去关注一系列抽象的胜任力。事实上，拥有特别优势和技能的每一个真实的人，才是他们唯一的焦点。他们明白，不能忽略人之个体。毕竟，为了创造出想要的绩效，每个人的复杂的独特性才是他们必须塑造的原材料。用通用的胜任力来掩盖这种独特性，从根本上来说是起反作用的。

今天，最优秀的管理者正在努力理解、利用所有的人之个体。就算每天都与某个人共事，做到这点也很难。如果你还要透过胜任力公式这个过滤器来细看这个人，那就几乎不可能做到这点了。

蓝图

显而易见，我们需要一个新的系统。我们对这个新系统有多少认知呢？当然，系统的细节会因公司而异。不过，我们深知这样的新系统必须具备以下一环扣一环的六个特点。

第一，也是最明显的，这必须是一个实时系统，以便帮助管理者给出当下的教练辅导和路线修正。我们生活的世界异常多变：这个星期还在一个团队，到了下个星期就身处在不同的团队了；第一季度伊始让人新鲜激动的目标到了这个季度的第三个星期就变得无关紧要了；需要必备的技能、关系甚至战略都必须不断地被校正。在这样一个实时的世界中，当每年一到两次、成批处理的绩效回顾的时刻到来时，在你坐下来准备动笔写回顾要点之前，这些内容就已经过时了。我们需要比这个频率高得多的碰头会。

幸运的是，在我们这个年代，人人都有一个设备，它知道我们是谁，也能记录我们所要的几乎每一样东西。这个设备——你的智能手机——将帮助你，也就是我们的员工，输入自己这个星期要做的事情以及所需要的帮助；而且，因为它了解你，它也能根据你特定的优势和技能，向你的管理者提供定制化的教练辅导小窍门、见解及提示。

第二，它必须是一个触控式的轻便系统。如果我们期望员工分享每周的重点，期望管理者对它们有所反应并在有需要的时候进行校正，那就不该涉及复杂的表格、需要选择正确用词的叙述部分、对话指南以及来自必要数量同事的反馈，以上这些都不需要。为了让这个绩效系统尽可能敏捷，它必须非常简单。员工在上面回答几个问题——"我在这个星期会完成哪些事情？我需要从管理者那里得到怎样的帮助？"，然后管理者针对员工所写，在上面进行回应。

与直观认知相反，表格越简单，教练辅导的内容反而会越丰富。

第三，它必须让每个员工个体都觉得这是"关于我、为我设计"的系统。管理者会拒绝任何一种需要由他们来发起的实时系统，不管它有多轻便。所以要反过来，由员工来推动它。能做到这点的唯一方法就是：让这一系统的出发点和持续的焦点都集中在——"我""我的优势""我在哪方面做得最好""我如何变得更好"。

眼下，我们在这点上做得并不好。我们时常谈到这点——我们都很熟悉"你要对自己的发展负责"这句真言——但执行起来却很难。例如，大部分公司的员工档案显然只是一个为公司所用的管理工具，而非为我所用的工具。里面的内容更新频率很低，更新内容也谈不上真实可靠，整个档案读起来就像电脑生成的个人简历。但是，只需要一点点创新，我们有理由相信我们能为每位员工设计一个网上空间，来积极地呈现他们的优势、技能、成就和志向。虽然现有的档案是冷漠的、表面的、过时的，但它们不会一直如此，因为这种变化是完全符合公司的利益的。

另外，鉴于我们生活在一个以我为中心的世界，人们期望生活中的内容，从新闻到娱乐到医疗保健的内容，都能考虑到个人的需求和渴望，所以这种从我开始的定位就是我们的最低要求了。

第四，也是最核心的，它必须是一个基于优势的管理系统。现有的系统明显以解决问题为目的，它建立在这样一个信念上，即想提升他人就必须先用一系列胜任力去衡量他们，然后指出他们的不足，并挑战他们让他们跳得更高。虽然这么做感觉上有用、严格甚至有点粗暴，但它也低效得让人郁闷。虽然我们将弱点称为"机会点"，但是脑科学已经揭示，我们并不能从这些弱点上学到最多、成长最多。实际上，事实正好相反，已有神经突触最多的区域，能长出最多的新突触。所以，优势是我们成长的真正机会点。

说得更确切一些，如果我们想要每个员工都对自己的绩效和发展负责，还有什么比从他们各自特定的优势出发更好的选择吗？新的绩效系统必须帮助每位员工精确地找到他们自己的具体优势，然后找出各式各样的方法挑战他们加强优势，从而随着时间的推移，他们自己的优势能够得到更明智的利用、产生更大的贡献。（这里要澄清的是，这么做不代表要忽略员工的缺点。我们想表明的只是，员工的弱点事实上是成长机会最少的机会点。)

第五，它必须是一个着眼于不远未来的系统。现有的系统迷恋于有关过往的反馈。设想一下，你被要求写一份关于自己的回顾。然后，你的管理者会写下他的那部分，通常他会和其他管理者一起，以跟你同一级别的那些人的回顾为参考，对你的自评进行校准。有时，甚至你的平级同事也会被要求就你的个性和工作表现分享他们的洞察。然后，关于如何传达这些反馈，你的管理者会接受培训，以便让你用发展而非过分挑剔的眼光看待它们。

以上这些，都不会在新的绩效系统中出现，在某个层面上，是因为这种反馈系统被可怕的信噪比所困扰：现在也好，将来也好，管理者都是极度主观的反馈提供者；同事们的反馈，在私下里是八卦，在公开场合就是甜言蜜语；你的自评很有可能被慷慨地扭曲了；校准会议只不过是调高了噪声音量。

不过，在另一个层面，我们不再使用现有的系统则是因为跟针对个性、聚焦过往的反馈相比，针对工作、关注未来的教练辅导能让我们更好地利用时间。要想使我加速提高明日的绩效，就请不要试图根据各方的反馈来评定我的个性——给予和接受这样的反馈都很难，能得到的绩效回报也少得可怜，跟付出不成比例。相反地，请针对几个特定的、与工作相关的活动教练我，让它们成为我明天的优势。或者告诉我，下个星期我应该去获得怎样的技能。或者建议我在下个月应该和哪些人联系。

这些事做起来并不会很容易，但是至少，这些是我能去做的事情，因为它们就在不远的未来。在新的绩效系统中，这才是我们大部分的时间和创造力需要聚焦的地方。

第六，它必须是一个本地化的系统。现有的绩效管理系统却不是。它们所表达的宗旨是要让各个层级就公司的战略和价值观达成一致、互相匹配。看着很合理，但仔细审视后，你就能清晰地看到，对于实现匹配性，绩效管理系统就是个错误的机制。它太机械化、频率太低、太复杂烦琐、太关注过往，尤其太中央集权。真正的匹配能力是指创造一种环境，让本地团队能运用判断力，依据最佳的本地信息做出决定。教育和沟通是创建和强化这种环境的最有效方法。相反地，当你试图通过绩效管理系统来实现组织内的高匹配度时，那就是强迫领导者将目标放入某个指定的战略或价值小桶中，然后按层级下推这些目标，这样你就不可避免地制造了一个僵化的组织，而这个（基于过去的决定的）组织差不多是刚一诞生就过时了。

此外，大部分公司有关产品、人员和顾客等未来的最佳情报都能在每个本地团队中找到。如果你想了解与顾客相关的事情、市场上流行的趋势，以及哪些员工才是真正最有价值的，你必须向内观察本地团队。所以，要取代自上而下的绩效管理方式，新的绩效管理系统就必须捕捉本地智慧，然后向上汇总。工作重点应该在本地团队的层面进行设定，然后向上汇总；薪酬应该由本地领导者直接分配，然后向上汇总；员工意见调研也应该由本地领导发起，然后向上汇总。只有这样，公司才能有足够创新，站稳脚跟。

综上所述，这就是一个更优系统的蓝图——轻便、敏捷、基于优势、聚焦未来，并且有本地采集、中央汇总的可靠数据支持。

下一节我们将介绍一个包含以上六种必不可少特征的绩效管理系统。

发挥优势：新一代绩效管理系统

如果没有团队成员个体的投入，那么任何绩效管理系统都不可能运转良好。所以，新一代绩效管理系统的基础是一个被称为"优势展示页"的工具。它能让每个团队成员向其队友、领导以至于整个组织进行积极的自我展现。

这个工具的一开始，要开展一次足够可信的优势评估，以此来确定每位团队成员的优势。这一评估过程称为"优势演算法"，评估的结果将会向成员自己（以及团队中的每一位成员）传达。借由这些内容，每位成员都能向组织细致地展示自己的优势、技能、如何与其共事效果最佳，以及随着时间的推移，最能与其产生共鸣的志向、价值和理念。

从员工加入的那一刻开始，组织就会强调这个工具是为他建立的，是为了让他向同事们描述和呈现最好的自己。如果他想要在团队中做到最好，想要与每位新团队领导建立富有成效的人际关系，想要让组织中的更多人了解他最擅长的，那么，他就会被鼓励有针对性地、聪明地使用这个工具。他的优势展示页会成为他在组织中的个人品牌，从而取代已有的公司员工档案页。

有了这个工具作为基础，绩效管理系统就将履行三种独立而又相互关联的功能：

- 提升绩效。
- 评估绩效。
- 奖励绩效。

提升绩效

有关最佳团队领导者的定量、定性研究表明，他们都有一个习惯，即与每位团队成员就近期工作进行每周碰头会。在碰头会上，领导者为本周工作设定期望，也对过去一周的工作给出评价，或对接下来的工作进行微调，抑或提供一些重要信息。以上这些当然不可能在一次碰头会上发生，而是随着时间的推移一点一点地发生。

每次碰头会都由团队成员发起，他们使用一个简单的工具来获得以下四道问题（两道定量、两道定性）的答案：

- 在过去的一周，每天我都有机会使用到自己的优势吗？（在 1~5 分的范围内）
- 在过去的一周，我有贡献过任何突出的价值吗？（在 1~5 分的范围内）
- 本周我的工作重点是什么？
- 我需要从团队领导那里得到什么帮助？

然后，团队领导者会亲自对团队成员所写的内容给予回应，具体形式可能是通过电话、邮件进行，也可能是通过上述的 5~15 分钟的碰头会以及随后的对话进行。

这些碰头会并不会成为团队领导者额外的工作。它们就是领导者的本职工作。领导者通过这些碰头会让团队的每个人保持专注和投入。

频率是至关重要的。必须是每周一次，而不是每个月或者每个季度一次。如果领导者降低了每周一次的频率，那么与员工的对话就不再是对近期工作的教练辅导了，而会深陷于对很久以前的绩效给予反馈。

这种反馈不仅让组织发生扭曲，直到组织几乎面临倒退，也非常不受团队成员和领导者的欢迎。为几个月前的绩效给出反馈，不管是现在还是将来，都是令人担忧的。因为这些反馈是在工作发生长久之后给出的，它们不可避免地会陷入对个人性格的抽象概念——不管是说他有创新精神，还是说他是一个优秀的沟通者，或者说他是以客户为中心的。其实，给予和接受这样的反馈都很困难，而且这不是最优秀的领导者会做的事情。观察卓有成效的领导者，你不会看到他们花时间去写或重写深度的绩效评估报告。事实上，你会看到他们会就即将发生的工作给出实时的教练辅导。这里的差别在于，对近期工作提供教练辅导，这是最优秀的领导者积极想要去做的；而对个人性格进行细致反馈，这不是他们想做的。

就这样每周进行着，这些碰头会就将变成团队成员绩效和思想状态的持续参考点。在整个组织范围内采用这种方式，它们就将成为一种文化习惯，能够帮助组织进行变革、沟通新战略、教授新技能，也能让组织保持敏捷。

✎ 评估绩效

组织想要揭示团队领导对每个团队成员的主观判断，其动机是显而易见的。反之也很重要：组织也想知道团队成员是怎么看待团队领导者的。不过，如同之前所描述的，衡量这些判断是很难办到的，因为和所有人一样，在评定他人的绩效时，团队领导者和成员都是非常不可靠的。所以，在不产生错误数据的情况下，组织要怎样才能知晓团队的领导者和成员之间是如何看待对方的呢？绩效脉冲和敬业度脉冲就是可能有效的解决方案。

绩效脉冲

与直观认知相反，想要知道团队领导如何看待团队成员，向他询问团队成员的过往绩效并不是最好的办法，反而应该询问领导者他自己的未来行动。这是为什么呢？虽然对他人的绩效，我们并不是可靠的评分者，但对于评估我们自身的感受和意图，我们还是很可靠的。

因此，为了揭示团队成员的绩效，每个季度，领导者都应该测一次绩效脉冲，即要求他们回答以下四个问题。每个问题都道出了领导者未来会采取的行动。

- **当我需要非凡的结果时，我会想到这个人吗？**（在 1~5 分的范围内）这个问题衡量的是领导者如何看待某人的整体绩效和他对于组织的独特价值。

- **我会尽可能多地选择与这个人共事吗？**（在 1~5 分的范围内）这个问题衡量的是领导者如何看待某人与他人共事的能力。

- **如果有机会，今天我就会提拔这个人吗？**（是或否）这个问题衡量的是领导者对于某人潜力的看法。

- **我认为这个人存在绩效问题而且是必须立刻指出的绩效问题吗？**（是或否）这个问题想要抓出那些可能给顾客或团队带来损害的低绩效另类。

这些问题的答案需要保密，或者只是笼统地分享给团队成员。在日益透明的时代，为什么我们还要保密这些答案呢？因为这些问题的作用不在于让团队成员了解他的现状——这方面通过每周的碰头会就能做到。事实上，这些答案提供的是关于每个团队成员绩效的准确衡量，它们来自离绩效最近的人，即团队领导者。因为知道这些判断都是保密的，团队领导者就更有可能给出未经过滤的观点，而不是那些没有帮助的甜言蜜语。然后，我们就能集合这些观点，并用于继任计划和变动薪酬。

敬业度脉冲

每个组织都希望拥有衡量领导者效率的方法，但是很多组织都不能可靠地做到这点。最常用的做法就是 360 度反馈调研，不过我们已经知晓，这么做总是产生不良数据。解决方法其实很简单，而且随着时间的推移，它将取代 360 度反馈和员工敬业度工具——这就是敬业度脉冲。

每个季度，团队成员至少要完成一次敬业度脉冲测量。团队领导会看到与他自己相关的数据，并会与团队成员分享结果，同时就如何解决敬业度脉冲测量中的各个问题，团队领导也会收到因应他自己的优势而给出的建议。

针对领导者效率和团队凝聚力的关键驱动因素的研究已长达数十年，敬业度脉冲基于这些研究成果，对其中的问题经过了仔细挑选和措辞。没有一个问题会要求团队成员评估领导者，每个问题都是要他们评估自身的感受和经历。然后，这些团队成员自我评估的结果会被整合起来，从局内人的角度针对领导者一手创建的团队环境给出一个可靠的衡量结果。注意，团队成员评估的是自身的感受，而非领导者，而这些成员的感受到底表明了什么，则是由领导者自己来判断的。

这些问题被分成四组，每组两题。第一组问题讲的是团队成员需要明白团队的目标以及自己对这个目标的独特贡献。

- 我对公司的使命真的充满热忱吗？
- 在工作中，我清楚明白别人对我的期望吗？

第二组问题谈论的是团队成员需要明白自己是如何定义个人和团队的卓越的。

- 在我的团队中，周围的人都和我有一样的价值观吗？
- 在每天的工作中，我都有机会使用到自己的优势吗？

第三组问题衡量的是团队成员是否确认自己会被珍视，一路走来会得到支持。

- 我的团队伙伴会在背后支持我吗？
- 我会因为出色的工作而受到认可吗？

第四组问题聚焦的是领导者为美好未来描绘出生动画面的责任。

- 对于公司的未来，我有很大的信心吗？
- 在工作中，我时常被挑战从而获得成长吗？

在团队层面，这些问题向领导者展示了团队目前的敬业程度，以及他可以采取何种行动来建立更强的团队。在更大的组织层面，每个团队的得分被集合起来之后，企业就可以获得内部所有团队的敬业度水平从最高到最低的实时状况。

不过，这里的一个关键在于，团队领导者的直接上司不会看到这些数据。当领导者意识到上司会越过自己拿到关于自己的数据时，这些数据就不再是属于自己的了，那时，他就会开始找寻提升分数的方法。对于组织来说，为了拿到好成绩而提升成绩的做法是不会带来利益的，因为就算组织因此而得到一个比较高的总分，在现实世界中也不能代表什么。组织所感兴趣的是，领导者能够利用这一工具在自己的团队内部建立真实的高水平的敬业文化。而要实现这一点，领导者就必须将敬业度脉冲视为帮助自己成长为优秀领导者的工具。也就是说，尽管组织会聚集团队领导者的脉冲数据，但是数据的真正主人还是领导者自己。

奖励绩效

许多组织都想用具有挑战的工作机会和/或奖金来奖励团队的绩效。绩效管理系统必须顺应这种愿望。

具有挑战的工作机会。优势展示页、每周碰头会以及团队领导评估提问都能捕获到关于每个团队成员的可靠数据。在进行正式的季度人才盘点，或临时的人力规划会议时，组织将能够寻找并呈现出具有指定的优势、技能和绩效评价结果的特定个人。

这些人才盘点的目的并不是为某个团队成员的评分辩护，因为他们没有被评分。相反地，这些会议的唯一目的是，依靠团队成员和领导者提供的信息，让组织确定要采取何种行动来延伸和挑战它最有价值的团队成员。

奖金。任何奖金方案都是依靠尽可能直接的信息来决定每个团队成员的奖金额的。很显然，最直接的就是按件计酬——根据团队成员生产的产品个数进行奖金支付。第二直接的信息就是销售额——衡量销售人员绩效及奖金额度的最好做法就是依据销售人影响顾客行为的能力，即每位顾客带来的营收而定。

但对于很多职位而言，按件或销售额计酬既不可能，也不可取。对于这些职位的可变薪酬水平的确定，到目前为止所依赖的最直接信息来自在职人员的直接上司。所以，在询问过管理者上文中的四个保密问题之后（一年至少四次），到了年底，组织就能集合这些意见，并将它们作为确定可变薪酬水平的过滤器。之前提到的第一个问题——"当我需要非凡的结果时，我会想到这个人吗？"可以作为第一层过滤。如果这层过滤之后还不能得到组织所要求的分布，我们可以问下一个问题，即："我会尽可能多地选择与这个人共事吗？"如果这个问题之后还不能带来想要的分布，那么组织就需要依赖更高的行政层级出面，进行必要的主观判断来平缓分布曲线。

总结

以上就是绩效管理的全新设计。它的基础是一种愿望，即让每个人都能获得并在团队和组织中展现出自己最好的一面。它的构架包括了三个有各自要求的系统：提升、评估和奖励。它的焦点远离了对过去的评价，转向了对真实的近期工作的教练辅导。

它的目标是绩效。

作者简介

马库斯·白金汉（**Marcus Buckingham**）关于如何将优势转换成绩效的开创性观点改变了商业世界。从《首先，打破一切常规》（*First，Break All the Rules*）开始，他的书已经卖出了 400 多万册。他所在的领导力发展公司——马库斯·白金汉公司（TMBC）——与全世界的企业共同合作，目的是达成一个简单而又影响深远的使命，即大规模地输出全世界少数最优秀领导者所共享的优秀实践。TMBC 基于优势的绩效平台 StandOut，通过向团队领导者提供一个能在工作中使用的轻便工具来提升、评估和奖励员工的绩效，彻底改变了绩效管理。

第13章

人才管理分析与报告系统

马修·G. 瓦伦西亚

想象一下，假如你拥有一大笔股票投资组合——一个有魔力的财富源泉，不过，就像很多魔法工具一样，要想用它，你就得接受一些古怪的条件。这笔被施了魔法的财富组合，不让你看到手中那些股票各自的价格。当你加投时，你所能看到的一切只是股票组合的总价。

这样多让人不爽啊！本来你是可以做出合理的投资决策的，但你却会一直琢磨自己是否做出了最佳选择。朋友们可能会询问你是否拥有 X 公司的股票，当前表现如何，但你只能说"可能有吧""但愿表现不错吧"。其实，这就跟你在人才管理方面付出了各种努力却无法衡量它们产生的影响是一样的。既然不可能有人能在这样荒唐的情况下获得收益，那么就让我们来考虑一下人才管理分析与报告系统应该是什么样，看它们如何能帮助我们做出更好的决策。

人才管理分析学常会受到专业范畴界定的困扰。有时，你可能感觉它涉及的专业范畴如此之大，大得让你束手无策——仿佛你必须招聘一个全新的分析团队，引进全新的技术，或者创造全新的流程才能解决问题。在其他时候，你可能又会觉得人才分析学这一专业范畴太过狭窄——你做了大量的工作来分析某个与人才相关的措施，但是分析技术看起来太过专业以至于旁人无法理解，而那些重要的利益相关者看着你的分析报告，心里却在想着：一个（靠数据分析）整理出的成功故事并不足以证明这一系列更广泛的人才管理项目与投资的合理性。

人才管理分析工作不是非得如此复杂，所有团队成员都可以而且应当在各自的角色上对此项工作给予支持。例如，项目所有人要设定目标，而设计者负责创建项目来实现这些目标，同时要确保目标的实现程度可以被衡量。促进者与管理者需要了解他们所做的工作是如何为项目目标的达成提供支持从而帮助设计成为现实的。

对于你在人才管理分析方面所付出的努力而言，你需要在"大至足以产生影响力"与"简至足以保证结论可行"之间找到平衡。好消息是，只要你的组织能够接受广义的创新型分析的观念，这种平衡就可以实现。本章会提供一些思路激发这方面的思考。不过，首先，让我们深度挖掘一下人才管理分析到底是什么。

什么是人才管理分析

说起"分析"这个词，很难不联想到数据，是啊，谁不喜欢数据呢。但是数据千变万化，可以有许多是任何事物。还记得数学课或物理课吗？你可能已经有不少数据能够显示你在不同时刻的所在之处——那就是你的位置。在人才管理这一主题的背景下，你的位置可能就是招聘目标的达成情况或学习项目的通过情况。这种信息当然是有用的，并且通常是现成的。

进一步来说，你还可以通过测量位置变化曲线的倾斜度来评估速度——如测量人们用多快的速度通过人才管理通道。现在，通过测量，你不断地改善着你对那些正在发生之事的看法，你还可以更进一步：如果你上过微积分课，你可能记得速度曲线的斜率就是加速度，这在人才管理领域里也有一定的意义，它会告知你，你的工作是在加速向前还是停滞不前。

这样思考数据会为你的思维打开一扇门：数字（和分析）在不同的背景下，呈现出丰富多彩的内涵。分析并不是枯燥的计算，也不是乏味的报告——其实，它提供了一个五彩斑斓的调色板，为你的影响力添色。你的创造力可以也应当助推你的分析工作进程。

回到我们前面提到的充满魔力的股票投资组合，想想看，真正的投资者会想尽各种复杂办法，努力利用信息来获取微小的优势以助于赚取更多的钱。现在再来看看你的人才管理项目议程：你想要推动什么？你想要构建什么？你想要达到什么位置？你想要多快到达？如果你不知道自己的位置、速率、加速度，你会做些什么呢？

如果你在人才管理领域投入很大，那当然就要为之负责，否则你就是在烧钱。所有组织都应有一些基础信息来证明资源的使用是正当合理的。若你没有这些信息，那就想办法得到它们。浪费与重复都会随时间流逝而自然膨胀，有一天你可能震惊地发现，原来你付出了如此之多。

除了基本的监控作用，人才管理分析还能为你带来一些你会感兴趣的主意。对于人才管理分析，你真正应该期望得到的好处是：它能帮你照亮在哪里增加投资的路径，凸显新的商业机遇。有一种悲观而狭隘的观点认为，分析和评估应该做，因为只有这样才能知道你有哪些资源，进而保护你的资源不被其他人拿走。而更有建设性的观点是，分析和评估可以帮助你在有效的工作上增加投资，或者将有效的工作方式或成果延展至组织内的其他新领域。

评估你最中意的人才管理项目

建造人才管理大厦的基石就是人才管理计划、项目或方案。你可能正致力于将某些人晋升到特定的角色，或改变员工队伍的人员构成。例如，假设你正在设计一个学习干预[①]项目，一旦项目设计完成，开发并实施后，你会想要知道它的运行效果。

理想情况下，你会希望采用衡量效果和质量的多重指标，这样可以在结果上给你额外的信心，从而增强你的故事的说服力。想想你最近去过的机场吧，它们可能有高级的多普勒天气雷达，但你可能也注意到了，飞机跑道旁被风吹起的老式风向袋。即便雷达失灵，飞行员仍然能够合理判断出风向。

---

① 学习干预（Learning Intervention）是指改善学习者在学习过程中的不良学习行为，使之学习更加有效。一般是利用预测模型，收集学习过程中产生的数据，分析、预测学习者未来表现并发现潜在问题，再实施干预。——译者注

机场测量风向，采用的方法是一组不同复杂层级的测量方法（我们这里称为"测量栈"，即 Measurement Stack）的应用，而非仅靠一个有神奇魔力的高级测量工具来完成。按照这一思路来考虑如何评估你正在设计的学习项目，你会得到类似的好处。衡量人才管理措施有效性的方法要能够体现人才管理措施与个人绩效乃至组织绩效之间的关联，而要想找到能够均衡反映这多个关联的有效性的测量方法，显然不能依靠单一层面的分析，而需要多个层面同时展开分析。任何数据点都有利弊，但如果所有数据点所指向的趋势都是正向的，那么它们就可以支撑你为实现目标而进行的商业决策的合理性。

在 IBM，这种测量栈的构成包括：

- 匹配业务。这是公司开展学习项目在业务层面的原因，包括设计这个项目之初就计划要解决的绩效问题、实现的绩效目标。既然要为其投资，就必须有个好理由。

- 部署目标人群。为了让学习课程达到所期望的影响力，它就必须部署到目标群体。但是，在大型的国际化企业中，部署目标并不总是能轻易完成的，这也是为什么这一步需要被监控的原因。

- 促进者反馈。如果你的学习项目是由促进者引领的，那么这个促进者就理所当然地是实施效果反馈的重要来源。促进者是组织的一线"特工"，不要忽略了他们。

- 参与者满意度。大量研究表明，学员满意度与业务影响之间相关性甚微。收集这类信息的价值在于，它相当于一个早期的警报系统。即使你的学习项目充满挑战，在学习项目结束时，学员们也应该能感受到（并能清楚地表述出）他们已有所收获。如若他们并未如此，一定有什么地方出了差错，你需意识到这个问题。满意，并不等同于有效果，但抱怨确实意味着有问题。

- 项目中绩效。对这方面的评估主要体现在员工在考试、模拟训练、实践练习等环节的成绩上。你可能会想到诸如成绩等级这样的结果，但是也别忽视，学员执行某些任务的信心在学习前后也会发生变化，这一点通过学习前与学习后调查结果的对比就可以看出。这与阿尔伯特·班杜拉在自我效能方面的研究成果是一致的。其实，要找到有意义的衡量项目效果的手段，最直接的一种方式就是设计专项的学习项目或人才方案，通过这个项目或方案来生成具体的衡量措施（绩效指标）。只不过，这样的想法常常由于时间原因或部署的压力而被忽视。

以生成某类绩效指标为目的的学习项目通常运行更复杂，因而也更昂贵。当然，没人喜欢成本高的学习项目，但是物有所值。如果你今后需要数据，那么就投入一些时间来设计帮你生成这一数据的学习项目。

- 业务影响。业务影响指标衡量的是行为改变，这些改变就会带来更好的工作有效性或更高的工作效率。不想投入太多精力的话，你可以依靠问卷调研和焦点小组完成这一项的衡量。精力多一些的话，你可以将学习项目与一些衡量指标相关联，如员工保有率、客户满意度等的提升，或者销售指标的达成。

如果你熟悉柯氏学习四级评估（反应、学习、行为、结果），那么你会发现这里有些重叠。柯氏评估包含了从参与者满意度到业务影响的后三项测量。IBM的测量栈里增加的是从匹配业务到促进者反馈的前三项基础性测量。这些新增项对于学习项目的成功是必不可少的，因此，学习项目的项目经理需要对它们给予足够的重视。

整套测量栈与利益相关者所关注的重点也有一点儿不同，这些利益相关者由一群为学习项目付出努力及投入金钱的人组成。他们更倾向于关注这套测量栈的上下两端：关于项目匹配（促进）业务的故事以及对业务的影响。他们可能也会对测量栈的中间几层的数据感兴趣，把它们当作质量或进展的指示器，但这些数据再好，也不一定能让利益相关者满意——除非利益相关者对项目匹配业务的故事产生共鸣，也认为项目对业务产生影响的数据比较可信。不过，勤奋的项目经理不会忽略中间几层，正是这几层奠定了项目对业务影响的最终结果。除此之外，这些中间层还提供了一扇窗，告诉你那些需要进行形成性评价[①]的事情进展如何——

---

① 形成性评价（Formative Evaluations），又称过程评价，是相对于传统的终结性评价（Summative Evaluation）而言的，是指在活动运行的过程中，为使活动效果更好而修正其本身轨道所进行的评价。——译者注

这些形成性评价是项目进行过程中不间断地检查与改进，以保证项目能随时间顺利推进。

画出一个逻辑框架只是这场战役的一部分。接下来，更加具有挑战性的部分是付诸实践。为什么思虑周全的评估在组织与机构中没有得到更普遍的应用？其中一个挑战是，对业务的影响几乎难以评估，特别是当学习项目变得越来越短时。想象一个为期两天的学习项目，这个项目因为某种奇迹式的管理而将员工个人绩效提升了两个百分点。鉴于项目时间如此短暂，这个结果简直令人惊奇。这个项目也非常值得作为一种横跨员工职业生涯的年金式的投入加以估算。然而，由于统计噪声以及变化无常的业务条件，2%的增长几乎是不可能被检测到的。绩效表现要有相当大的差异才能被评估检测到，那通常需要相对全面的干预，而非朝夕之力。

另一个挑战是决定用什么指标来做评估。你可以评估人才保有率，这是很受欢迎的一个指标，因为人才更换带来的招聘成本往往是员工流失率高的企业的沉重负担。你可以计算出职位（如销售人员）空缺时，招聘新员工所带来的影响。如果一项措施直接关系到收益的产生，那么你就可以识别出数据点，如销售指标达成率或交易的盈利能力。也就是说，一个组织特有的商业模式将决定采用什么指标进行评估为宜。例如，大学高校如果关注收到的申请数量的话，就可能会在人才相关的措施上——更好地利用校友网络针对潜在申请者进行市场营销——瞄准申请人数的提升率。

当你从成果衡量的方法中看到好处——能评估出对业绩的影响大小，你就要尽一切努力来完成这一评估。要充分利用这些机会，因为有时候评估结果并不会这么显而易见，但如果你有那么几个突出的成功案例，容忍一些无法解读的谜团，还是可以接受的。

与领导力相关的学习项目就是一个好例子，可以让我们看到在选择成果衡量方法时所面对的挑战。大多数组织都同意，领导者培训是有建设性意义的，因此当有人提出要停止这些项目时，他们也会犹豫不决。然而，想要量化这些领导力学习项目带来的改变，却十分困难。假如，你正在培训新经理人适应他们的新工作，你可以观察他们团队的保有率的变化，但这个培训对保有率的影响恐怕微小到难以察觉。同时，这个培训对不同人的影响差别很大，通常需要很久才能转化为这些参加培训的新经理所领导的团队的业务结果。你可能无法简单地分辨出这个培训对业务的真正影响是什么，因此你需要依赖测量栈的其他部件来体现出你的培训工作做得足够好。最终，当你找到其他的、你能够直接评估其对业绩影响力的学习手段时，你就更容易对停止项目这一要求做出让步。

当然，要是到了这种局面，你是绝不会满足于妥协的。假如有足够的时间和资源，你总能找到一个办法来衡量影响。许多专业人士都已分享了针对评估困境的高明的解决方案，你可以根据自己的工作采纳一二。然而，"假如有足够的时间和资源"这句话也需要仔细考量。你可能认为对学习的评估就像一场实验，你是一位人才管理科学家，通过收集严谨的数据来证明或反驳一个假设，但是，在具体商业背景下，情况有所不同。

你还需要解决下一美元最优化的问题。笼统地讲，一个组织会把下一美元投资在衡量过去的工作（已经发生无法改变的）或驱动新的工作（很可能支撑组织重要目标实现）方面。在这一问题的范畴里，不管是哪个极端的选择都很无趣。衡量一切将是非常低效和冗长的，同样，毫无衡量——意味着毫无指引——也将是十分不负责任的。从人才管理角度来说，保持敏捷性的秘诀在于，握有恰好足够的可用信息，足以支撑你比竞争对手更快做出合理的业务决策。

在现实中，人们鲜少花时间计算拥有一辆新车的总成本，或者一个大学文凭真正的投资回报。计算这些只会花费太多本可以用于履行其他责任的时间。但人们在为自己或家人做出重要决策时反而会权衡各种因素。同样地，组织通常同时开展多个项目。随着时间的推移，能够在大多数情况下迅速做出合理决策的组织将会智取那些缓慢做出较好决策的竞争对手。在做事情上投入 75%、在评估上投入 25%的组织，要比那些在做事情上投入 25%、而在评估上投入 75%的竞争对手收获更多。有效评估是比做正确的事更进一步的举措，但它并非最终的目的地。

评估你的人才管理项目组合

撇开评估单项工作的价值不谈，如果你是一位负责人才管理项目组合的执行高管将会怎样呢？你将需要一个工具，它能从多个项目中收集数据，并通过这些数据讲述一个故事。这就是仪表盘开始起作用的时候。对于各种软件包，你可以导入多种数据流，再生动地用图像把它们表现起来。IBM 学习系统采用自动化仪表盘来展示各业务单元和各区域的学习情况，数据来源于学习管理系统、HR 数据库和财务系统。这使得负责学习管理的执行高管可以向业务领导展示他们各自的业务部门正在学习的内容。同时，这也成就了这样一个发现：学习项目的类别与人才保有率、与员工取消学习项目所产生的成本、与业务新兴领域的趋势分析之间存在着简单相关性[①]。

不过，仪表盘不需要过于复杂。任何东西都可以是一个仪表盘——一个电子表格、一张海报、一份在线文档。仪表盘只是用某些重复方式来组织与分享你所关注的数据。你可以用软件来做，可以让实习生来做，也可以让研究生来做。你所需要的只是一点思考和一些跟进。

更定性的仪表盘也有很大的使用空间。例如，IBM 学习系统的设计团队创造并不断优化各种学习干预工具和知识资产。这些投资的价值应该得到传播和共享，但在一定程度上，每种措施都是有独特性的，因此电子表格式的总结就是不合适的。取而代之的是，设计团队采用平衡计分卡的方法，每季度汇报创新、业务影响和价值、成本节约与效率、利益相关者反馈等方面的定性信息。想了解设计平衡计分卡的技术？简单，查维基百科。

讲述故事并预测未来

定性的仪表盘并不逊于拥有众多图表和数据的自动化仪表盘。有些时候，你需要把原始数据改编成一个定性的故事。你不能只是把那些原始数据扔给利益相关者，让他们自己解读。人才管理专业人士希望——并且需要——找寻数据背后的含义。

[①] 简单相关（Simple Correlations）分析是指利用样本相关系数推断总体中两个变量是否相关。
——译者注

谈话不应以一切皆好结束，而应接着涵盖下一步要发生的事情。你需要运用数据去发掘：正在进行的工作应进一步扩展到哪些领域，或者，要转移到一个新的业务板块？如果你评估了你的人才管理项目，并精心构建了自动化仪表盘，那么你就有可能具备一种识别能力：在分析结果中识别出那些可以预测某种产出的内容。

例如，一项关于 IBM 销售人员培训项目的研究显示，来自某些特定业务单元并拥有一定经验水平的销售员业绩最佳。从逻辑上讲，这些特定的销售员是项目进一步推进的首选受众。如若你已拥有一个明确量化的结果和大量的统计群体，你就可以进行更多的统计分析来找出其中的业绩预测因子。

预测模型背后的统计是有严格规定的。如果你正考虑扩展团队的评估能力，那么预测分析能力应该得到优先提高，因为它可以为决策提供更好的基于数据的分析基础。你的价值不仅只是汇报活动进展，你还可以成为利益相关者进行决策时的合作伙伴。

对标

评估人才管理的单个项目或项目组合，需要聚焦专注，但也要小心别限制了视野。因为，虽然评估可以澄清你已取得的成就，但它通常不会产生如何在增强现在效果之外大幅度增加项目影响的想法。评估方法就像可以测量出你所站立房间的高度的卷尺，却不是能建议你如何再往上盖房间的建筑师。出于这个原因，对标——对比你所做的工作与其他组织所做的工作——应当被作为整体的人才管理分析方法的一部分。专业协会、有竞争力的奖项、专业研讨会和出版物都是对标数据——与你相关的那些组织的最佳实践数据——的来源。这些并非数字意义上的数据，而是信息意义上的，它推动你不要仅仅专注于你当前的工作，而要扩大你对潜在的人才管理方法的了解。

并非所有的主意都要是大创意。若干很棒的小主意的集合，可能比一个令人信服却过于复杂的远大愿景更加灵活，更容易反复利用。例如，为展现业务分析成果而设计的软件平台很容易生成人才管理仪表盘。像医疗界中的比值比[①]这种技术——"相比不服用 ABC 药物的患者，服用 ABC 药物的患者有三倍的可能感觉更好"——可以用来形容人才管理举措带来的影响，当影响力相对小的时候尤其重要。人才管理分析领域充满了机会，用新途径来结合使用其他学科的创新技术的机会。

简单快速的做法

有效的人才管理并不需要成为一个花费时间辛苦造就的僵化工厂，而要遵循在科技创业公司中应用尤其普遍的敏捷方法：通过借鉴、原型开发和实验，进行快速迭代，从而接近想要的目标。并无任何人要求每一个好主意都是你自己的。正如巴勃罗·毕加索[②]所言，"当有东西可借鉴时，我必要借鉴"。在你日常工作范围之外拥有的关联越多，你在推动人才管理工作更快前进的过程中，就可以尝试更多的好主意。

人才管理分析只是人才管理这枚硬币的一面（另一面是实实在在的管理——所有行动都是为了提升你企业的生产率）。分析过程与最终报告能够让你了解学习项目进展如何，包括它的速度、质量、影响和未来的潜力。若没有这些洞见，你连是否有所影响都不知道，也不会知道怎样才能影响更大。

人才管理分析与报告系统的广度既是挑战，也是机遇。虽复杂，但在你被问到投资是否值得、结果又如何这类问题的时候，统计分析能使你的回答更加令人信服。围绕人才管理项目组合构建一个故事并非易事，但这个故事能够向组织中的其他人描绘你整个人才管理团队的价值。紧跟最新出炉的专业文章与活动确实会让本已忙碌的生活更加忙碌，但是它们是新鲜见解的来源所在。

不管怎样，你的团队已经组建好，这些竞争性的需求还需要相互平衡并优化。

---

① 比值比（Odds Rations，OR），又名机会比、优势比、交叉乘积比、相对比值或两个比值的比，常用于医学和社会科学研究领域。——译者注

② 巴勃罗·毕加索（Pablo Picasso），当代西方最有创造性和影响最深远的艺术家。——译者注

要做到这一点，就以下问题检视一下你的团队：

- 你知道当前正在进行的项目质量如何吗？
- 你了解当前正在进行的项目在产生影响吗？
- 你有信息可与利益相关者分享并且这些信息是他们容易理解的吗？
- 你根据历史数据采取行动吗？
- 你根据预测模型采取行动吗？

人才管理分析与报告系统，可以帮助你了解什么正在奏效，这样你就能够推而广之。无论你是用盛大的阔气方式，还是用务实的土产办法来进行人才管理分析与报告制作，都没有关系，只要它有用就行。

如果你刚踏上人才管理分析之路，那就勇敢地在此处开始吧。若你已在这条路上走了一段，就为你的分析与报告系统寻求更多的合作领域与伙伴吧。如同雪球在雪地中越滚越大，当你获取更多信息来加工时，人才管理分析与报告系统也会更加丰富、更加好。你与利益相关者需要了解人才管理投资的价值与影响。探寻如何行动，并分享出来吧！

作者简介

马修·G. 瓦伦西亚（Matthew G. Valencius）在 IBM 先进学习中心领导教学设计与开发团队。他和团队为各种角色、分布全世界的 IBM 员工设计教学项目。他们秉承着这样的基本信仰：学习系统的设计可以帮助任何地方的人们提升绩效，获得更大成功，并能建造一个更加美好的世界。在 IBM 学习中心，他担任许多角色，专注于打造创新与屡获殊荣的培训产品与技术。

第14章

让"人才管理分析与报告"成为一门决策科学

约翰·W. 布德罗　　爱德华·E. 劳勒三世

　　人才管理分析与报告的工作必须从以成本效率和流程效能为焦点，转移到以一种均衡组合为焦点上来。前者是大家熟悉且深知其重要性的测量要点，后者则是进一步延伸到优化人才与商业决策水平的战略性的测量方法。人才管理分析工作只有不断进步，才有可能帮助高管和投资人基于组织效能及其商业战略的完整信息做出人才和商业决策。

　　人力资本是组织的核心资产之一，正因如此，它需要一种有效测量它自身状况的方法，这种方法可以提供可靠的数据说明人力资本能做什么、人力资本的状况，以及人力资本与组织的管理方式和战略相匹配的程度。另外，组织期望 HR 能够基于员工的大量实时数据提供预测性分析，而非描述性分析。当前这种期望越来越高，它强调了人才测量方法必须进步的重要性，即要从"描述人才和 HR 的效率和效能"进化到"评估人才对当前及未来组织效能的影响力"。

　　本章介绍了我们在 2013 年开展的一项由来自 416 家全球企业的 HR 高管参与的调研，也对比了此前 20 年中的调研结果（Lawler，Boudreau，2015）。如果要使 HR 专业朝着决策科学的方向构建，就应该看到人才管理的测量和分析的更多应用和效能，而且这些更多的应用和效能应该与更具战略性的 HR 角色相关。
调研结果表明，在这方面还有很大的提升空间：

- 几十年来人才管理分析一直固守传统，而且其应用和效能与 HR 的战略角色正相关。
- 决策支持是发生频率最低的人才管理分析活动；绝大多数的人才管理分析活动是描述 HR 效率或项目效能的。
- 自 2007 年起，人才管理分析的效果已经得到适度提升。
- 这些发现在全球范围内具有一致性，尤其是在西方国家。相比其他地区的 HR 领导者，印度的 HR 领导者对于人才管理分析应用与效能的态度更加正向积极。
- 一直以来，采取官僚制或低成本运营管理方式的组织在人才管理分析应用与效能方面的利用更多，而采取高度介入管理方式的组织在人才管理分析应用与效能方面则处于更高的水平。

调研方法

为了确定组织如何应用人才管理分析，我们于 2007 年、2010 年、2013 年分别实施了一项关于企业人才管理的全球性研究，从员工规模在 1 000 人以上的企业的 HR 高管那里收集数据（Lawler, Boudreau, 2015）。每家企业有一位 HR 高管参与调研，一般是首席人力资源官或其直接下属。在 2013 年，我们收集了来自澳大利亚、加拿大、中国、欧洲①、印度和美国的 416 家企业的数据。美国样本中的公司有 14 000 名员工，而国际样本中的公司有 4 200 名员工；美国样本中的公司年度收入中位数为 50 亿美元，而国际样本中的公司年度收入中位数为 20 亿美元。

---

① 后文在具体阐述时，将 "欧洲" 分为 "欧盟" 和 "英国" 分别介绍。

人才管理测量与分析的应用

在这一节，我们要讨论每一类测量人才管理分析效果的测量方法的应用频率，以及它们的应用是否具有地区差异性。我们也会讨论它们的应用是否与 HR 的战略性角色的实力相关，以及组织的管理方式是否与人才管理测量与分析方法的应用模式相关。

作为 2013 年调研的一部分，我们请国际化公司的 HR 领导者对人才管理测量在以下三个关键领域中的应用情况进行评分：效率、效能和影响力（Boudreau，Ramstad，2007；Cascio，Bordreau，2011）。效率指的是 HR 项目使用的资源量，如平均招聘成本。效能指的是 HR 活动的产出，如培训产生的学习效果。影响力指的是 HR 活动创造的业务或战略价值，如更高的销售业绩。为了充分理解 HR 的投资与实践如何影响组织绩效，这三方面都需要经常被测量。

我们用九大指标测量人才的使用情况。效率类指标包括 HR 运营的财务效率、HR 项目与流程的成本、与外部组织的对标；效能类指标包括 HR 仪表盘或计分卡、特定 HR 项目的效果（培训产生的学习效果、奖励的激励作用、测验的有效性等）、HR 项目的成本收益分析；影响力类指标包括 HR 项目与流程的业务影响力、非 HR 领导者的人才决策质量、工作业绩差异对业务的影响。

表 14-1 是 2013 年各调研地区 HR 指标的平均结果。在所有区域中，应用最多的是效率类指标，其次是效能类，最少的是影响力类。然而，效率类指标的平均结果表明，尽管效率类指标正在计划中或正在创建中，但现在还是无法使用。照此来看，似乎所有指标的应用都还处于早期阶段。

为了使研究更加深入，我们计算了美国企业中声称针对影响力类指标"已采取测量手段"的企业占比。仅约 10%的美国企业已经在测量"工作业绩差异对业务的影响"和"非 HR 领导者人才决策质量"。约 22%的美国企业已经在测量"HR 项目与流程的业务影响力"——这个比例数字是很令人鼓舞的，但是它可能被高估了。我们的经验表明，HR 高管在被问及"是否测量业务影响力"时，经常把它理解为项目的效能（特定项目对员工队伍所发生变化的效果，这些变化包括技能、能力和态度等）或效率（项目节约成本的效果），而不是这些项目对业务产出（如财务绩效或可持续效能）的效果。

表 14-1　HR 分析与测量指标应用的平均得分

指　　标	地　　区						
	美国	加拿大	澳大利亚	欧盟	英国	印度	中国
效率类							
你评估 HR 运营的财务效率吗（如平均招聘成本、招聘周期和培训成本）？	3.1	2.8	3.0	2.7	3.1	3.1	2.3
你收集关于既定 HR 项目与流程的成本指标吗？	2.9	2.5	2.6	2.6	2.6	3.1	2.4
你应用组织外部的数据进行对标分析吗？	3.0	2.9	3.1	2.7	2.8	3.0	2.2
效能类							
你应用 HR 仪表盘或计分卡吗？	3.1	3.0	3.2	2.9	3.3	3.1	1.8
你评估特定 HR 项目的效果吗（培训产生的学习效果、奖励的激励作用、测验的有效性等）？	2.3	2.0	2.5	2.2	2.4	2.7	2.4
你是否有能力实施 HR 项目的成本收益分析（也称效用分析）？	2.3	1.9	2.2	2.0	2.5	2.7	2.2
影响力类							
你评估 HR 项目和流程对业务的影响吗？	2.5	2.0	2.8	2.3	2.5	2.8	2.4
你评估非 HR 领导者的人才决策质量吗？	1.9	1.5	2.0	2.0	1.7	2.4	1.9
你评估工作业绩差异对业务的影响吗？	1.9	1.8	1.8	1.8	1.6	2.6	2.0

注，评价方式：1=当前还没准备；2=正在计划中；3=正在创建中；4=是的，已这样做了。

　　各地区的模式也很有趣。虽然所有地区都表现出通用模式，即效率类指标比效能类和影响力类指标更为常用，但这种模式在澳大利亚、欧盟和英国并不明显。

在美国，这种模式表现为效率类指标的应用频率明显较高；而在加拿大、澳大利亚、欧盟和英国，它表现为影响力类指标的应用频率明显较低。相比欧洲和加拿大，HR 项目与流程的业务影响力指标在美国和澳大利亚应用得更多。印度的 HR 领导者认为他们比其他地区更多地应用了所有指标，尤其在"工作业绩差异对业务的影响"这个指标方面。

中国的三类 HR 指标的调研结果非常相似，而其他国家表现出一种模式，即应用得最多的是效率类指标，其次是效能类指标，最后是影响力类指标。这可能是由于其他国家的效率类指标出现得更早，在当前影响力类指标的测量技术和框架得到广泛应用之前就已开始应用了。

用表 14-1 中 2013 年的调研结果对比更早的调研结果，我们发现 2013 年的影响力类指标的应用频率发生了下降。2013 年每个影响力类指标的结果均比 2010 年要低，甚至有些比 2007 年的还要低。虽然人才管理分析与报告的方法已经得到了应用，但似乎进展很慢，甚至影响力类指标应用可能还在下降。

🖉 人才管理分析与报告的应用和 HR 的战略性角色

人才管理与测量分析工具的应用对于 HR 的战略性角色是否重要？为了确认这一点，我们计算了每个指标与评估 HR 的战略性角色的题目之间的相关性。这个题目要求 HR 领导者针对 HR 在实施公司战略过程中所扮演的角色进行评分（最高 4 分）：1（无任何角色）、2（有涉及）、3（提供输入并辅助实施）、4（全面合作伙伴）。例如，在美国企业的样本中，4%的 HR 领导者认为 HR 在实施战略过程中不扮演任何角色，22%认为 HR 在公司战略实施过程中有被涉及，54%认为 HR 提供了输入并辅助实施，21%认为 HR 是制定和实施战略过程中的全面合作伙伴。结果清晰地表明，在大多数的美国企业中，HR 并不是战略设计和实施过程中的全面合作伙伴，这个结果与其他地区的结果类似。

细究测量工具的应用与 HR 战略性角色的评估之间的关系，可以发现它们一直显著正相关。除了两个测量指标，其他测量指标均与 HR 在战略性角色中更高的参与度正相关。然而，并非三类指标对于 HR 的战略性角色都一样重要。在 2010 年和 2013 年的调研结果中，"非 HR 领导者的人才决策质量"和"工作业绩差异对业务的影响"与 HR 的战略性角色均没有显著的相关性。HR 的战略性角色与传统的指标相关性更强,如对标分析和计分卡应用。

效能类的三个指标与 HR 的战略性角色显著相关。但是在 2013 年的调研中,仅有不足一半的 HR 领导者表示他们的企业正在应用计分卡,仅 1/4 的表示正在应用项目效果评估与成本收益分析。而且,这些比例比 2010 年的结果更低——2010 年有多于一半的企业表示他们在应用计分卡,多于 1/4 的企业表示应用了其他两个指标。虽然相关并不意味着因果,但还存在着一个悖论,即:尽管这些指标与 HR 的战略性角色强相关,但它们的应用频率却在下降。

为什么效率类和效能类指标相比影响力类指标,在 HR 的战略性角色方面应用得更多?可以理解,效率类和效能类指标比影响力类指标更加突出、显赫,是因为数据浪潮的力量以及 HR 信息系统应用云设施来提供数据的能力都是非常强大的,而其中,对效率类和效能类指标的数据的提供能力强于影响力类指标。这样看来,组织在测量方法的应用方面有所倒退也是可以被谅解的——我们看到,组织保留的测量方法都反映了企业在强调成本节约、强调创造立竿见影的效果。特定 HR 项目的成本指标都很容易理解,因为它们是将特定的项目与有形的成果进行了关联,如绩效评级、离职水平、敬业度分数。由此,这些指标可以帮助 HR 成为聚焦业务且可信赖的业务战略决策的贡献者。

人才管理领导者可以通过对效率类和效能类指标的应用,开始介入战略。这些测量工具经常是开创更复杂决策科学的入口,如同分析技术当初在市场和财务学科中一样(Boudreau,Ramstad,2007)。更常见的测量元素(效率、成本和仪表盘)对商界领袖来说是具有可信度的。它们可以代表你在测量道路上的第一步,在这条测量之路上,HR 领导者能够通过应用和沟通不那么常见的人才分析(如人才决策质量)的价值,使自己更具战略影响力。

但是效率类和效能类指标与影响力类指标之间的差距也存在一个悖论,因为人们一致认为,上文提到的数据浪潮会在人力资本决策方面创造更复杂和差异化的需求。预测性分析的需求反映了企业对预测"人才影响力"和预测"HR 在战略性产出方面的投资的影响力"有兴趣,也就是说,企业不再仅仅只是对 HR 项目的成本和效能感兴趣了。影响力类指标为预测上述复杂情况提供了基础。至于对成本的痴迷，这确实会鼓励削减支出，但也可能牺牲重要的收益。

考虑到影响力类指标与 HR 战略性角色之间的相关性并不显著，也就不用奇怪自 2007 年来它们的应用在减少这一现象了。即便如此，这些指标对于发展 HR 的决策科学来说还是非常重要的。实际上，可能只是因为 HR 缺乏有效应用此类指标的能力，或者是 HR 的"选民"不接受此类指标，这才使得它们显得不如那些传统的指标有效。影响力类指标可能体现了一种模式，在这种模式下 HR 的领导者和他们的服务对象感觉不舒服。

例如，一家企业测量了"工作业绩差异对业务的影响"，然后发现，某些职位上的优秀业绩与卓越业绩对业务的影响的差异高于其他职位。但是，企业的领导者并不知道如何向员工解释，更不知道如何通过差异化的奖励或发展机会对员工采取相应的行动。相似地，如果 HR 系统追踪领导者所做的人才决策质量，就会发现哪些领导者在人才决策方面存在短板，而且这些短板是许多 HR 领导者和非 HR 领导者当前并不愿意指出的。

因此，当涉及测量和分析 HR 的影响力时，人才管理领导者必须解决的，不只是简单的测量应用和报告方面的挑战。他们更需要做好充足的准备，知道如何应用基于影响力的分析，以及如何应用基于效率和基于效能的分析。对于 HR 来说，开发影响力类指标，并且教育 HR 的服务对象理解和应用这些影响力类指标，是有价值的。

迄今为止，本节已指出，对"人才管理分析与测量"的应用，至少算是中等水平。那么，是否有特定的组织特征可以解释：为什么有些组织比其他组织在这些指标的应用方面走得更远？

✎ 管理方式与人才管理分析的应用

我们在研究中发现，人才管理分析的应用与组织的管理方式具有相当稳定的相关性。作为 2013 年调研的一部分，我们请 HR 领导者评估各种管理方式与他们所在组织的相关程度：1（不相关或很少相关）、2（有一些相关）、3（适中的相关）、4（很相关）、5（非常相关）。下面是各种管理方式，括号中是它们的平均得分。

- 官僚制：有层级结构，有严密的工作描述和自上而下的决策方式（2.8）。
- 低成本运营：低工资，福利最小化，且专注于降低成本和管控（2.2）。
- 高度介入：扁平结构，参与决策，对员工的发展和职业生涯有高承诺度（2.9）。
- 全球竞争：复杂而有趣的工作，希望招到最优秀的人才，对员工发展和职业生涯的承诺较低（2.9）。
- 可持续发展：敏捷设计，注重财务绩效和可持续性（3.2）。

分析管理方式与人才管理分析应用之间的关系后我们发现，官僚制、全球竞争、可持续发展三种管理方式与测量指标的应用模式不相关；高度介入管理方式与所有人才管理分析中的测量指标均显著正相关，尤其九大指标中的以下五个：HR 项目与流程的成本、HR 仪表盘、HR 项目的成本收益分析、非 HR 领导者的人才决策质量，以及工作业绩差异对业务的影响；低成本运营管理方式与"HR 项目与流程的成本"与"HR 仪表盘"应用之间有着显著的负相关。

研究表明，高度介入管理方式一般会积极采用先进的 HR 实践，运用更广泛的 HR 测量指标的组织确实如此（Lawler，Worley，2012）。特别是，强调高度介入的组织在针对人才决策、领导者的绩效影响进行测量和报告这一方面，表现得更加友好（Lawler，Boudreau，2015）。这可能是由于追求高度介入管理方式的组织员工通常有更高的敬业度，也就能很自然地引出关于这些测量指标的讨论。在这种情况下，高度介入管理方式创造了一种文化和管理心态，使得组织可以更好地面对这些指标带来的挑战。

既然已经考察了人才管理分析与指标应用的模式，就让我们继续考察人才管理分析与测量是否有效。

人才管理分析与测量的有效性

在本节中，我们将考察人才管理分析与测量的有效性，以及是否具有地区差异性。与上节一样，我们也要考察它们的有效性是否与 HR 的战略性角色相关，以及组织的管理方式是否与人才管理测量和分析的效能模式相关。

为了衡量人才管理指标与分析的有效性，我们把人才管理分析分成两类：支持 HR 对战略做出贡献的人才管理分析和支持 HR 职能与运营的人才管理分析。战略贡献类指标的作用是：提升经营战略与人力资本管理方面的决策质量，识别人才在提高战略影响力方面最具潜力之处，将人力资本实践与组织绩效相关联，以及支持组织变革方面的举措。HR 职能与运营类指标的作用是：评估并提升 HR 部门的运营水平，在 HR 项目实施之前预测项目效果，查出应该终止的 HR 项目，以及应用大数据。

表 14-2 显示了 HR 领导者对 HR 测量与分析的有效性的评估结果。除了印度和中国，其他地区的模式都是相似的。所有人才管理测量和报告的数据表明，有效性指标的得分徘徊在 3.0 左右（既不是有效的，也不是无效的），同时有很多得分低于 3.0 的。2007 年和 2010 年的结果与此相似，这表示有效性方面进展缓慢，但有些趋势看起来令人鼓舞。

表 14-2　HR 分析与指标有效性的平均得分

指　　标	地　　区						
	美国	加拿大	澳大利亚	欧盟	英国	印度	中国
战略贡献							
提升经营战略与人力资本管理方面的决策质量	3.1	3.1	3.4	3.1	3.0	3.3	3.2
识别人才在提高战略影响力方面最具潜力之处	3.0	2.8	3.0	2.9	2.6	3.4	3.1
将人力资本实践与组织绩效相关联	2.7	2.6	2.7	2.8	2.2	3.4	3.0
支持组织变革方面的举措	3.3	3.2	3.4	3.2	3.3	3.5	3.3
HR 职能与运营							
评估并提升 HR 部门的运营水平	3.3	3.0	3.4	3.3	3.3	3.5	3.4
在 HR 项目实施之前预测项目效果	2.6	2.6	2.5	2.6	2.5	3.2	3.1
查出应该终止的 HR 项目	2.7	2.8	2.6	2.5	2.9	3.1	2.8
应用大数据	2.4	2.4	2.2	2.5	2.2	a	3.0

注：评价方式：1=完全无效；2=无效；3=无法判断；4=有效；5=非常有效。

a：对印度企业没有询问这个问题。

对于美国样本中的企业来说，在 2010 年的调研中超过 40%的参与者没有给出"有效"或"非常有效"的评分，而在 2013 年的调研中，有三项指标的得分超过了这一水平（"提升经营战略与人力资本管理方面的决策质量""支持组织变革方面的举措""评估并提升 HR 部门的运营水平"）。得分最高的两项与战略贡献相关（"支持组织变革方面的举措""提升经营战略与人力资本管理方面的决策质量"），这两项在 2010 年的调研中也得分较高。2013 年的调研中得分排在第三位的指标也与战略贡献有关（"识别人才在提高战略影响力方面最具潜力之处"），相比 2010 年，它的有效性得分比例有显著提升，美国企业尤其如此。其他两个得分较高的指标是"评估并提升 HR 部门的运营水平"和"将人力资本实践与组织绩效相关联"。

虽然战略贡献类指标有令人鼓舞的提升，但这是在有效性得分总体居中的背景下。除了少数例外，调研结果与自 2004 年以来的调研结果相似。有效性得分持续地处于 5 点量表的中间值或略低于中间值的位置。因此，在为 HR 的战略贡献和职能与运营提供支持方面，"人才管理分析与测量"工作有效性的提升还有很大空间。

中国和印度是值得关注的例外——它们的平均得分一般都高于其他地区。中国和印度的 HR 高管对所有的有效性指标的评分一致偏高（全部都略高于中间值），而其他地区高管的评分则多样化一些。基于这些数据，并不能断定中国和印度的企业是否在人才管理分析方面更加有效，也不能断定他们较高的评分是否是一种新奇效应——这反映了人才管理分析系统刚开始在这些地区实施的近因效果。在那些人才管理分析系统已经应用较长时间的地区，HR 高管可能已经提高了关于有效性的标准。

与人才管理分析应用的建议相似，可能在中国和印度也一样，越是最近出现的 HR 功能，越有可能被立即应用在日益高效的测量系统中，而这些测量系统是能够嵌入现代技术平台和 HR 信息系统中的。也可能是因为中国和印度有较少的传统 HR 系统阻止测量系统的嵌入，从而产生了青蛙跳的效果。

✎ 人才管理分析的有效性与 HR 的战略性角色

与考察人才管理分析的应用一样，我们也考察了人才管理分析的有效性与 HR 的战略性角色之间的关系。所有的有效性评估均与 HR 的战略性角色之间显著正相关。值得注意的是，大数据似乎仍然是一个新兴的领域，但应用大数据的有效性却与 HR 战略性角色显著相关（虽然在某种程度上比其他有效性指标的相关度弱一些）。因此，看起来，如果 HR 能够有效地应用大数据，就能发挥更强的战略性角色的作用。

相比 2007 年的调研结果，2013 年的结果显示，人才管理测量的有效性与战略性角色之间的相关性更强，而且在统计上也更显著。这似乎是因为有效的人才管理分析与报告同 HR 的战略性角色的关联越来越多。人才管理领导者因此需要更多地强调测量与分析的有效性，而不只是简单地应用分析。他们需要仔细地考虑人才管理分析如何才能增加可视化的价值，从而获得 HR 服务对象的理解和支持。

✎ 管理方式与人才管理分析的有效性

在前面的章节中，我们看到组织的管理方式与人才管理分析应用是系统性相关的。那么，管理方式是否与人才管理分析的有效性也相关？答案是肯定的。

高度介入管理方式有较高得分，这表明它与人才管理分析有效性之间具有一致且较强的相关性。高度介入管理方式与人才管理分析有效性之间的强相关性体现在表 14-2 的所有指标中，这表明高度介入的组织能够使员工和雇佣关系成为竞争成功和绩效提升的核心驱动力。

在 2013 年的调研中，可持续发展管理方式与"识别人才在提高战略影响力方面最具潜力之处"有正相关关系，但这与 2010 年的调研结果相比有很大差异。在 2010 年的调研中，可持续发展管理方式与人才管理分析有效性的多个指标之间都具有更显著的相关性，因此 2013 年的调研结果看起来是说，这种管理方式与有效性指标的正相关性变弱了。

官僚制、低成本运营的管理方式均与大多数有效性指标有着负相关关系，而且其中某些负相关关系达到了统计学意义上的显著性水平。当组织强调官僚制或低成本运营的管理方式时，就不太可能考虑采用如下测量指标：对战略决策有贡献，能支持组织变革方面的举措，提升 HR 部门的运营水平，鼓励使用逻辑原则，以及激发行动。这种因果关系可能是双向的，但更有可能的是，追求官僚制或低成本运营的管理方式会直接导致企业更加不关注人才管理分析，因此 HR 的测量举措也就更加无效。

人才管理领导者需要把人才管理分析纳入变革管理流程，而不只是将其看作产生数据和结论的流程。人才管理分析有效性与 HR 的战略性角色之间具有强相关性。不过，人才管理领导者应该意识到，在强调官僚制或低成本运营的管理方式的组织单元中，变革管理流程可能面临更多挑战，从而更难取得效果。我们建议从那些管理方式更加支持或兼容人才管理分析理念的组织单元中开始做起。如果要在更看重官僚制或低成本运营的组织单元中实施人才管理分析的工作，人才管理领导者恐怕需要找到更有创造性的方法，使人才管理分析与 HR 的工作都更具战略性，并且能对这些工作的价值加以充分展现。

总结

以上调研结果说明，人才管理分析与测量进展缓慢，但也有一些积极的迹象表明它正在发展。HR 有很好的机会去实施更多具有积极影响力的测量措施。证据表明，人才管理分析的应用与有效性之间存在着系统性的模式，这些模式与组织的管理方式相关，也与 HR 的战略性角色相关。值得关注的是，强调高度介入管理方式跟影响力类指标的应用和有效性都有很强的关联，这意味着组织的管理方式可以为人才管理分析创造一种友好的环境。人才管理领导者需要考虑在高度介入的组织单元中实施实验性的举措，因为这里容易获得更多的支持。如果在官僚制或低成本运营的组织单元中实施人才管理分析，人才管理领导者应该更关注变革管理流程，因为在这些组织单元中可能存在更严峻的挑战。

人才管理分析学还在发展中，也还未被充分应用，因此需要投入更多的关注，以发掘改善和增值的潜力。当前提升 HR 战略性角色的最好方式是，创建并利用传统的效率类和效能类指标。比较明智的是从传统的领域和工作开始，然后再尝试更先进的影响力类指标，因为高管对人才管理指标的理解也在发展中。

总之，人才管理分析在提升 HR 战略性角色方面有巨大的潜力，然而人才管理分析的实施与可见效果仍极其有限。HR 领导者和非 HR 领导者会发现，追求人才管理分析在战略层面的和职能层面的有效性均有巨大价值。虽然我们的调研并没有明确大数据和预测性分析的角色，但是随着它们的发展，前面描述的趋势将被放得更大。人才管理领导者需要非常明确他们所要预测的焦点是什么，并区分预测与确定两者之间的差异——预测是指预测项目的成本效率和成本效果，确定是指判定项目对组织产出的终极影响应该达到多少。

同样地，考虑如何应用被更强大的数据和预测能力所推动的人才管理分析，以影响 HR 服务对象的决策，这是更重要的。HR 要成长为更具战略性的角色，当前的路径是应用传统的 HR 指标，这可能是因为 HR 的关键服务对象是用成本和效率来定义人才价值的，而不是用影响力类指标来定义的。那么，人才管理领导者就必须引导这方面的变革流程，不只是提升人才管理分析的简洁度、可预测性和可及性，还要实现决策和绩效水平的提升。

作者简介

约翰·W. 布德罗（John W. Boudreau）是南加州大学马歇尔商学院和高效组织中心的教授和研究主任。他是《武装 HR：应用成熟的商业工具做更好的人才决策》（*Retooling HR: Using Proven Business Tools to Make Better Decisions About Talent*）一书的作者，也是《变革的 HR》（*Transformative HR*）与《引领工作》（*Lead the Work*）的合著者之一。

爱德华·E. 劳勒三世（Edward E. Lawler III）是南加州大学的特聘教授和高效组织中心的主任。他是至少 360 篇文章和 50 本书的作者或共同作者。他最近的书作包括《管理复位：组织实现可持续有效性》（*Management Reset: Organizing for Sustainable Effectiveness*）、《敏捷因素》（*The Agility Factor*）和《企业管理：实现可持续有效性》（*Corporate Stewardship: Achieving Sustainable Effectiveness*）。

第15章

大数据时代和人才分析

凯文·奥克斯　　克里夫·史蒂文森

计算和存储能力获得了前所未有的发展，由此推动了大数据时代的来临。海量数据的出现催生了急迫的需求——实质上是机会——解读海量数据，获取洞察以做出更好的决策和提升绩效。这适用于组织的各个层级，不过人才管理职能可能前途最为光明，主要因为它或许是最为后端的企业职能。

企业生产力研究所①的研究报告《HR 分析：我们为什么还没有做到》(*HR Analytics: Why We're Not There Yet*)（i4cp，2013a）指出，所有组织均急需人才管理的分析能力和敏锐度。只有近四分之一的组织表明，他们的装备能够满足当前的人才管理分析需求。高绩效组织正通过培训现有人才和招聘新人的方式打造分析能力。他们这样做的目的只有一个——使绩效和生产率最大化。

那些分析能力强大的组织（能够组织、分析并沟通数据，以应用于包括人才管理在内的主要业务领域）在今后数年仍将是高绩效组织。尤为重要的是，这些组织的领导者愿意接受并且擅长将人才管理分析纳入他们制定决策的过程。

在本章中，高绩效组织是指在 i4cp 的市场表现指数（Market Performance Index）上排在前四分之一的组织，这一指标综合考虑了组织在与业务成功有关的

---

① Institute for Corporate Productivity（i4cp）是一家人力资本研究组织和 HR 高管的会员组织，致力于探索驱动高绩效的工作实践。——译者注

四个关键领域中所给出的反馈：收入增长、市场份额、盈利能力和客户满意度。他们在提升分析能力上超越了低绩效组织（得分在后四分之一的组织），具体体现在四个不同方面。

1. 他们已经欣然接受分析思维。高绩效组织的高管团队拥有超出其他部门的分析能力。对于基于实证的决策制定，以及通过严谨分析大量数据而获取洞察，他们深谙其价值。

2. 他们在各职能均有更强的分析能力。在所有的职能（不仅是财务）部门乃至不同年龄段的人群中，高绩效组织的员工均有更高水平的分析能力。

3. 他们通过招聘和培训打造分析实力，并以发展现有员工为重点。高绩效组织的领导知道企业正缺乏分析型人才，而这正不断抬高拥有这一关键技能的人才的价格。发展现有员工以及跨职能调动员工有助于节约成本和时间。

4. 他们准备好应用大数据以支持人才决策的制定。高绩效组织利用海量可用数据来制定与战略性人力规划、招聘和生产率等相关的管理决策，而不是被它们所淹没。HR 将在创建及塑造全新的分析型员工队伍方面发挥重大作用，在一些组织中，已经开始涉足员工工作数据化[①]。尽管机会绝佳，HR 在大数据方面仍面临双重挑战——在所有员工队伍中获取并建立分析能力，同时发展 HR 自己的分析能力，以协助整个组织更有效地管理人才。

以下是影响劳动力分析和人才测量需求的七个趋势。它们中的许多与以下主题相关：需要更有分析意识的领导，将数据应用于决策制定（而非报告、标杆研究）。这些趋势共同显示，组织应用数据的最终目的是创造更具适应力的环境，以便组织能够根据客户及市场的需求快速调整。

竞争和绩效压力驱动着对更优的分析能力的需求

在过去的几年中，媒体已经深度报道大数据，而 HR 相关的出版物也增加了数据相关主题的报道。尽管趋势如此，分析是否真的是当前组织最感兴趣的议

---

① 数据化（Datafication），是指人与人、物与物、人与物之间产生了大量的数据，这些数据经过先进的算法处理，可以从中挖掘更具价值的东西，驱动决策。——译者注

题？总计 58% 的被调研组织表示，分析工作在当前是重要的；82% 表示在五年内将是重要的。在来自高绩效组织的反馈中，69% 的企业表示"当前的重要程度"是"高/非常高"，与此相比，低绩效组织仅有 51% 有此反馈（i4cp，2013b）。高绩效组织的反馈还预计，分析工作的重要程度在五年内将上升至 87%，而低绩效组织的预计为 81%（见图 15-1）。

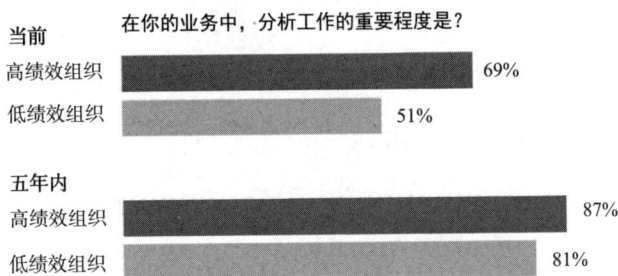

在你的业务中，分析工作的重要程度是？

当前
高绩效组织　　　69%
低绩效组织　　　51%

五年内
高绩效组织　　　87%
低绩效组织　　　81%

图 15-1　分析工作的重要程度已被高绩效组织接受

高绩效组织已经认识到当前急需分析能力，许多当今最成功的组织，如谷歌、亚马逊、IBM，在很多重要方面应用数据来创造收入。内置于这些组织中的分析能力使得他们能够利用其他组织看起来无法利用的数据。

有时候，应用分析能力仅仅意味着在分散的数据中勾勒相关性，如斯普林特公司①能够将退休计划的参与比例和员工流失率关联起来（Davenport，Harris，Shapiro，2010）。此类分析的数据在多数组织中都存在，能力是决定何时以及如何应用这些数据。谷歌应用了很多传统的数据，如它的氧气计划（Project Oxygen），校验了与经理人相关的数据，识别了与未来成功有最高关联度的八个特征。这类分析并未超出多数组织的能力，只是人们想不起来有做此类调查的需要。

多个因素（更大的业绩压力、更强的竞争环境、更高的业务复杂度等）推动了对分析能力的需求（见图 15-2）。这些能力可以被用于把握机会或避免风险。历史上，对数据的依赖不仅在商业中具有负面含义。例如，《魔球》（Moneyball），迈克尔·刘易斯（Michael Lewis）的畅销书，讲述了两类球探之间的比拼，老派棒球球探利用他们的本能直觉来评估球手，而新派的资料统计分析型球探深入分

---

① 斯普林特（Sprint）是美国第三大移动运营商，是全球化的通信公司。——译者注

析棒球统计数据中的客观实例，这些统计数据记录了比赛中的活动。另一个鲜明的例子发生在 2012 年的美国总统大选中，统计学家兼记者内特·希尔（Nate Silver）因为他单纯基于统计建模而做出的大胆预测而被嘲笑，但在选举夜，他的预测被证明是准确的。

在你的组织中，以下哪项创造了对分析能力的最大需求？

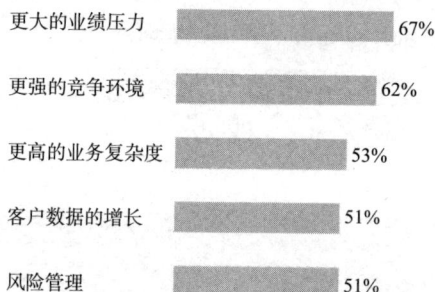

更大的业绩压力	67%
更强的竞争环境	62%
更高的业务复杂度	53%
客户数据的增长	51%
风险管理	51%

图 15-2　推动对分析能力需求的多个因素

资料来源：i4cp 2013b。

　　一些管理者可能觉得他们的管理能力会因更依赖于数据来做决策和客观分析而被质疑。一个常见的观点是，管理是一门艺术，而不是一门科学。这种观点导致某些人抱着怀疑的态度看待处理数据的新式分析方法。其实真相是，好的管理既需要艺术，也需要科学，而分析学的发展就是在推动管理和决策在"科学"一面的变革。对于高管层，这意味着他们必须有能力（或意愿）去学习新的方法和思维方式。

　　有效管理和领导的能力仍将是不可或缺的技能，但是当面对大量人员时，应用统计信息制定你所能做出的最佳业务决策的能力，变得至关重要，特别是在更多员工被更少主管来管理的时代。管理者的一项核心素质是，判断谁是最高绩效者。研究发现，在"市场表现"和"应用数据来判定所担当的业绩责任（包括好业绩也包括差业绩）"之间存在关联。

　　根据分析结果来制定决策的管理者使他们的组织有机会取得长期成功。谷歌HR 部门的领头人拉斯洛·博克（Laszlo Bock）更进一步地说，"谷歌所有的人才决策都是基于数据和分析而做出的"（Sullivan，2013）。谷歌将数据用于为管理者提供信息和指导的做法，对于公司整体成功所发挥的作用不容小觑。

技术、数据和领导力为分析赋能

一旦决定为建设一个更加分析型的组织而投资，那么下一步就是要学习其他组织是如何做出投资的，以及需要具备什么因素以确保成功并避免错误。技术、领导力、人才/技能和数据都能使组织具备更强的分析力，然而文化和资源是最大的阻碍因素（见图 15-3）。

以下哪一项是建立分析型组织的赋能者或阻碍者?

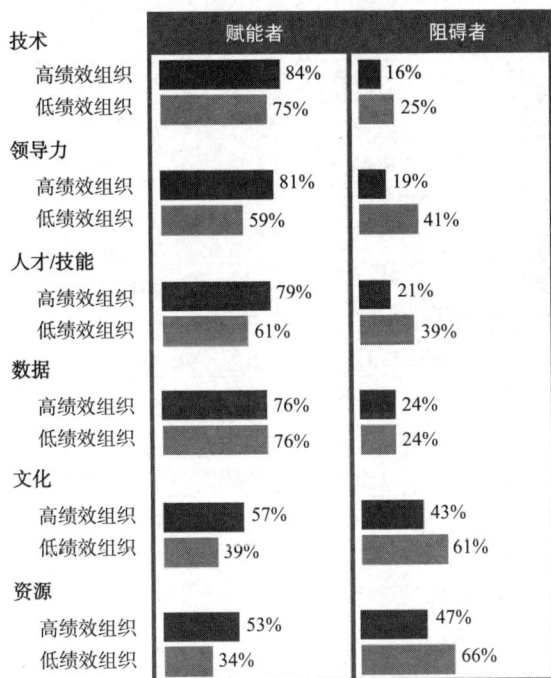

	赋能者	阻碍者
技术		
高绩效组织	84%	16%
低绩效组织	75%	25%
领导力		
高绩效组织	81%	19%
低绩效组织	59%	41%
人才/技能		
高绩效组织	79%	21%
低绩效组织	61%	39%
数据		
高绩效组织	76%	24%
低绩效组织	76%	24%
文化		
高绩效组织	57%	43%
低绩效组织	39%	61%
资源		
高绩效组织	53%	47%
低绩效组织	34%	66%

图 15-3　分析型组织的赋能因素：技术、领导力、人才/技能和数据

资料来源：i4cp 2013b。

在高绩效组织中，与市场表现相关的"技术"和"领导力"是排名最靠前的赋能者。尽管低绩效组织也认同"技术是靠前的赋能者"，但他们当中认为"领导力是建设分析型组织的阻碍者"的比例却是高绩效组织的两倍。认为领导力是

阻碍因素，可能意味着该企业的领导团队不重视分析工作，没有数据驱动的决策机制，没有对分析相关的活动投资。与此相同的是，人才对于高绩效组织是强赋能因素，而对于低绩效组织则要弱得多。

只有少量的高绩效组织，以及更少的低绩效组织，认为"文化"和"资源"是分析的赋能者。这一发现意味着，克服文化与资源方面的制约对于建设一流的分析型组织非常关键。

图 15-4 显示了这些因素是如何赋能或阻碍建设分析型组织的努力的。例如，当一个组织整合了技术和分析建模工具时，技术是分析的赋能因素，但是当组织仅有分散的系统并缺乏必要的工具时，技术阻碍了分析。

因素	阻碍	←		→	赋能
技术	分散的系统，缺少工具	系统间有些链接，仅有报表工具	自动接口和跨系统的数据库链接，有一些分析能力	整合技术和分析/建模工具
数据	无法访问、碎片化，缺少标准和管控	有限的标准化，基础本的管控	重要数据的标准化，管控范围不止于数据定义和收集方法	完全标准化的整合数据，以及企业范围的数据管控
领导力	领导者不理解或害怕循证决策	领导者了解重要性，但是缺乏敏锐度	一些领导者是循证决策的倡导者和榜样	倡导者、榜样和使用者在组织中非常普遍
人才/技能	分析能力和敏锐度稀缺或不存在	少量的分析能力和敏锐度	高层及关键职能具备分析能力和敏锐度	分析能力和敏锐度在整个组织非常充足
文化	积极抵制变革	在适应变革方面有困难	领导团队推动变革	组织各层级欢迎新的做事情的方法
资源	不被视为优先事项，很少或没有资源配置	被视为有些重要，少量资源配置	被视为重要事项，重要资源配置	被视为关键事项，充足的资源配置

图 15-4　对分析工作接受度的评估

资料来源：i4cp 2013b。

分析敏锐度在领导者和管理者中最高

当数据、分析、统计和概率被用于定义和解决问题时，组织更有能力赢得市场成功。在最好的组织中，这一做法来自最高领导者，他们设定组织的方向，并支持制定战略决策的分析框架。

研究表明，组织的分析敏锐度在以下群体中最高：领导者（74%是高手或专家水平）、财务和高管团队（分别是 58%和 51%）以及 X 一代群体（58%）（i4cp,

2013b)。这或许显示，能够更好应用分析型方法的组织领导者，也能真正理解如何利用这一新的做生意的方法。

尽管高绩效组织的分析实力上，高管、领导者、财务等被认为是更强的，但研究发现，每个职位层级以及几乎每个部门的分析能力与市场表现的关联性都达到了统计学意义上的显著水平。显然，当采用数据、分析和统计等方式考虑和解决问题时，组织更易于赢得总体市场成功。

低绩效组织中最强的分析实力存在于职能专家群体，经常是财务，也可能是X一代群体。这证明了一个传统观念，即组织中被认为是"数字人"的群体只应该包含与数据和分析相关的专家，如财务和运营。真正创新和成功组织的领导者懂得，分析实力必须在各个层级和各个职能领域普遍存在。实际上，研究表明，在拥有专家级分析能力方面，高绩效组织的每个职能都比低绩效组织的排名更高（见图 15-5 ）。

根据工作层级给出在你组织中分析能力的排行

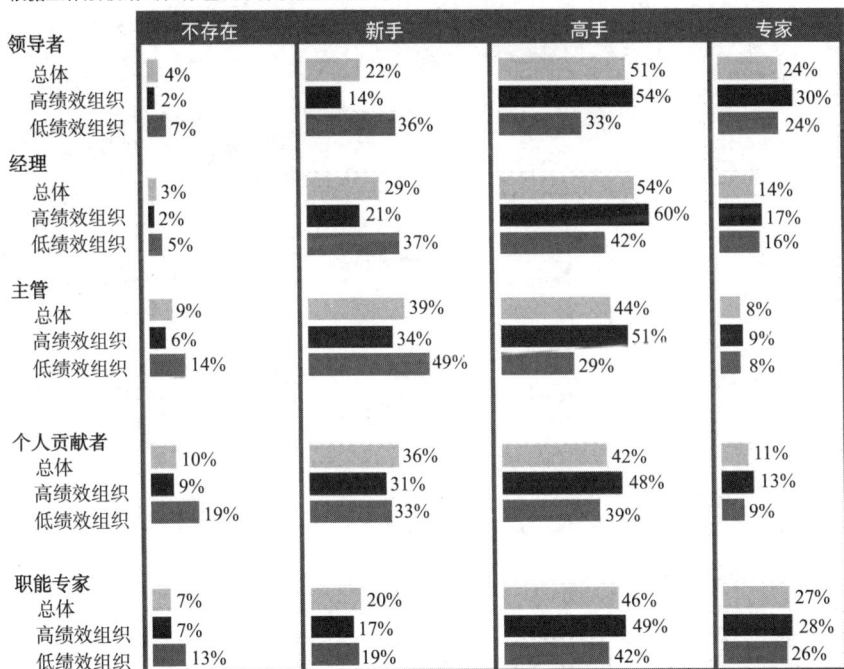

	不存在	新手	高手	专家
领导者				
总体	4%	22%	51%	24%
高绩效组织	2%	14%	54%	30%
低绩效组织	7%	36%	33%	24%
经理				
总体	3%	29%	54%	14%
高绩效组织	2%	21%	60%	17%
低绩效组织	5%	37%	42%	16%
主管				
总体	9%	39%	44%	8%
高绩效组织	6%	34%	51%	9%
低绩效组织	14%	49%	29%	8%
个人贡献者				
总体	10%	36%	42%	11%
高绩效组织	9%	31%	48%	13%
低绩效组织	19%	33%	39%	9%
职能专家				
总体	7%	20%	46%	27%
高绩效组织	7%	17%	49%	28%
低绩效组织	13%	19%	42%	26%

图 15-5　相比低绩效组织，高绩效组织中的员工的专业分析能力排序更靠前

资料来源：i4cp 2013b。

更进一步，在更高分析实力方面，高绩效组织所有工作层级和年龄层都比低绩效组织的排名更高。在低绩效组织中，没有一个领域在拥有更高分析能力方面排名更高——这强有力地证明了这些技能的重要性。

研究表明，HR 需要在接受分析方法方面做得更好。调研的参与者反馈，与组织中的其他所有部门相比，HR 部门在分析能力方面最低（见图 15-6）。大学的 HR 项目需要更多地聚焦于分析方面的培训，组织需要在 HR 的招聘标准中增加分析敏锐度，并为在岗的 HR 提供更多的分析能力培训。

根据工作层级给出在你公司中分析能力的排行

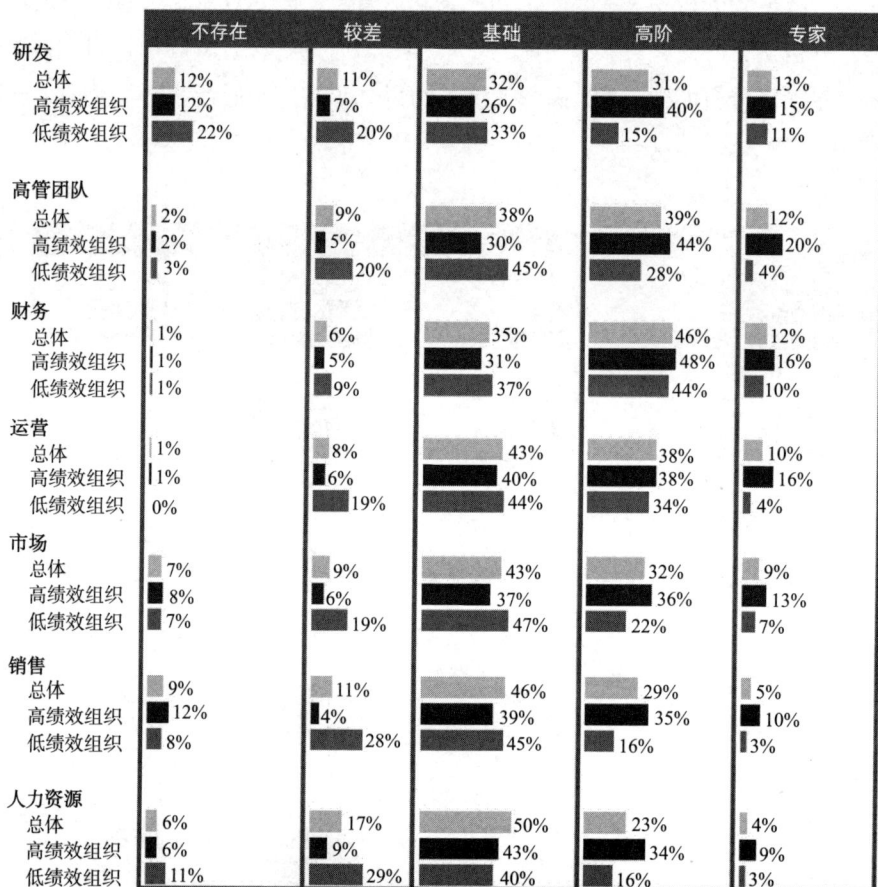

	不存在	较差	基础	高阶	专家
研发					
总体	12%	11%	32%	31%	13%
高绩效组织	12%	7%	26%	40%	15%
低绩效组织	22%	20%	33%	15%	11%
高管团队					
总体	2%	9%	38%	39%	12%
高绩效组织	2%	5%	30%	44%	20%
低绩效组织	3%	20%	45%	28%	4%
财务					
总体	1%	6%	35%	46%	12%
高绩效组织	1%	5%	31%	48%	16%
低绩效组织	1%	9%	37%	44%	10%
运营					
总体	1%	8%	43%	38%	10%
高绩效组织	1%	6%	40%	38%	16%
低绩效组织	0%	19%	44%	34%	4%
市场					
总体	7%	9%	43%	32%	9%
高绩效组织	8%	6%	37%	36%	13%
低绩效组织	7%	19%	47%	22%	7%
销售					
总体	9%	11%	46%	29%	5%
高绩效组织	12%	4%	39%	35%	10%
低绩效组织	8%	28%	45%	16%	3%
人力资源					
总体	6%	17%	50%	23%	4%
高绩效组织	6%	9%	43%	34%	9%
低绩效组织	11%	29%	40%	16%	3%

图 15-6　与其他部门相比，HR 部门的分析能力水平最低

资料来源：i4cp 2013b。

多数组织正在努力通过培训打造分析能力

整个组织范围内都需要更强的分析能力——这一观点已经近乎普遍，由此造成了人才池中的分析人才短缺。组织所需技能和候选人所拥有的技能之间的偏差之大并非想象《华尔街日报》报道，组织正实际经历着分析能力短缺（Rooney，2014）。要填补这一差距，组织可以培训现有员工以满足分析能力需求，可以招聘新员工，或者两种方式组合使用。

在这三种解决途径中，计划采用"培训现有员工以满足分析能力需求"的组织数量（47%）超过计划"招聘新员工"的组织（17%）两倍多（见图 15-7）。希望提升员工分析能力的组织可以利用这项研究来规划他们的培训，请 HR 设计培训项目，注意，这样的项目需要高度依赖导师辅导和基于团队的学习。

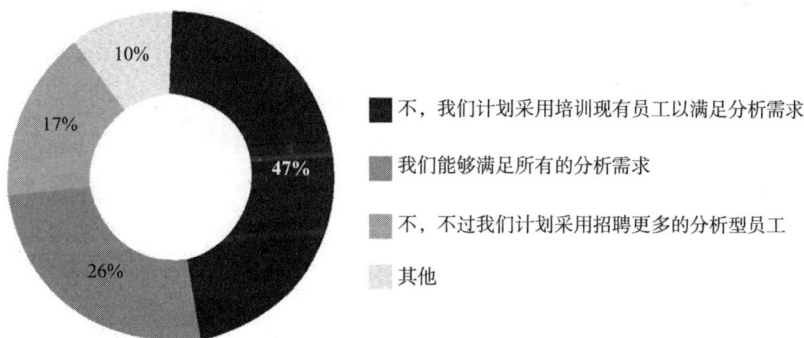

10%

17%

47%

26%

■ 不，我们计划采用培训现有员工以满足分析需求

■ 我们能够满足所有的分析需求

■ 不，不过我们计划采用招聘更多的分析型员工

■ 其他

图 15-7　更多组织计划通过培训现有员工来满足分析能力需求，而非招聘新员工

资料来源：i4cp 2013b。

在向员工教授分析能力的方式上，有机学习[①]和非结构化的学习方式日益盛行，这强化了一种观点，即对于成功的分析能力而言，拥有正确的思维方式和方法比掌握特定的软件和数学技能更重要。对于很多成功的数据分析师而言，与学习"以分析的方式处理问题"相比，学习分析工具是次要的。培训分析能力大部

---

① 有机学习（Organic Learning）是相对通过机械操练的方式学习而言的，指自然习得的学习方式。——译者注

分是以导师辅导、跨职能团队培训以及自学等方式完成的（见图 15-8）。传统的课堂培训和在线培训也被应用，但很少成功。

在你的组织中，以下活动在多大程度上成功地提升了分析能力？
（选出所有的适用项）

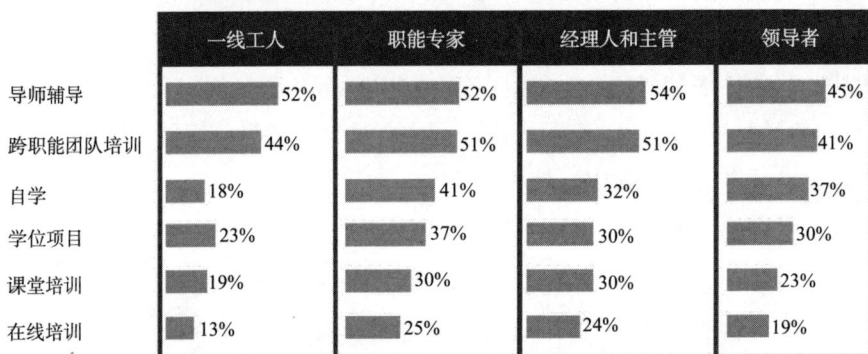

	一线工人	职能专家	经理人和主管	领导者
导师辅导	52%	52%	54%	45%
跨职能团队培训	44%	51%	51%	41%
自学	18%	41%	32%	37%
学位项目	23%	37%	30%	30%
课堂培训	19%	30%	30%	23%
在线培训	13%	25%	24%	19%

图 15-8　导师辅导、跨职能团队培训和自学是最好的提升分析能力的方式

资料来源：i4c 2013b。

强调培训并不让人吃惊，因为对于真正意义上数据分析能力的需求——特别是在人才管理领域——是非常急切的。托马斯·达文波特和 D. J. 帕提尔 2012 年在《哈佛商业评论》上发表了一篇文章——《数据科学家：21 世纪最性感的工作》（*The Data Scientist: The Sexiest Job of the 21st Century*），在文中，他们列出了这项工作如此难以满足的原因：

> "如果'性感'意味着需求旺盛的稀缺品质，那么数据科学家正合
> 此标准。要雇用他们会很难也很贵，而且由于市场上对他们的服务竞争
> 非常激烈，也很难保留住他们。其实，只是因为没有足够的人能够兼具
> 科学背景和计算及分析能力。"

随着对数据科学家和人才科学家需求的增长，一些大学已经开始在人力资源课堂中提供更多的分析能力培训，其他大学则开始调整课程以满足新的人力需求。在过渡期间，这一显而易见的工作需求已经催生了公共和私人领域的变化。

HR 被视为缺乏分析能力，这也推动了企业开始提供更多的分析能力培训，以及招聘没有传统 HR 背景的人员。HR 领域一个正在上升的趋势是，从业者从

运营或财务部门转过来学习 HR 的相关职能，而不是在数量分析方面培训原有的 HR 员工。

这些趋势凸显了对分析能力日益增长的需求，以及在人力资本领域缺乏具备这些技能的员工。更重要的是，组织不仅需要有具备高分析敏锐度的 HR 员工，通过他们从数据中获取洞察，也需要 HR 高管和业务伙伴更加明确地应用基于数据的见解，向业务高管提出人才策略和决策建议，以及更高效地管理 HR 职能本身。

最重要的分析能力与决策相关，而非电子表格

批判性和分析性思维、问题解决和数据分析——这些是与制定决策相关的技能，而不是与制作电子表格相关的（见图 15-9）。制定决策不仅是排名前五的技能，也是接下来三年中，其价值将持续提升的技能。数据准备技能和可视化分析技能的关键程度要低很多，但是它们的发展趋势不尽相同。数据准备是数据的传统应用，如准备和存储。可视化分析则代表了数据的新用途，是将数据转化为信息的一部分，也是对数据专家的最大需求。

你认为什么分析能力/素质在今天和未来三年最为重要？

（前五）

	今天	未来三年
批判性和分析性思维	92%	84%
问题解决	84%	74%
数据分析（得出结论）	83%	78%
沟通和呈现	77%	77%
决策制定	77%	77%

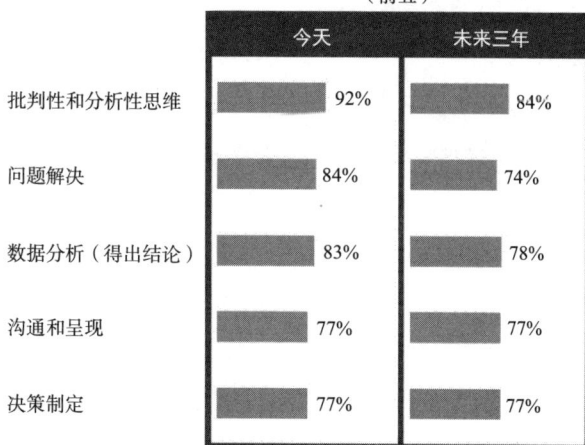

图 15-9　批判性和分析性思维是最需要的分析能力

资料来源：i4cp 2013b。

追求更好的战略决策是利用大数据的首要原因。看到分析在加强决策方面的前景，很多组织力求提升分析能力。HR 专业人士可以这样定位自己的角色，即提供人力规划和分析并将其作为长期业务战略的关键数据点。要做到这一点，HR 部门必须调整招聘、培训以及保留策略，以吸引和培养组织在今天及未来所需要的精通分析的员工。

根据 2012 年 i4cp 关于分析工作的调查（见图 15-10），高绩效组织已将数据用于决策，比低绩效组织多许多。

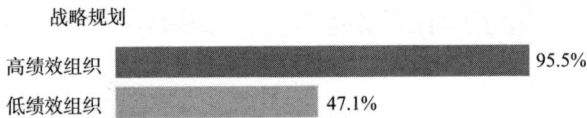

战略规划

高绩效组织	95.5%
低绩效组织	47.1%

图 15-10　高绩效组织更多将数据应用于战略规划

资料来源：i4cp 2012。

成功的组织通常用数据来进行预测和预备，而非对日常问题做出反应。组织如果希望提升绩效，就应该致力于打造高水平的决策制定和战略规划能力。各类组织均看到了大数据在预测和制定决策方面的价值，这两者密切相关。

多米尼克·巴特和大卫·科特在 2012 年《哈佛商业评论》的一篇文章中指出，决策制定需要遵从以下优先顺序：

"第一，企业必须识别、组合以及管理多重来源的数据。第二，他们要能够建立先进的分析模型以预测和优化结果。第三，也是最关键的，管理层要有能力推动组织变革以确保数据和模型切实产生更好的决策。支撑这些活动的两个重要特征是，一是拥有清晰的战略来指导如何将数据和分析用于竞争，二是具有恰当的技术架构和能力部署。"

数据管理只是一个初始的基础步骤，它使管理过程的其他步骤成为可能。美国国际集团（AIG）等采用了成功的数据管理策略的组织，花费了大量时间（超过一年）在规划和结构布局等步骤上（i4cp，2011）。只有一个组织制定了清晰的数据管理政策，才可以开始建立战略性的分析模型。

组织看到了大数据的业务价值和人才价值

整体上，超过一半的组织认为大数据对以下业务目标有帮助：改进战略性人力规划，提供更有效率、目标更清晰的市场营销，提升销量和盈利能力，提高客户满意度，以及提高生产率（见图 15-11）。换句话说，所有部门（以及他们的高管团队）看到了大数据需求。

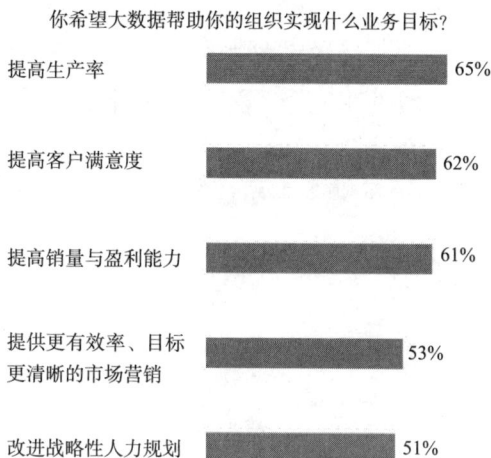

你希望大数据帮助你的组织实现什么业务目标?

提高生产率　　　　　　　　　65%

提高客户满意度　　　　　　　62%

提高销量与盈利能力　　　　　61%

提供更有效率、目标
更清晰的市场营销　　　　　　53%

改进战略性人力规划　　　　　51%

图 15-11　组织希望应用大数据来达成业务目标

资料来源：i4cp 2013b。

为印证这一重要性，麻省理工学院 2012 年的一项研究表明，大数据和分析集成水平更高的组织，其生产率和盈利能力比集成水平低的组织高 5%~6%（McAfee，Brynjolfsson，2012）。

其中，生产率和客户满意度可以被客观衡量。而战略性人力规划则不太容易衡量。组织可以很容易地衡量生产率，如一小时生产 32 个单位而不是 30 个；也可以很容易地衡量客户满意度，如通过调研和净推荐值（Net Promoter Scores）。这两个指标与人才管理也是直接相关的，由此进一步证明了 HR 早就应该采用分析方法。因为招聘和战略性人力规划与生产率和产品上市时间直接相关，所以 HR 部门一旦提升了分析能力，就有机会在数据驱动的世界中取得长足发展。

大数据最大的挑战是将数据转化为洞察力

分析能力稀缺是当前组织在大数据应用方面的最大障碍。具体来说，能否从大量数据中获取有意义的结果，是区分一个好的数据分析师和一个标准数据处理器的标识。超过一半的组织认为，这是他们在大数据方面最为关注的事项，关注程度超过了访问/数据库管理、安全、隐私、法律以及存储等事项（见图 15-12）。

以下与大数据相关的问题中，哪个是你最关心的?

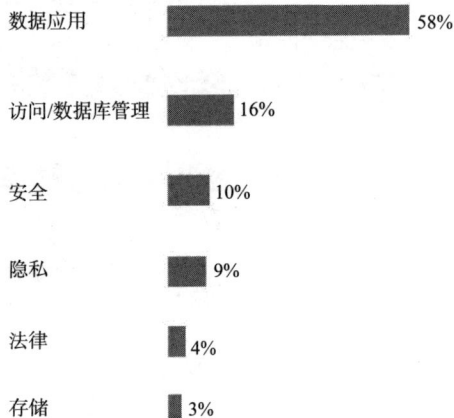

数据应用	58%
访问/数据库管理	16%
安全	10%
隐私	9%
法律	4%
存储	3%

图 15-12　数据应用是组织最关心的大数据问题

资料来源：i4cp 2013b。

在《大数据时代：生活、工作与思维的大变革》[①]一书中，合著者肯尼斯·库克耶和维克托·尔耶·舍恩伯格讲述了麦克·弗劳尔斯的故事，他被纽约市长迈克尔·布隆伯格任命为该市的首位分析总监。设立这一办公室是为了帮助纽约市应用数据和分析处理全市范围的问题。弗劳尔斯首先做的事情之一就是聘请正确的人一起工作：

"弗劳尔斯遍寻他的人际网络来找到正确的人。'我对非常有经验的

[①] 本书（*Big Data: A Revolution That Will Transform How We Live, Work, and Think*）中文版由浙江人民出版社出版，2013 年 1 月 15 日第 1 版。——译者注

统计学家没有兴趣，'他说，'我有点担心他们不愿意尝试这一新的问题解决方式。'……最终，他组建了一个五人小组，他称之为'孩子们'。其中除了一人，其他人都是刚从学校的经济学专业毕业一两年、没有太多大城市生活经验，同时都有点创造力。"

经验是：有坚实的统计能力并不意味着善于分析。真正的技能在于理解数据，并有能力帮助其他人理解。

这再一次证实了，要在组织中有效应用分析，高层领导具有高水平的分析能力是必需的。能够理解数据意味着什么并能够将其应用于决策，这是区分一个组织是否备受重视，是否具有盈利能力和竞争力的关键。

所有这些趋势表明，典型的 HR 员工技能组合将发生长期变化。随着研究生项目和认证机构对他们的课程做出调整以纳入更多的分析能力，HR 员工的平均分析水平将有所提升。

相应地，这将使 HR 员工逐渐学会采用不同的问题解决方法，更注重数据而非直觉和个人经验。同样地，不管哪个部门的业务领导都将需要评估和发展自己的分析能力，他们制定的决策将愈加客观，而非主观。不过，组织不应该过于激进而舍弃人际技能，以免钟摆向分析的方向摆得过远，以至于失去了其他软技能。

增长空间

在分析能力方面，组织的实际水平和他们期望达成的水平之间有很大的差距（i4cp，2012）。开发大数据的下一步是缩小这一差距。组织可以通过深入研究不同人力群体的具体不足来缩小差距。将分析能力局限于传统的数据处理部门是不够的，必须在整个组织中增强分析能力，特别是 HR 和高管团队。

可以通过招聘来提升组织的分析能力，但是考虑到合格的数据科学家缺失严重（特别是在人力资本领域），我们认为培训现有员工是更有效的方法。组织需要牢记，强化分析能力不仅仅意味着提供数学培训。要使培训真正有效，组织就必须全面理解财务、运营和营销，并将其与统计分析、呈现和问题解决能力等的提升结合起来。

分析能力存在于每个组织的某个地方。近年来，一个持续增长的趋势就是，组织内推动员工横向跨部门流动，以增进交流并推广分析能力。直线式的职业路径正演变为螺旋式的发展，如职业起点为运营的 HR 专业人士、最开始是做财务的营销经理、从研发起步的高管等。一个具备分析敏锐度的人几乎可以在任何部门发挥作用，确保他们在未来几年中能够有很好的职业前景。

有前瞻视野的 HR 专业人士应该将数据科学家的供给不足视为机会，借此为员工提供培训，以获得高价值和急需的技能。尽管一个真正的数据科学家会非常抢手（因此容易被挖走），但我们也有替代的做法，即付出溢价从已经意识到这一趋势并为员工提供培训的其他组织中雇用一个已受过培训的人才。

麦克森[①]这样的公司正在实施为 HR 分析团队创造岗位轮换机会的方式，这不仅使分析能力在组织中广泛传播，在员工返回自己的正式岗位后，也为他们带来了跨职能的技能（i4cp，2015）。无论什么行业类型，HR 部门应该至少考虑设立一个单独的 HR 分析团队，即使岗位轮换不可行。

总之，对分析能力的需求正在增长，这使得对掌握这些技能的人才的竞争非常激烈，而且未来只会更加激烈。组织需要快速培养目标人才，并将战略决策流程调整为更加基于分析的模型。同时，组织应该评估领导者的分析敏锐度，正式的领导力发展项目应有部分内容聚焦于如何制定数据驱动的业务决策。

这些举措并非毫无关联。通过为决策提供更好的数据，领导者将对依赖数据制定进一步的决策更有信心，这将形成良性循环，促成一个更加知识型——也因此更稳健的组织。

作者简介

凯文·奥克斯（**Kevin Oakes**）是美国企业生产力研究所（i4cp）首席执行官，提供战略方向和愿景，对该组织的整体运营负责。他在过去的 15 年中一直是人

---

① 麦克森（Mckesson）是北美第一大医药批发商，为全球半数以上的大医院提供软硬件支持。
　——译者注

力资本领域的先驱，是在人才管理、领导力、创新、矩阵式管理以及组织中的战略性学习等议题上常见的作者和国际性大会的主讲嘉宾。他也是 2006 年 ATD 董事会主席，作为 ATD 董事会成员服务了五年。他也是 2008 年 ATD 董事会选举委员会主席。

　　克里夫·史蒂文森（**Cliff Stevenson**）是一位研究分析师，他的工作主要聚焦在数据和分析、绩效管理、招聘、收购、人员保留和人员流失等方面。他曾是一位专业的美式足球运动员，后来，担任一家位于波士顿的咨询公司的 HR 负责人。他取得萨福克大学组织发展专业的理科硕士学位，以及南佛罗里达大学心理学专业的文学学士学位。他是众多报告的作者，包括《驱动创新的人力资本实践》（*Human Capital Practices that Drive Innovation*），以及《整合的人才管理计分卡》（*Integrated Talent Management Scorecards*）中的"员工敬业度的现金价值"章节。

第 4 部分

人才培养

前面三部分的重点是讨论如何吸引、雇用和用好顶级人才。第 4 部分将深入研究人才管理者如何通过有效的领导力发展和继任计划来培养人才。

在第 16 章，珍妮特·K. 温特斯展示了组织和人才管理者应当如何预见到会影响经营业绩的技能差距，以及应当如何建立人才梯队以应对不断变化的劳动力队伍。

在第 17 章，安妮·戴维斯·戈特和凯文·D. 王尔德给出了一系列严肃的问题和可靠的建议，以帮助人才管理者在构建人才梯队的工作中保持引领地位。他们对三个策略进行了细化，即更多的人才、更好的人才和更快地培养人才。它们将帮助你的组织变得更为强大。

在第 18 章，麦克·沃恩和乔尔·亚诺夫介绍了"战略绩效学习"的概念，作为一种领导力开发工具，它可以帮助领导者预见到商业挑战，并且能够有效应对。他们探究如何通过情境规划更好地促进领导者对决策深思熟虑，并对一些见解反复思考的具体方法。

在第 19 章，拉里·克拉克讨论了他对于构建综合领导力发展策略的建议。他强调，在开展高潜力人才和一线领导力发展项目时，通过广泛而深入的战略思考，同时考量近期和远期的挑战是十分重要的。

在第 20 章，霍利·波克特告诉你，人才管理者怎样做才可以培养具有敏捷性、适应性的领导者，从而更好地实现组织成功。她强调，人才管理者怎样才能成为变革架构师、战略家和催化剂，怎样才能帮助领导者获得自信、能力和洞察力。

最后，在第 21 章，诺埃尔·M. 蒂奇和克里斯·迪罗斯描述了如何将行动学习作为一种有效的领导力发展方法。他们考察了在行动学习中的不同角色和职责，构建了一个连接行动学习和继任计划的工作坊的结构范例。

第16章

适应不断变化的劳动政策问题

珍妮特·K. 温特斯

技能差距是促进建立人才梯队、着手获取新员工、解决保留老员工等工作的催化剂。鉴于技能本身具有快速变化的特性，而且这个特性与波动的员工编制相关，雇主和雇员都需要反复斟酌他们对人才梯队的明确要求和具体实施计划。那些迫切渴求新技能和不同技能以建立人才梯队的组织，面临着人才管理领域的变革和转型。不论是人才管理的专业人士还是一个个独立的求职者，他们都面临着一次难得的机遇，通过对人才梯队的最新现状的认知，他们将有机会让自己站在最前沿。

本章重点讲述四个问题：

- 美国与其他国家或地区存在技能差距吗？
- 谁是解决技能差距问题的关键利益相关者？
- 谁来负责解决和整合新的员工管理实践和流程？
- 人才管理专业人士应当扮演怎样的角色？

什么是技能差距

二十多年来，不论是联邦政府、科技公司、教育界还是劳动力专家，都曾给技能差距下过定义。他们头脑中各自有一些先入为主的概念，因此形成了不同的观点，具体如下：

- 政府希望通过提高劳动者的技能水平来减少失业，从而长期稳定地增加就业率。尤其是提高妇女、有色人种、退伍军人以及残疾人的就业能力。从公共政策的角度看，提高劳动者的劳动技能水平是解决社会和经济双重问题的办法之一。

- 科技公司一致宣称仍然需要不断扩大科学、技术、教育和数学等（Science, Technology, Education, Mathematics，STEM）学科的毕业生人数，他们认为很多工作难以挑选到合适的人才，招聘工作也往往要耗费数月。他们不断强调他们的行业对 STEM 人才有着急切的需求，并认为他们的行业对社会经济复苏和增长至关重要。

- 当前，整个社会对毕业生缺乏培训、缺乏社会阅历等提出了较多的批评，对他们在现实社会中的贡献能力也提出了质疑，这些都是教育界（从幼儿园到研究生院）正在深入思考和必须应对的问题。

- 员工管理专业人士（包括学者、人才获取专家、人才和技能开发专家等）认为，寻找和培训正确的求职者是最难做的事情。

尽管解决技能差距问题和促进就业是联邦和各州政府的职责所在，但是美国的教育机构、雇主和失业者使得美国的就业形势更加恶化。整个人才管理领域正经历着一次从富饶到饥荒的心理落差。在 21 世纪的第一个十年里，由于后五年被经济衰退笼罩，全美多达 870 万个岗位被裁掉。随后，在 2009 年，政府打出了财政、政治和公共政策的组合拳，通过政府干预和复苏经济的方式，努力创造就业岗位。自 2010 年 4 月起，美国就业人口持续增长。美国劳工统计局的数据显示，新增就业岗位正在以前所未有的速度持续增加（见图 16-1）。

自 2009 年年初以来，随着经济的发展，美国的就业机会一直在缓慢增加。直到 2015 年，由经济衰退导致就业人数大幅减少的情况得以完全恢复。现如今，工资增长停滞成为最新的热门话题，新增的就业岗位普遍存在薪酬偏低的情形。

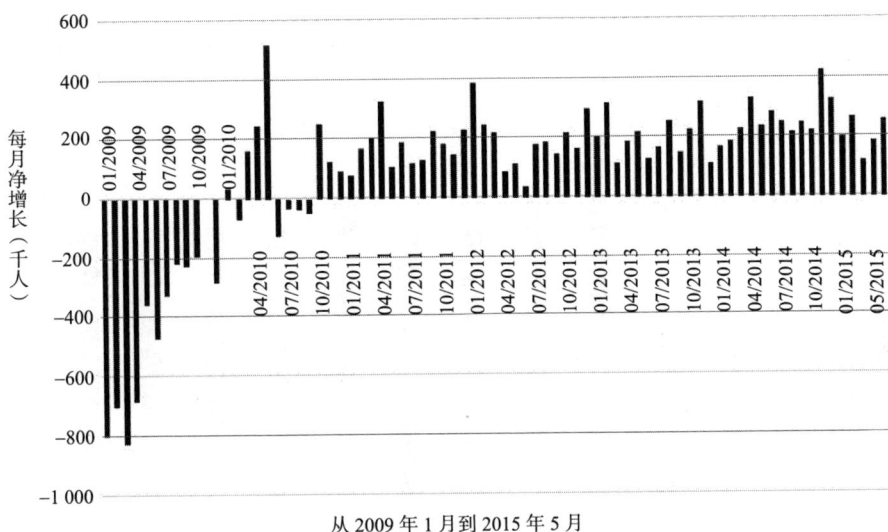

图 16-1　美国经济衰退之后的经济复苏给就业带来的影响

资料来源：美国劳工统计局。

　　因此，虽然就业岗位不断增加，但失业率仍然高于理想水平。雇主们总是抱怨缺乏有能力的人才。不论是企业、政府还是军队，都深陷于职场新人能力不足的困局。在他们眼里，这些职场新人普遍缺乏批判性思维能力、解决问题能力和数据分析能力等。这一现象仅仅是美国才有吗？这对全球的人才管理专业人士又会有怎样的影响呢？

全球性人才困境

　　从全球范围看，自然灾害、不可持续的经济政策和结构，以及不稳定的政权基础等，都会引起就业环境的变化。根据已有的数据报告，预计全球范围内的失业率将继续高于可接受水平（见图 16-2）。为了提高在全球范围内的竞争力，发展中国家仍将继续提供低成本劳动力，不过，这种薪酬差异并不能被视为长久的优势。这就像 20 世纪 90 年代的爱尔兰和苏格兰，薪酬差异可能不断缩小，到那时，外国企业来本土开展大规模运营就不能仅考虑人工成本优势，还需要综合考虑其他方面的优势。

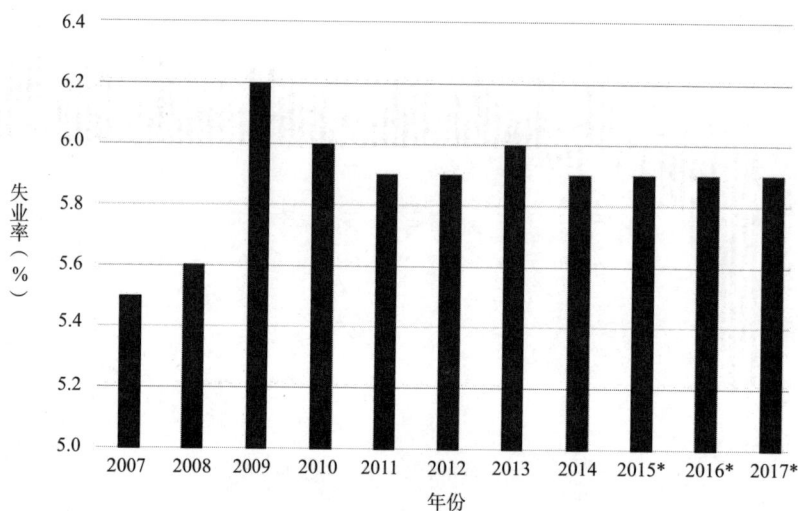

图 16-2　全球失业率（2007—2017 年）

资料来源：2015 年统计数据。
注：*预测数据。

包括美国在内的所有发达国家，都面临着类似的劳动力难题：技能不匹配，受过教育的潜在劳动力缺乏关键技能，大量人才选择（或者被迫）从热门或成长型行业的就业市场中退出等。

即便随便一窥也能发现，全球人才专家正面临着诸多问题：

- 低学历、缺乏经验、过于年轻、少数民族以及移民或外来务工者的就业率持续走低。
- 雇主们总是需要劳动者不断更新工作技能，而这与学历毫无关系。
- 创新和批判性思维、更强的自我意识和较好的合作能力，是任何细分市场都需要的。
- 人才管理者必须用更少的资源以更快的速度更有效地提升专业技能，还要具有较强的影响力。

尽管就业率不断提升，但是这些全球性的问题仍然存在。

STEM 技能差距

最突出的技能差距就体现在 STEM 学科领域上。全球雇主一再重申,他们对受过 STEM 学科训练的雇员需求不会降低,只会逐步增加,所以技能缺失将危及他们的业务。这极大地鼓励了妇女、少数民族和具有打破传统意识的学生投身 STEM 学科领域。

有趣的是,不论是"STEM 领域的合格劳动力候选人是否存在短缺"的问题,还是"这一短缺对高科技产业的发展是否会产生危害"的问题,都存有争议。哈佛大学法学院劳动经济学家迈克尔·泰特尔鲍姆就认为,需要 STEM 学科人才的公司和他们的鼓吹者以及商业团体都应当对美国的短缺负责,而他们的主张获得了一些政客和记者的认可,他们也纷纷附议(Anft,2013)。

经济学家保罗·克鲁格曼在 2014 年主张,所谓"美国正遭受严重的技能差距"的想法,是一种"僵尸理念"的典型例证,这种理念终将被现实证据打败,但不会自动灭亡。从他的角度看,如果 STEM 技能差距确实明显存在,那么那些具备 STEM 技能的人的工资应该提升,但是这样的现象并没有发生。难道是雇主们太在意自己的钱袋子了?优厚的薪酬待遇会帮助全球企业招募到他们所需要的人才吗?

不过,泰特尔鲍姆和克鲁格曼都绕开了一个事实,那就是 STEM 学科领域是经济发展的自然产物。随着科技革新对现有工作岗位进行替代或辅助的功能不断增加,教育者、培训者和公共政策专家应当鼓励在那些可以带来更多就业机会的工作领域的技能提升,哪怕这些就业机会看似扩张过快,而且尚未形成清晰职业发展路径。目前,全球劳动力尚处在成本遏制螺旋的末端。随着时间的流逝,STEM 技能的价值将足够高,使得工资提升赫然可见。

解决技能差距问题

美国智睿咨询有限公司[①]在 2013 的一份报告中指出，56%的管理者"在面试中是凭直觉来评估求职者的，但大约有一半的雇用决策是无用功"。管理者不得不承认，招聘决策并没有传递他们对绩效的期望或考虑求职者与组织文化是否匹配。但这究竟是谁的错呢？谁又能解决这些问题呢？这篇报告指出了职场中劳动力混乱和错位的现象。组织正在雇用错误的求职者，然后不得不亡羊补牢，努力在下一次招聘时找到对的人。

让我们来整理一下技能差距的具体现象。

雇主们需要的人才必须才思敏捷、坚韧灵活、勇往直前，要懂得使用批判性思维，要有创新意识，还要竭尽所能地解决实际问题；必须有全球化思维，懂得合作，适应自我管理型团队；必须具有专业的分析能力，能够利用数据提出问题解决方案。

努力培养劳动者具有这些技能的基础教育体系（从幼儿园到 12 年级），正面临着如何整合高品质教育的挑战。贫困及其相关的家庭因素威胁着孩子的学习能力。饥饿、缺医少药以及基本安全得不到保障等都会抑制学习。基础教育体系郑重宣称，他们肩负的不仅仅是提供一个积极向上的学习环境。

美国高中生的毕业率在 2013 年达到了 40 年来的顶峰，大约高达 75%。然而，不容乐观的是，美国每年仍有将近 100 万名高中生没有毕业。更让舆论哗然的是，大约有 180 万名 16~21 岁的适龄青年没有取得高中毕业证书，而他们中有 66%的人处于失业状态。

高等院校长期饱受社会批评，高学历的人往往名不副实，他们不得不为高等教育的价值正名。他们也声称，学生们在进入大学前并没有打牢基础，甚至尚未做好充分准备。美国大学入学考试（ACT）的报告显示，"在英语、数学、阅读

[①] 美国智睿咨询有限公司（Development Dimensions International，DDI）是全球顶尖的人才管理咨询企业。——译者注

和科学这四项 ACT 大学考生达标指标中，只有 39% 的考生能够达标三项或以上"（Tyson，2014）。这意味着大约每五名入学新生中就有三人并不具备在大学继续学习这四门基本课程的相关基础。

与雇主们所希望的恰恰相反，越来越多的学生在还没掌握足够多的技能、更谈不上熟练应用时就已经毕业了。教育机构正打算修改课程，但他们需要知道什么技能和能力是社会所需要的。与技能差距同时存在的是，雇主们的招聘实践很难成功地帮助他们获得合适的员工。但是毕竟还有一线希望。事实上，通过人才开发专业领域的努力有可能找到解决之道，具体有五个方面（见图 16-3）。

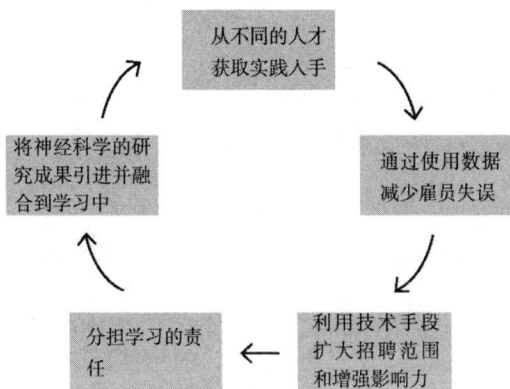

图 16-3　填补技能差距的五大方案

✎ 从不同的人才获取实践入手

一般的雇用程序往往从职位所需要的经验、教育背景等开始，寻找最合适的人才与之匹配。鉴于其失败率高达 50%，组织在人才管理过程中需要重新构建这重要的第一步。人才获取迫使招聘经理反思，他们不仅要考虑自己希望候选人满足什么要求，而且要考虑新人的成功需要什么条件。

优化人才吸引流程的建议包括：

- 研究人。组织可以充分应用工业心理学专业知识，尤其是受过培训的研究人员，来追踪、记录员工们在一天或一个班次内的工作过程，直接观察他们做什么以及怎么做。这些第一手资料将提供一个重要的洞察和基础，某个岗位的招聘应当基于实际角色和工作职责，而非过度依赖管理者的主观认识。观察范围可以包括整齐的一批员工（如超出绩效期望的人员和绩效未达标的人员），这样有利于更清晰地发现那些将优秀者与一般人区分开来的关键素质。

- 识别岗位所需的基本技能、胜任素质和精通素质。全球的人才吸引团队每天都被招聘经理或业务领导狂轰滥炸。这些管理者和领导者对更好的写作技能、更深刻的分析能力或产品开发能力有着频繁的诉求。当被问到为什么需要这些技能时，他们的答案通常是业务所需，或者是，他们最好的员工就具有这些技能，再或者是，这些技能就是帮助组织成长壮大的法宝。虽然，他们的目的是清晰的，但往往缺乏可靠的数据支持。很难证明他们的诉求能筛选出最合适的员工。雇用一个你有所了解的人或者那些与当前组织某些员工类似的人有可能是一场灾难。你需要投入更多的精力明确每个岗位的必备技能与希望其拥有的技能。

- 重视雇用前的评估。组织可以从市场购买一些认知或者态度评估工具，考量一个岗位候选人的技能以及担当某个角色的职业倾向性如何。有的组织对这些工具避而不用，是担心这些工具会让他们对与岗位无关的选聘标准设置不公平或者不必要的权重。然而，通过仔细描述工作职能和明确技能需求，组织确实可以排除干扰，有效应用这些工具提高招聘成功率。

- 注重文化契合。彻底了解你所在组织的各个组成部分（部门、分部以及团队）的文化，将给招聘决策提供有力支持。新员工不会因为你没有很好地传递企业环境的特质而对组织文化感到措手不及。如果你雇用了一个在文化上与组织不契合的候选人，你就需要提供坚强有力的支持和指导体系，以保证这次招聘的成功。如果候选人最终因为文化不匹配而选择放弃，那么人才获取的工作和招聘经理也同样失败了。如果候选人在你的企业一晃而过，发现自己并不适合这里，这其实是你的失误，而并非他的过错。

✎ 通过使用数据减少雇用失误

搭建与组织的技术框架相融合的人才获取平台，通过这个平台收集数据、获取员工个人档案等，然后基于这些信息，可以分析出哪些是企业合适的候选人。

描述性、预测性和规范性数据都是有价值的信息资源，这些资源可以也应当合理地用到招聘和人才开发过程中。这里列举锂科技公司①首席科学家迈克尔•吴是如何区分这三类数据的。

- 描述性数据，可以将大数据拆分成更小的、更有用的信息模块，以呈现事情的真面目。
- 预测性数据，使用了统计建模、数据挖掘、公式化的方式，帮助你看清过去和现在，甚至可以用公式推导未来。
- 规范性数据，可以让你基于过去和现在的数据来判断下一步会发生什么，从而帮助你对未来做出决策。

这三个层次的数据分析，可以帮你提高招聘成功率。然而，不要低估你所需的数据量和做出分析所需的知识和工具的复杂性，要善于利用数据为决策服务，别再单纯依靠直觉来做判断了。

利用技术手段扩大招聘范围和增强影响力

随着社会媒体渠道、网络平台的应用，加上看似永不会消失的特定岗位的招聘公告栏，招聘方式也不断丰富起来。负责人才获取的专业人士应当广泛考虑这些价格低廉的工具，提高对目标人群的传播可能性，认识到社交媒体的采用带来的知名度的提高，以及收集最佳候选人的信息。切记，有效且广泛地扩大招聘信息的传播范围，可以扩大候选人群，所以要把这件事放在重中之重的位置上。

分担学习的责任

即使招聘过程十分理想，你也需要通过有效的入职引导和综合学习来帮助新员工获得成功。综合学习（Integral Learning）是用来满足员工对获得新技能、优化自身素质和提高熟练程度的持续性的需要的。学习专家长久以来一直认为这与终身学习非常相似。综合学习法认为学习的方式有很多种，有个人的（自我学习，通过阅读书和博客、观看视频等），有社会的（与同事、朋友和家人分享感受、观点和看法等），有人文的（参加会议、项目等），还有正式的学习（参加课堂或

---

① 锂科技公司（Lithium Technologies）是美国一家社交媒体营销软件制造商。——译者注

者虚拟项目等）。

应该将综合学习视为员工和雇主共同的责任，你也应该积极认可这对双方而言都是有价值的。员工需要强化学习，这样才能获得有竞争力的职场定位，拥有更多选择任务的机会，也能使自身充实起来。雇主应当紧密地依靠学习来实现商业目标和收益。开发你的组织的学习能力和培养人才都关乎组织的成功。如果不能将学习和成功相关联，我们就很容易迷失。

正如讨论的那样，员工来到你的组织时，往往会存在技能差距，人才开发则必须致力于填补这些技能差距。只有将学习作为员工和雇主的共同责任，才能提高成功的可能性，才能真正让大家认识到增进技能是如何使双方彼此获益的。

✎ 将神经科学的研究成果引进并整合到学习中

为了把新知识和技能转化应用并建立长期关联，成人学习需要同时具备新奇性和情境性的条件。

- 新奇性（Novelty）。这并不是说像小丑、气球或者喜剧表演那样变花样。在组织学习过程中，新奇性意味着与众不同、别具一格或者实际应用，成人来工作和进入教室时，脑袋里都装着先前的信息、经验和记忆。在接受新信息时，他们需要理解这些信息与已知的有着怎样的不同。
- 情境性（Context）。一旦学习者开始理解新的新闻，接下来他们就需要领会这些新事物适用在什么情境。情境包括学习者应用新知识的时机和条件。

神经科学家对大脑的认知日新月异。所以，组织和人才管理专业人士需要了解这些与大脑如何学习、反馈等有关的研究成果，运用能够获得成功的学习实践，研究如何将关于学习的科学整合融入培训实践。

为了填补技能差距、提高员工能力、改进组织的有效性，我们需要将培训项目从严格的教室学习中解放出来。课堂学习往往耗费数日，更依赖于类似圣人的讲师。我们应当把重心放在即时学习上（任何时间、任何地点，只要有学习的需要），设置微小模块的、基于评估的体验式学习计划。多模式的教育和学习应当成为常态而不是偶尔为之。

如今，工作场所也处于信息爆炸的状态，组织和员工都希望用更少信息获得更多成果。同时，他们希望工作得更好，更有效率，能够找到性价比更高的解决方案等。人才管理专业人士需要把他们放在学习者的位置上，帮助他们通过有意义和难忘的学习体验获得知识和成长。

总结

现在，我们该回答本章伊始提出的几个问题了。

1. 美国与其他国家或地区存在技能差距吗？不管什么行业、地理位置如何、企业大小以及生产什么，人才队伍的技能差距始终存在。它的产生可能有多种原因，如不合理的招聘方式和招聘流程，教育的问题以及知识缺乏，或者市场变化的压力等。这些技能差距的严重性、重要性以及原因虽不断变化，却始终存在。技能差距只是劳动力的一种状态。这也是我们需要人才管理专业人士的主要原因。

2. 谁是解决技能差距问题的关键利益相关者？我们每个人。不论我们是谁，学龄儿童的父母、大学教授、雇主或人才管理者，我们每个人都需要填补技能差距的机会。

3. 谁来负责解决和整合新的员工管理实践和流程？许多有潜力的职位候选人是准备不充分的，他们可能没有受到足够好的教育，也没有机会提高他们的就业能力。然而，到目前为止，有关技能差距的讨论，较为关注导致这些差距的罪魁祸首是谁，而不是关注如何缩小这些差距。每个利益相关者都应当担起责任，重构讨论模式，为那些技能缺乏者创造提升自我的机会。

4. 人才管理专业人士应当扮演怎样的角色？当然，关键利益相关者可以为改进招聘的有效性做很多努力，以便雇用到最佳候选人，同时，人才管理专业人士在缩小技能差距中也扮演着重要角色。通过给学习者提供获取新技能或新知识的机会，人才管理者获得了很好的空间。今天，我们提供了最有效的学习干预，明天，这些职场人就会受到激励，并获得继续个人职业发展的能量。

　　请记住，每天学习新的东西，它不仅会丰富你的生活，也会给你周围的人带来新的气象。

作者简介

　　珍妮特·K. 温特斯（Jeanette K. Winters）是变革管理、人才管理和学习实施专家，在人员匹配、战略和机遇等方面有一定知名度。她为多家《财富》500强公司开展企业人才管理、多样化与包容、组织发展、企业学习等领域的服务，如英特尔、联邦快递、必能宝、安进等。她本人还担任了 ATD 公共政策委员会主席，积极倡导开展与劳动力结构变化及其对美国创新和发展的影响等相关研讨。她本科毕业于美国大学，是高等教育管理硕士，南加州大学公共管理学博士，具有神经领导力研究所（NeuroLeadership Institute）颁发的神经科学和领导力证书。

第17章

人才梯队建设：更多、更好、更快

安妮·戴维斯·戈特　　凯文·D. 王尔德

搭建强劲的人才梯队可以归纳为一句简单的口号：更多、更好、更快！

上述理念已渗透到人才管理领域，但人才管理专业人士如何将其变为现实呢？

通过将传统的经证实的方法与前沿的方法相结合，我们总结出一套行之有效的方法。本章将从三个方面详细介绍此方法以帮助你提升组织能力，分别是明确目标、提升人才评估信度、大胆实施。

基于我们在通用磨坊①的人才管理实践，本章旨在帮助你搭建人才梯队。

更多的人才：明确目标

几乎所有组织都有商业周期计划，在这个计划里，领导者会设立短期或长期的目标及衡量指标，如增长指标、能力指标和创新指标，并通过这些指标来决定投资的优先顺序。此外，这些组织也有良好的机制来识别是否偏离目标。尽管不同的组织有不同的机制，但是这些机制应该回答下面两个问题：

---

① 通用磨坊（General Mills）是总部位于美国的一家世界《财富》500强企业，主要从事食品制作业务。——译者注

1. 组织的目标是什么？

2. 在达成目标的过程中需要遵守哪些规则？

同理，在搭建人才梯队的时候你也需要明确目标，明确在达成目标的过程中需要遵守的规则。

目标是什么

要想掌握人才梯队建设的核心，人才管理专业人士需要明确目标。人才梯队建设的最终目的是将具有合适技能的人在合适的时间放到合适的位置。为了实现这一目标，需要识别关键岗位，建立有效的继任标准（如每个关键岗位在任何特定时刻需要多少后备人员），明确关键人才是从外部招募还是内部培养，以及如何跨界调动人才。还需要考虑员工是在一个岗位长期留任还是轮岗。最后，确立一种强力推动人才管理进度且简单有效的方法。

在达成目标的过程中需要遵守哪些规则

组织在人才盘点过程中需要做出重大改变，需要更清楚高层管理者的角色，需要为不同的角色制订不同的计划，还需要在开发、差异化及领导责任上进行推进。为了在通用磨坊持续推动变革，我们回过头来回答这个问题：我们应该怎样管理人才？

受益于马克·伊弗朗在人才管理上的出色工作，我们与公司的高层管理者合作确立了一系列人才管理规则。这些规则涉及绩效管理、人才获取、人才发展、差异化管理、信息透明、问责制六方面。其中一些规则清晰阐明了长期存在并广受认可的事实，另一些提醒我们工作的目标。总体而言，这些规则为人才管理实践、决策、搭建人才梯队提供了指南。

虽然看似简单，但这些规则是人才管理工作的关键促成因素。图 17-1 展示了我们的规则以帮助你理解。花时间和你的领导及业务伙伴一起，合作确定适用于你们组织的人才管理规则。拥有和领导一起确定的文档化的规则，能确保做出与组织整体人才战略相一致的决定，不论这个决定是困难的还是显而易见的。

图 17-1　通用磨坊的人才管理规则

更好的人才：提升人才评估信度

想象一下，过去几年的人才梯队建设进行得非常顺利，这一新的人力资本体系为高管生成了一份漂亮的报告，继任计划则是这份报告中的亮点。但事与愿违，当没有合适的继任者去填补空缺岗位时，你将陷入抓耳挠腮、不知哪里出错了的境地。

这种情况不在少数，人才梯队建设的成功率是很低的——少于 1/3，而且这个低成功率被认为是人才管理的本性。很难想象董事会怎么看待下面这些情况：财务总监的财务预测错了 2/3；或者，市场总监批准了一种新产品的上市计划，而这一计划的资金成本比市场同期高 25%；更别提制造总监管辖下生产的产品有超过一半需要召回了。

这些不佳表现背后的原因是什么？回归基础，你会发现是基于决策。

无论是提升内部人员还是招募外部人才，有效的人才管理都是由决策驱动的。事实上，决策制定是构建高质量人才梯队的核心，如果忽略这一环节，人才梯队建设将摇摇欲坠。吸引一流的人才与做其他商业决策一样，要建立在严谨和规则的基础上。

✎ 人才梯队建设的三项挑战

基于多年指导人才梯队建设的经验及对失败的总结，我们发现高质量的人才梯队建设面临三大挑战：**盲目乐观，潜在的不胜任，预测而非准备**。

盲目乐观，是指人才决策好得令人难以置信。例如，一位表现极佳的中层管理者会被认为是下一届高层管理者的候选人，通常，组织会给予其一些发展任务并配以教练辅导，以便这位员工在有空缺职位的时候已经准备好。但有些情况下，这位员工在新职位上根本不能表现出当初做规划时所期望的绩效，即使按照正确的动作做事，也不能成为一个成功的继任者。

做出上述错误判断的根本原因是这样一种观点：只要员工在现有职位表现出高绩效，自然就有能力适应高一级的职位。当然，还有其他原因导致错误判断，如对目标职位的需求缺乏清晰的共识或仅对候选人进行了单一维度的评估。提高判断的准确率需要挑战过于美好或缺乏支撑的乐观判断，尽管这一过程会让人不舒服。

潜在的不胜任，是指那些尚未显露或被发现的，导致候选人不能承担更大职责的致命缺陷或职业危害因素。潜在的不胜任比候选人在某一方面的不足造成的后果更严重，它包括不能满足高层角色的需求，缺乏良好的人际沟通技巧以有效推动组织变革，不能组建强有力的团队和培养高绩效的人才。

通常，这些潜在的不胜任在某种程度上为人所知，但是被其他较强的优势或过度保护的领导所掩盖。事实上，回顾以往360度领导力调查或绩效评估结果，可以清楚地看到不胜任的诱因在表现出来之前已经存在。通常，当候选人被提拔到更高职位或需要开拓新业务时，潜在的不胜任才显现出来，导致需要终止任命或重新委任。接着，一边自责当初的错误选择，一边继续通过猜测选择候选人。为了避免这种情况出现，需要分析过去失败的案例，总结经验，从而在现有人才库中提前发现潜在的不胜任者。

预测而非准备，是指一种危险假设，即认为只要避开了"盲目乐观"和"潜在的不胜任"这两类挑战，就可以为组织提供大量人才。当然，做到这两点确实能提高胜算，但并不能保证成功。高效的人才梯队建设能在推动目标实现和识别未知局限性之间保持微妙的平衡。

这里的"未知"包括动态的市场，在这个市场上，今天的关键角色明天可能无关紧要。而新的商业战略需要新的能力，这些能力当前尚未在候选人的身上显现或只是初露端倪。另外，不要忘了在未经试验的领域判断一个人的成长潜力是多么棘手，特别是与其个人价值观的转变和职业生涯的转变相结合的时候。例如，现在还接受在全球范围内轮岗的领导，可能在轮到下一个岗位时就会发出"不想离开"的声音。

承认不可控变量的存在将使你的关注点从追求完美转为在不同层面做好准备。例如，为组织提供可以成长为不同角色的候选人，通过招聘更多可以向上培养的候选人以增加选择范围，增加与候选人坦诚讨论的次数以及时了解其最新想法，更新人才梯队建设计划以匹配最新的战略。概括来说，就是通过提升人才梯队建设的灵活性来做好准备。

✎ 领导力评估工具

为了更准确识别候选人，人才管理专业人士需要综合考虑如何有效地使用领导力评估工具。这并不意味着需要这些工具是相互独立的，相反，这些工具各自提供给你的见解，都是帮助你完善对当前及未来领导者的认识的。克服人才梯队建设的三项挑战的核心在于，更加诚实地诊断你的领导力。领导力评估工具可以增加这一诊断的准确性。

通过与工业组织心理学领域的专家合作，人才管理专业人士可以自己构建评估方法来做出甄选、开发、晋升的决策。这些方法利用评估数据来指导领导力的开发，也是人才梯队建设的关键。不过，和任何投资决策一样，人才管理专业人士需要谨慎地分析在实现目标的过程中可能面临的机会和威胁，从而在员工的领导潜力及其成功的可能性上做出知情、折中、合理的判断。

人才管理专业人士需要使用经科学证实的工具来指导上述判断。然而，研究表明，公司高层在重要的人才决策上主要依赖于自身的直觉（CEB，2013）。这是因为在组织中利用评估数据做出富有洞察力的有效决策其实是很难的。下文列举了三个常见的困难及可行的解决方案，以帮助组织开发出一个具有平衡性的、高价值的评估工具。

开发评估工具时忽略文化契合度

在开发评估工具时，人才管理专业人士需要考虑其在组织内的布局、关联度和支持度。评估工具可能让员工不适，领导和员工对其准确性和影响力会持保留态度。参与者的错误认知（认为评估工具会带来非黑即白的结果）会导致不合理的高风险，同时让领导者感到他们的决策会被放在放大镜下评头品足。要想搭建适合企业文化的评估工具，人才管理专业人士需要采取如下三步。

首先，建立清晰、透明的评估原则。这些原则需要回答如下问题：

- 评估结果在决策中起怎样的作用？
- 谁能看到评估结果？
- 组织对评估后的员工发展有怎样的承诺？
- 人才梯队建设的哪一部分会用到评估结果？

其次，建立让领导者加入多元化的评估中心。一旦受过培训，领导者将通过结构化面试、案例分析、人才校准研讨等方式对评估结果做出贡献。这一方法提供了一种整合性的评估体验，运用领导者经验的同时还培养了其人才评估和校准的敏锐度。

最后，也是最重要的，确保个人和专业发展包含在项目设计中，而且在评估实践或项目首次推出时就要展示出来。这一点做得好，参与者就会因为被选中加入项目而感到自豪，而不用担心自己被选出来接受专业的残酷考验。

设计评估工具时心中无目标

领导力评估需要你对组织的高潜力人才进行有目的的、始终如一的、有条不紊的洞察。然而，洞察本身并不是工具最大的用途，如何利用洞察结果才是——在解释评估结果时如何使员工也能参与进来，怎么制订发展计划，以及在最终目标是人才梯队建设的情况下如何衡量产出。

要想获得组织的支持来将评估方法与人才梯队建设相融合，人才管理专业人士需要聚焦"大画面"——他们需要建立健全的评估机制以获得领导者和 HR 的信任，同时需要确保承诺和跟进。在设计评估工具时始终牢记最终目标，就可以做到这一点。

采用这种从一开始就聚焦成果的方式，组织可以更容易地在发展计划、领导责任、跟踪、测量等方面开展工作，也能够承担进程推延的后果。若不聚焦成果，组织就是在将大量的金钱和其他资源投入那些随后使用率低下的能力上。此外，一个在评估后聚焦员工的学习与成长的框架，可以支持你的高潜力员工获得一种积极的且相互承诺的经历。

过度依赖评估数据

尽管评估工具具有极大的价值，但我们必须承认，即便最好的评估工具也会有不准的时候。在决策过程中运用评估数据时，领导者往往会无意间过度依赖数据结果或外部专家对数据的解读。这种过度依赖实际上反而会降低评估结果的影响力，领导者在发现与实际情况不符时会否决评估的有效性和价值。

随着评估工具及其说明指南变得越来越复杂，领导者更关心"是又怎样，我该怎么办"。这时人才管理专业人士可以将数据置于实例中来帮助领导者理解，例如，比照领导职位所要求的标准，在员工的个人履历中找出其成长模式。人才管理专业人士可以提供如何在组织中使用数据的见解，也可以对可衡量的专业判断加以鼓励并提供帮助。当领导者充分了解了相关背景并拥有了多维度的视角时，他们就能够提取数据并将其运用到发展计划中以加速人才的准备度，提升成功的可能性。

为了确保组织正确使用数据，人才管理专业人士需要让 HR 和业务领导者对评估工具测量的内容有基本的了解，还需要让他们了解评估工具是如何融入人才梯队建设中的，知道他们对员工的了解和数据信息之间是如何联系的。为了帮助了解，人才管理专业人士也可以在组织中创建一种关于对高潜力员工非常有意义的领导力胜任素质的共享语言。

更快地培养人才：大胆实施

要为组织建立有实力的人才梯队，需要深思熟虑的规划。在通用磨坊，我们研究出了将高绩效、高潜力领导者区别于其他领导者的变量。在外部研究和惯有的直觉相互印证下，数据表明不一样的经历可以培养不一样的潜能，如具有高压的全球就职经历，在一个部门内快速上升的经历，在一个国家内跨职能或跨部门工作的经历。

作为组织人才的管家，人才管理专业人士一直致力于快速培养在不同环境下成功的领导者。在一个全球性的、复杂的、绩效驱动的组织中实现这一目标是比较困难的。这需要 HR 和培养对象直接领导者的合作，但是这种合作往往跨越了业务和部门，并不是 HR 或这些领导者熟悉的，甚至会让他们感到不舒服。顶级人才会参与一些对其能力进行开发的延展性任务，当 HR 或顶级人才的直接领导者在这种任务中与这些顶级人才进行合作时，需要非常清楚接下来的任务及期望达成的结果。为了更好地指导如何设计延展性任务，请考虑如下关键问题：

- 延展性任务的目的是什么？
- 什么工作适合布置在延展性任务中？
- 为了成功，你需要提供怎样的支持？
- 哪些因素会使延展性任务不受欢迎？

延展性任务的目的是什么

收集完评估数据并按照延展性任务的需要挑选了顶级人才后，下一步就是要思考组织及高潜力候选人需要从延展性任务中获得什么。通过预先询问领导者来获得清晰且详细的能力开发需求，并衡量在能力开发和新角色影响之间的平衡。确保领导者能够回答："这个员工在任务中需要培养什么关键能力？"这一环节至关重要。花一些时间将学习发展的目标文档化，并且清楚地描述成功后的情景。提前想好这些，并且严格遵守。你会希望确保延展性任务与候选人日后面对的问题一致。

什么工作适合布置在延展性任务中

明确了目的，接下来你需要确定委派怎样的工作来发展这位候选人的领导能力。在通用磨坊，我们选取的任务取决于该候选人的职业路径和业务部门的建议。一个常见的思路是，游说组织为部门内或跨部门人才提供曝光度、学习机会和支持。为了做好这些同时避免组织混乱，你需要确认哪些是可以跨部门轮岗的人，以及哪些部门可以支持这样的任务。不论你的方法是什么，都要有策略地识别并保留一些职位让顶级人才去体验。

为了成功，你需要提供怎样的支持

选好了人，确定了目标及任务，你可能认为高枕无忧了。但是，如果没有必要的支持，参与者的任务还是可能失败。

即便组织最优秀的人才，也需要一定的支持来完成这项任务以成长为一个更好的领导者。要提供职业转换的支持，如在新部门为候选人指派一位内部导师以确保直线交流。要清晰透明地向参与者传递发展目标，如有需要，还可以通过外部支持强化发展需求，确保为参与者在参与期内设置了关键里程碑节点。在这个过程中，确保组织中有人和 HR 一起为项目的成功负责。尽管在这个复杂的过程中会遇到很多阻力，但是被培养出来的未来领导者（以及期望看到这些未来领导者成功的人）会感激你。

哪些因素会使延展性任务不受欢迎

到目前为止，我们谈到的都是与延展性任务、HR 以及直接领导者有关的方面。但是如果一位高潜力的候选人拒绝了项目邀请怎么办？这些不确定因素最好在人才盘点时就加以考虑，而候选人的意愿更多地取决于任务本身。候选人会认为这个项目背离了其职业轨道吗？这个项目会影响其薪酬吗？这个项目会在短期内影响其发展吗？看起来这个角色的风险大于收益吗？

延展性任务的成功依赖于薪酬福利的设计、职业通道的设计以及就这些非常规调动所进行的沟通。认真考虑清楚这些价值主张，向候选人完美地阐释任务的与众不同以及对候选人的帮助。说来容易，做来难。例如，大多数公司对顶级人才在跨部门调动方面都没有报酬方面的补偿或者平衡措施，以确保调动在经济收益上的优待。

总结

"更多、更好、更快"口号所体现的内容是所有人才管理专业人士工作的本质。尽管组织各有不同，但是寻找更多、更好的人才以及快速将人才培养成领导者的需求是相同的。下面列举了一些搭建人才梯队时你需要考虑的关键点，希望它能对你有用。

更多的人才

- 你能清楚地描述成功景象吗？
- 组织内对于符合计划或偏离计划有一致的衡量标准吗？
- 领导者对于人才管理路径的规则清楚吗？
- 组织对于人才管理实践需要达成的目标一致吗？

更好的人才

- 组织内的领导者擅长识别高潜力人才吗？如果不擅长，在这一方面他们的共同障碍是什么？
- 你对组织内评判人员胜任和不胜任的模式清楚吗？
- 你的领导者有勇气诚实地评估并说出人才梯队的不足吗？能够在需要的时候更新梯队吗？
- 在人才诊断方面你是否建立了客观的及有效的评估机制？如果是，你能充分利用这一机制提供的洞察结果吗？

更快地培养人才

- 你清楚高潜力人才需要的不同的培养需求吗？

- 你有计划确保组织满足其需求吗？
- 为了确保可以广泛调度组织内的人才，你是否已经明确了哪些是组织内应纳入管理的关键人员和关键职位？

作者简介

安妮·戴维斯·戈特（**Anne Davis Gotte**）是通用磨坊的人才管理总监。在她服务于通用磨坊的 13 年间，通过跨部门和跨职能的合作，为整个组织内的客户提供 HRBP 和人才管理领导。此外，她拥有康奈尔大学工业和劳动关系专业的硕士学位，并一直是一位活跃的校友。

凯文·D. 王尔德（**Kevin D. Wilde**）是明尼苏达大学卡尔森管理学院的行政领导，也是通用磨坊负责人才与组织能力的前任副总裁。他还是《与人才之星共舞：教你 25 招》（*Dancing with the Talent Stars: 25 Moves That Matter Now*）一书的作者。

第18章

战略绩效学习：如何再造思维

麦克·沃恩　　乔尔·亚诺夫

在日趋复杂的商业世界中，差异化思考对于领导者来说是个挑战。因为组织内部的关系本身就复杂——相互联系且相互依存。因此，一个部门的决定往往会无意间影响到另一个部门。这也能帮助我们形成更深刻的见解，例如，为什么人们都这么有压力？为什么难以让人们担责？为什么执行落地难？为什么变革会如此有挑战？

绝大多数组织都前途未卜。这种不确定性听起来令人生畏，也取决于组织领导对此的准备情况如何。那些驱动了大多数成功组织的市场环境要么不复存在，要么已经大相径庭了。过去，组织能采用预测式思维，假设他们了解或者能够预测未来的状态，并据此设定可实现的目标。预测式思维在非常简单的环境里也许很管用，但在如今快节奏、全球化和高竞争的市场环境中，它却会带来显而易见的风险。实际上，你对周围环境未知的部分要远远超过已知部分。

领导者必须学着快速适应这种新形势，为此，他们需要一种新的思维模式——场景化思维（Scenario Thinking）。通过运用场景化思维，领导者提升自己的认知和心智准备度，从而能够在复杂且不可预测的环境中保持有竞争力的绩效。场景化思维能够帮助领导者应对未来的不确定以及多变的未来。对人才管理专业人士来说，最大的挑战就是使人才管理项目超越预测式思维，更专注于场景化思维。

但瑞吉斯公司[①]的观察发现，大部分领导在应用这类思维方面并没有做好准备，而这类思维却是通过成功地运用数据做出有质量的决策，并针对未知形势做相应调整时所需要的。简单地说，就是领导者缺乏适应环境的认知准备。

因此，组织有两个基本需求，他们需要：

- 基于证据进行决策——运用数据努力做基于事实的决定，而不是被动或闭塞的决定。
- 提升领导者的认知准备度——更好地理解并适应当下运营环境所固有的可变性、风险性和不确定性。

这些需求给人才管理专业人士提出了很大的挑战——如何尽力帮助领导者清楚地理解他们复杂的组织。人才管理专业人士正在寻找新的方法去设计项目，以反映当前的市场动态，同时使领导者为适应可能的未来市场情况做准备。但是要真正做到这一点，他们需要首先应对以下重大挑战：

- 你如何有效地评估个人、团队和组织的认知准备度，从而设计具备高利用率且高影响力的领导力发展项目？
- 如何设计领导力项目以揭示和解构那些根深蒂固并已过时的行为？

本章接下来的部分将介绍一个框架，能够反映持续变化着的领导力发展需求，同时开发你的场景化思维能力以改进决策。

场景化思维

皮埃尔·瓦克（Pierre Wack），情景规划[②]之父，很贴切地说过一句话："未来不再是稳定的，它已经变成了一个时刻移动的目标。基于过去的行为不再能做出唯一正确的推测了。更好的方法，我相信，就是接受不确定性，努力理解它，

---

① 瑞吉斯公司（Regis Company）是位于美国的一家领导力咨询公司，致力于通过沉浸式的情景模拟的方式创造优秀的领导者，其理念是通过课程教会学员如何思考，而不是思考什么。本文两位作者都是此公司的高管，详见"作者简介"。——译者注
② 情景规划（Scenario Planning）采用当前关于此理论的相关出版物中的常见译法，译为"情景规划"，除此，scenario 均译为"场景"。——译者注

使它成为你推论中的一部分。"

场景化思维就是这样的练习方法——练习"接受、理解，并把不确定性作为你推论中的一部分"。

图 18-1 展示了数据、分析和预测式分析所提供的一种思考角度，情景规划则提供了另外一种。当数据、分析和预测分析只给我们一些较小的未来抉择时，情景规划则能提供更多。大多数顶级业务领导都知道，在未来拥有更多选择将更有利。此外，当领导者经历情景规划的过程时，他们也在进一步提升自己的场景化思维能力。

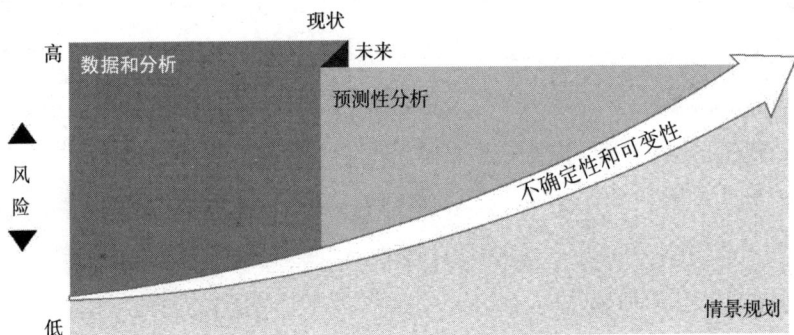

图 18-1　场景化思维模型

场景化思维从当前状况出发，也需要根据数据和分析来做决定。就像你早上也许会查看天气预报来决定每天穿什么衣服一样，组织领导者也必须每天了解描述组织天气的关键指标。这些数据将有助于克服人们固有的偏见，这些偏见会使人们的判断变得模糊。

但数据和分析是有局限性的，它们描述的是过去发生的或者现在已经存在的事实。计划赶不上变化。领导如果仅仅依靠组织过去的经验，将会置他们自己和组织于险境。在一个快速变化的复杂世界里，过去并不总能可靠地预测未来。

当难以预料的因素导致的各种事件快速呈现时，数据和分析就无能为力了。即使拥有各种数据和技术，科学家们还是无法在发生之前预测绝大多数的地震、火山喷发或龙卷风。同样，大多数组织还在尽力预测大规模的动荡。那些仅仅依赖数据和分析的领导者忽视了组织面临的一个基本风险，无论是何种形式，不管是竞争对手出其不意地推出破坏性的新产品，还是消费需求发生了快速转换，或是地区局势动荡，安全漏洞，也可能是负面消息的病毒式传播。市场上不乏像黑莓、柯达和雅虎这样的企业，它们过于依赖过去的成功而忽视了那些可能导致戏剧式转变的场景。

组织能够运用预测性分析来克服这些局限。预测性分析使用组织的历史数据和决策来模拟可能发生的未来场景。就像气象学家通过研究过去的天气模式来建立模型，以帮助预测未来的天气，业务领导者也能够运用预测分析构想他们可能的未来。预测分析能够帮助业务领导者评估未来市场的趋势、收入和成本预测。

预测分析同样有局限性。由于预测分析还是基于历史数据，因此业务领导者看得越长远，预测分析的可靠性和作用就越小。气象学家常常对一两天之后的天气预测会发生错误，对两周后的天气进行精确预报的希望就更小。与此相似，预测分析能够极大地提升决策水平，但同时带来了错误的安全感和众多盲点。

为了减少不确定未来所带来的风险，你可以尝试在领导者的思维中增加更多的不确定性。这个可能与直觉相违背，但当领导者学着接受不确定性时，实际上他们增加了未来可能的选择。他们可以通过情景规划来探索未来可能的不同选择，来学习接受不确定性，这是数据和分析无法做到的。

情景规划是"一项建立多种可选未来以形成决策的机制，用以转变思维，提升决策，培养个人、团队和组织学习能力，并提升绩效"（Chermack，2011）。情景规划挑战领导者的假设和推理能力，迫使他们考虑在一系列场景下所有可能发生的事。这个过程使得更广泛的未来可能性浮现出来，将迫使领导者反思他们（可能有缺陷的）的想法。因此，场景可以作为试验场来检验组织的策略、规划和决策制定。

当领导者经历情景规划过程时，他们发展了场景化思维能力。换句话说，他们提高了认知准备度，当面对意外时，他们能够更周全地考虑可能的选择以及后果。

为了发展有助于提升领导者认知准备度的思维，组织需要从传统培训中跳出来，传统培训的设计内容一般都是从年度流行的学习热点中挑选出来的，然后高度结构化、概念化并线性传授。为了发展场景化思维，培训项目需要积极吸引学员成为他们自己学习的设计者。组织也需要一种新的方式，即战略绩效学习法。

战略绩效学习法

战略绩效学习法能够最大化地利用转型式的学习方法，以前这类方法一般只会应用于最先进组织内精挑细选出的少数领导者。通过情景规划、响应模拟和综合分析等工具的结合，组织能够转变学员与复杂、快速且持续变化的世界的接触方式，从而能更有效地提供更具针对性的领导力发展体验。

战略绩效学习法有三个阶段：展开、下推和优化。它们形成了一个良性循环，以打造在复杂和多变环境中具备分析、理解、决策和执行能力的思想者和领导者。图 18-2 对三个阶段进行了概述。

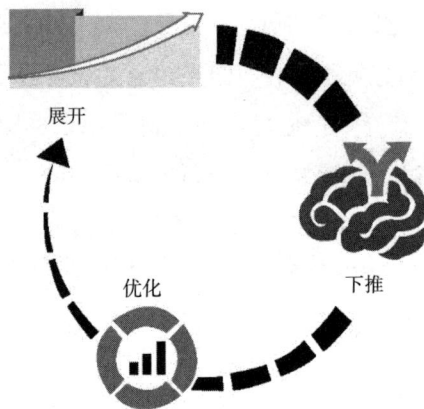

图 18-2　战略绩效学习循环

展开阶段，运用较为成熟的情景规划实践来扩展和深化学习者对于组织系统及其运营环境的理解。下推阶段，运用模拟技术把学习从情景规划过程向下层层推送到整个组织，从而使其变成现实。优化阶段，则运用在情景规划和模拟阶段收集到的资料，来指导工作优先级的识别与设定，并设计面向未来的个体、团队和组织领导力发展项目。

总而言之，这三个阶段形成了战略绩效学习周期。当学习者经历完这三个阶段时，他们就能形成场景化思维的习惯，随之提升认知准备度。让我们来更详细地了解战略绩效学习的不同阶段。

充分运用战略绩效学习正变得举足轻重

作为在《财富》500 强企业负责学习与发展的总监，玛丽一直在根据业务需求开发并实施相关的学习与发展解决方案，采取战略绩效学习法真正帮她达成了这一目标。

"我们一直在努力做到贴近业务，"玛丽说，"这就不仅仅需要把解决方案放到高管办公桌上，而且要能预测领导者的学习需求。战略绩效学习帮我们做到了这一点。领导者非常欣赏这种学习与工作深度一体化的方式。他们感觉情景规划为他们提供了一个值得经常应用的思维框架。因此，把它整合在学习过程中给我们带来了巨大的利益，坦白讲，是一场大大的胜利。

"不仅如此，领导者能够把在情景规划阶段发现的异议、难题和机遇等与组织的其他事项串联起来，真正推动变化。以前，我们的沟通团队发一下备忘录或幻灯片就完事，或者我们培训团队来制定一些学习目标，而这些目标会产生不同的培训模块。这些方式的问题在于，它们无法帮助大家看清自己行动对于解决问题的真正贡献。现在，能够在响应模拟过程中看到决策最终实现，这让我们感到异常震撼。而且我们第一次，有了数据——不是笑脸表[1]，而是可以帮助我们实现持续学习并满足发展需求的真实数据。"

✏️ 展开

展开阶段本身是由两个步骤形成的：首先，学员要打破自己陈旧且不精确的心智模式；其次，他们要合作重建共享的、更精确的心智模式。作为一个团队，领导者在这个过程中分享对于业务及运营环境的更稳健的理解，效果会更好。

情景规划是在团队中建立和分享准确的心智模式的最有效方式之一。情景规

---

[1] 此处指的是培训后的效果评估表。——译者注

划提供了一个结构化的过程，在这当中对个人、团队和组织的理解分别进行揭示、挑战、解构及重建。这个过程帮助参与者更为完整、更为准确地理解他们制定决策时所处的环境。

心智模式

心智模式是我们用以看待和理解世界、理解各种事物的镜头。同样，它是我们如何看待自己、他人和职场的心理表征。心智模式帮助我们赋予价值、形成观点和建立评价。心智模式影响我们对他人的感知和反应。正因为我们做出的每个决定都基于自己的模式，所以这些模式对于成败至关重要。就像皮埃尔·瓦克所说的："情景规划最重要的目的就是改变心智模式，转变组织内关于未来或外部环境中可能发生什么的思维模式。"

情景规划通过描述与关键的环境驱动力相匹配的各种可能的未来（场景），来挑战个人和团队的心智模式。这些驱动力对于组织来说具有很高的影响力与不确定性，但领导者往往都没有意识到。这样做不是为了确定未来，而是为了拓展领导者对于未来各种可能性的认识。这使得领导者对商业动态化的认识更加深刻。

学以致用

我们很多客户都很担忧，人们在组织内部都处于自动驾驶状态，在他们信以为真的环境下做决定。他们所担心的是，这种潜意识是在一个不复存在或与当前截然不同的环境中产生的。

对受到极度不确定因素高度影响的未来进行探索，使领导者离开了自动驾驶状态，迫使他们审慎思考并处理这些未知状况。结果是，领导者的心智模式得到了发展，不仅更为精确，而且更加重视对业务及其环境的更广阔视角。

情景规划帮助参与者：

- 加强对于环境动态性的理解。

- 提升用新方式来看待机遇与问题的能力。

- 达成对组织及其面临问题的共识。

- 使自身的努力与组织系统保持一致。

- 制定稳健的战略。

　　情景规划本身值得付出努力，但对于过程中收集到的大量丰富的资料，组织需要形成学习成果在组织内进行广泛交流，而不仅限于单一领导团队内。他们需要把新的学习推广到整个组织中。

✐ 下推

　　组织是其所有人的集合。如果所有组织成员都理解别人对他们的需要（并相应做到），组织就会茁壮成长。如果仅仅是少数领导者理解，组织就举步维艰。情景规划是培养领导者的理想选择，但如果需要将学习内容在组织的所有层级都推送下去时，就会遇到麻烦。换句话说，参与其中的领导者会受益，但与别人分享所学就会面临挑战。

　　模拟技术能够帮助组织克服这些挑战。把情景规划与模拟技术结合起来将两全其美：一个是真正的探究性学习活动，领导者能够在过程中通过对话、评价和批评等现身说法；一个是更加结构化的学习活动，在其中员工可以看到他们的决定和行为如何与领导者相匹配，并可以见证他们所做决策的最终实现。

　　多年以来，组织一直应用模拟技术来帮助员工提升技能，就像在真实环境下实践、决策和行动一样——但却不会有现实工作中失败的风险。不过要层层推送在展开阶段发现的挑战和机遇，组织需要新的模拟技术——一种超越传统的树状图或电子数据表的模拟方法。组织需要响应性的模拟。

　　尽量充分将工作环境的动态复杂性进行再现，响应模拟顾及了大量现实生活中耗费领导者精力的复杂因素，如地缘政治、经济、业务和人员变动。响应模拟可以让参与者测试那些处在灰色地带的决策，也许正确的决策就是在当下介于相互矛盾的优先选项之间的。通过精心设计的模拟工具，参与者能够着重学习那领导者在决策中所面临的关键的短期与长期的权衡。

在情景规划中，场景会被展示给参与者，然后这个模拟过程的参与者就必须从多种角度对这些场景进行评估。举个简单但却让很多人感觉困惑的例子，就是：如何权衡制定决策所需要花费的时间和注意力。时间和注意力都是有限的资源，在两者中进行权衡——选 A，还是选 B。然而，更多的人会面临着多重相关性权衡——选 A 的同时，要评估对 C 的影响，并兼顾对 D 的附带结果，然后选 B。不少人在对权衡时间和注意力的理解上都很困惑。如果再把市场、地缘政治和动态经济学等都考虑进来，那将是一个非常复杂的系统。

响应模拟能够模拟现实生活的复杂度，同时获取行为资料。组织随后可以向参与者提供他们的行为数据（最终成功的决策、与他人合作的有效性、评估场景的能力）以揭示其盲点和思维缺陷。同样重要的是，在展开阶段浮现出来的好想法，要能够在整个组织中一层层地推送下去，它们能够在组织内创建共同的且更准确的针对未来有可能面临的挑战的认识。

优化

大多数组织内的变化节奏很快，一次性转型式的学习成果是不够的。组织必须持续学习、讨论并让员工参与进来，以挑战和提升心智模式的准确度。情景规划（展开）和响应模拟（下推）两者的额外好处是能发现大量有价值的资料，可以用来确定下一轮学习的重点。

从情景规划开始的数据收集过程产生了大量有关组织的重要问题的数据。场景成为对影响业务及其重要性的主要外部力量所做的丰富描述，包括预示现有战略何时需要进行变化的市场动态和信号。这个过程中获取的信息对于开发一个丰富、可信并高度相关的响应模拟工具极为关键。

前所未有的新思维方式

作为公司的高级副总裁，约翰面临的挑战是需要找到有效方式来快速转变领导者的观念。在几次失败的尝试之后，约翰开始使用响应模拟的方法。

"响应模拟的绝妙之处就是把领导者在展开阶段发现的挑战和机遇推送给组织中的其他人，"约翰说，"在这种情况下，人们开始感叹领导者所面临的复杂性。同样重要的是，他们开始显露出自身心智模式的局限性。这个时候，我们能够真正感觉到转变——充满兴奋感并且新的思维方式也出现了。我最庆幸的是领导层以前从未想到过这种思维方式。那就是，在模拟过程中，团队创造了新的方式，为组织把握住了一个市场机遇。游戏规则也发生了变化。"

在模拟过程中，我们能得到更多数据。例如，我们能够获取与下面这些内容相关的数据：做出了什么决策及决策原因，决策最终是如何实现的，决策是否与组织声明的战略相一致，心智模式是否得到了提升等。在模拟全过程中收集的数据能够与一些具体概念匹配起来，如领导风格、风险或变革容忍度、商业敏感度。这些数据随即可用于分析，就像迈尔斯-布里格斯性格测试[1]如何评估你的社交倾向一样。其区别在于，模拟数据是基于相关环境下所做出的选择，因此更接近参与者在压力下的实际反应。

结合起来看，从展开阶段和下推阶段中产生的数据能够帮助优化下一轮的情景规划和响应模拟。它们形成了一个良性学习循环，目的就是处理最棘手的人才管理挑战：让员工以不同寻常的方式来思考和行动。

唯一不变的就是变化。对于组织和人才管理专业人士来说，这条真理传递了一个基本规则：为实现持续健康的增长，领导者必须持续调整他们的思维方式。

---

[1] 迈尔斯-布里格斯性格测试（Myers-Briggs test）又称 MBTI 性格测试，是全球著名的性格测试之一，根据 4 个问题的不同答案（外向/内向、感觉/直觉、理性/情感、判断/理解），将人的性格分为 16 种类型。——译者注

没有理解并拥抱不确定性的能力——仅仅片面地看待现实——领导者将难以有效领导，组织也会举步维艰。

战略绩效学习法提供了一条前进的道路，帮助人才管理专业人士运用情景规划的方法设计领导力发展项目，以提示、解构陈旧的、片面的心智模式，用必要的工具帮助组织的领导者更好地适应无法预知的挑战。通过"展开""下推""优化"的良性循环，人才管理团队和组织的领导者能够反思他们的思维方式，并成为他们自己的学习进化的主人。

行动指南

开展战略绩效学习的最佳入手点是：找出一个领导者必须处理的关键业务挑战。通过与不同的利益相关者进行访谈可以获得这方面的信息。通过整理和分析访谈信息，可以判断领导者正在面对什么样的平衡点或权衡决策，并且它们是与业务挑战相关的。

明确了业务挑战，情景规划就可以作为**阶段**一启动。通过一系列由专家引导的研讨会议和场景开发，那些让决策制定者感到混乱的麻烦问题和不确定因素被抽取出来，设计成丰富的场景描述。这些场景就可以用于培养公司领导者的关键思维的练习，它们将会对决策、战略和计划进行测试。

情景规划过程中所获取的数据可以作为**阶段**二的指引——开发响应模拟工具。通过模拟，情景规划阶段浮现出来的挑战和问题被下推，还可以对模拟过程中获取的参与者数据进行分析，在下一步作为建议和洞察提供给领导者（**阶段**三）。

为什么战略绩效学习对高管团队如此具有吸引力？因为战略绩效学习能够把协作学习与真实的业务数据和环境结合起来，经常能产生业务可以直接用于实施的解决方案。如果实施得当，它可以将人才管理直接和业务结果紧密联系在一起。

作者简介

麦克·沃恩（**Mike Vaughn**）是 Regis 公司的常务董事，联合创始人和首席执行官。Regis 公司是全球公认的模拟设计领域的领导者，这种模拟设计可以将神经系统科学原理应用于定制化的领导力培训项目。怀着对学习和思维过程的毕生热情，他针对高价值领导者如何思维进行了研究，该项研究在行业内领先。他是《培训的终点：模拟技术如何重塑商业》（ *The End of Training：How Simulations Are Reshaping Business* ）和《思维效应：再造思维，创造伟大领导与新价值工作》（ *The Thinking Effect：Rethinking Thinking to Create Great Leaders and the New Value Work* ）两书的作者。他拥有科罗拉多州立大学的认知科学和计算机科学学位，并在伦敦的密德萨斯大学继续从事神经系统科学方面的研究工作。

乔尔·亚诺夫（**Joel Janov**）是 Regis 公司的项目总监，他领导开发了复杂的领导力发展项目，客户包括雅培制药、柏林顿北方圣塔菲公司、安永、英特尔和美国空军。他的项目获得了领导力发展领域的最高荣誉。他是教育和人力资源专业的硕士和博士研究生，专修组织绩效与变革。他在情景规划和模拟设计方面拥有丰富的研究经验，是该领域的专家。他同时持有科罗拉多大学机械工程学士学位。

第19章

建立领导力发展策略

拉里·克拉克

目前关于领导力发展的书籍或文章已经成千上万，其中有许多是从独特视角来帮助领导者在日趋复杂和多变的环境中有效发挥领导能力的。领导力发展的范畴很广泛，在这些书籍或文章中，这个话题已经被细分为不同的子类——从基础的沟通技能模型到心理测评、跨代领导力，甚至涉及成人发展理论、人类系统理论。因此，提到领导力发展，有时竟不知从何说起。

本章并非要试图去提炼关于领导力发展的思想精华。对一个组织而言，最佳做法并不一定是要跟其他组织有很大差异，尤其是当这种差异并没有与更大的组织策略相关联时——这里的策略是指建立能够支撑特定组织目标的整体领导能力的相关策略。相反，本章将聚焦于如何建立一个基本框架以发展组织的领导能力[①]，并且与组织的需求及发展方向紧密关联。如果你所在的组织已经有了一个比较完善的领导力发展框架，你也可以借鉴本章提到的一些观点来优化你的领导力发展方法。

本章从组织的领导人才需求谈起——为什么要发展领导力，然后谈到要发展什么样的领导力以及如何发展领导力。最后对一些问题进行了总结，你可以利用

---

① 本章中的领导能力包括 capability 和 capacity，前者指能力或才能，强调做某种事情所需要的能力，后者指领悟（或者理解、办事）能力，即本身具有的某种能力。——译者注

它们在你的组织中建立最适合的领导力发展框架。

为什么领导力发展如此重要

一提到领导力发展，许多领导者想到的就是诸如管理学课程，类似攀岩的团队建设活动，知名大学的高管发展课程，或者自己的职业生涯中曾经历过并且切实帮助自己和团队提升绩效的活动之类的内容。虽然这种理解也并非完全错误，但领导力发展的真正目标却更贴近组织核心——在组织的各个层级建立强大的、可持续的高绩效领导力梯队。

当今的组织，无论是公众的还是私人的，都不得不更快地适应高度复杂的环境。在这种环境下，领导者在做决策、教练团队或者解决问题时，往往并没有先例可以参考。技术快速进步、监管环境变化难料、劳动力市场关键技能缺失，这些仅仅是影响组织运营的众多问题中的几个而已。因此，那些能够在复杂和变化环境中发展并带领团队取得良好业绩的领导者比以前更加重要，他们不仅能驱动组织的日常运营绩效，还能确保组织的长期可持续发展。强大领导者的培养往往需要花费数年的努力，因此，越来越多的组织正尽可能投入大量的时间和精力来提升领导梯队的健康度。

在组织中建立领导梯队需要一个过程——这需要组织具备一定的决心并且聚焦于对组织使命的承诺上。这一过程通常需要一些根本性的转变，包括组织的大多数高层领导如何看待领导力，组织如何雇用和调配人才，以及组织架构是怎么样的。因此，建立一个强大的领导梯队的第一步就是要在领导力发展策略和组织核心目标之间建立清晰且令人信服的联系。

幸运的是，建立这种关联并不需要去聘请顾问团队，让他们从投资回报的角度提供复杂的理由来证明领导力发展是一项合理的财务投资。你所需要的只是在以下三个关键要素之间建立一个简单、清晰的联系——组织期望的结果、健康可持续的各层级领导梯队、维持领导梯队并产生业务结果的发展策略。我们首先来分析第一个要素，其他两个要素后面也会进行分析。

✎ 聚焦结果

不管组织是用收入和利润来衡量它的成功，还是用完成其使命的里程碑来衡量，在高层领导看来，领导力发展的原因都是相同的。高层领导者必须为组织驱动两类结果：针对组织目标的短期进步（如季度收入或者向董事会所做的年度承诺）和长期的可持续性（如完成组织使命或者具备在较长一段时间内适应变化的市场环境的能力）。

将领导力发展策略与组织的短期和长期结果相关联，主要基于两方面的原因。首先，大多数高层领导都忙于日常紧急事务，却没有兼顾到那些更重要的着眼于未来的任务，因此，与这两类组织结果相关联能够帮助他们应对所面临的核心挑战。其次，领导力发展策略应该既考虑到所有领导者的普遍性发展（以不断实现短期目标），又要考虑到高潜力人才和继任领导者的针对性发展（以确保长期的可持续性）。

在本章结尾我们列出了一些问题，你可以利用这些问题帮助你的高层领导来确定组织的短期和长期目标，以及他们将面临的挑战。通过清晰阐述这些目标和挑战，你就能为下一个要素——建立强大且可持续的领导梯队的必要性——找到合理的依据。

建立领导梯队

一旦你澄清了组织的短期和长期的需求、目标和挑战，你就可以从人才管理的视角来看待领导人才。人才管理的核心目的是要确保组织的每个层级都有足够的领导者——首先是要满足组织短期有效运营的需要，其次是要满足组织的长期可持续发展。

✎ 理解领导梯队模型

自 21 世纪初拉姆·查兰、斯蒂芬·德罗特和詹姆斯·诺埃尔的著作《领导梯队》①出版后,"领导梯队"一词就流行起来了。领导梯队的理念,和建立强大领导梯队的突出原则一样,为思考领导力发展和人才管理提供了一种直接、实用且可操作的方法。

《领导梯队》一书描述了一个组织的七个管理层级,从管理自我到管理企业。该书并没有将每个领导力层级看作前一个层级更复杂、更战略性的版本,而是将领导力的七个层级分别看作独特的工作——不同层级的工作性质各不相同,就好像财务工作不同于市场工作。从一个层级发展到另一个层级被称为一个通道,每个通道都需要领导者在以下三个方面发生根本性转变(Charan,Drotter,Noel,2011):

- 职务技能——胜任新职责所需要的新能力。
- 时间分配——新的时间配置方式,决定如何高效地工作。
- 工作价值观——工作理念非常重要,让工作聚焦重点。

用这种方式来观察你所在组织的领导力层级,你就能理解你们组织的领导梯队的状况,例如,它是如何支持业务结果,继任计划中的哪些地方存在的问题可能会最严重,以及需要在领导力发展的哪些领域进行不同类型的投入。

在你的组织中应用领导梯队模型

没有一个模型能适用于所有组织。例如,大多数组织可能并没有七个不同的领导梯队层级,这意味着每个组织都必须定义自己的领导梯队层级。虽然领导梯队的层级大多数情况下与组织的等级一致,但领导梯队模型也同样适用于扁平的、敏捷性的组织,这类组织比大型的传统组织有更多的非固定式结构。在从事领导能力发展的相关工作时,用梯队的观点来分析你所在的组织及其领导力,你就能很快地从领导力发展这一抽象理念转换到实际工作中,例如,为每个级别的领导力定义出"什么样才是卓越的",识别领导梯队的缺口,以及制定人才招聘和发展措施来弥补这些差距。在本章的最后,我列出了一些问题,你可以用来更好地理解你所在组织的领导梯队及其对组织的影响。

---

① 本书(*The Leadership Pipeline*)的中文版《领导梯队:全面打造领导力驱动型公司》由机械工业出版社出版,2011 年 7 月第 1 版。——译者注

瞄准发展：深度与广度策略

你用来培养领导者的方法必须同时解决组织所面临的短期和长期的绩效挑战。图 19-1 表明了组织需求对培养领导者的侧重点和方法提出了不同要求。

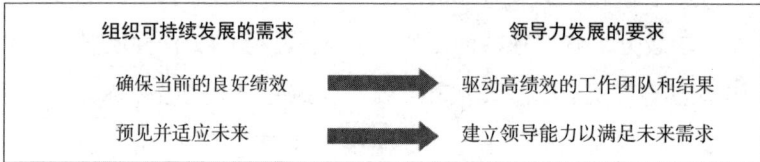

图 19-1　将领导力发展与组织需求相匹配

因为所有的领导者都需要驱动高绩效的工作团队和结果，所以你可以将第一种方法看作广度策略——这种方法需要将不同层级的所有领导者都包括在内。相比之下，第二种方法是为了满足未来需求而建立领导力，或者说是深度策略，这种方法往往只针对少量领导者——每个领导力层级上的高潜力者，这些人需要为晋升到更高的领导力层级而做好准备。

第二种方法所针对的领导者，通常是通过继任计划和建立领导人才库的过程确定下来的，注意，这里的领导人才库指的是那种对组织长期成功至关重要的领导人才储备。根据目前你所在组织的领导梯队健康度，这类领导者的数量可能相当于员工总数的 1%～5%，具体数字也取决于其所处的组织层级以及不同层级的预期人员流动率。例如，因为组织中的一线员工数量较多，即使仅仅选出 1%的人进行深度培养，也能产生数量不少的潜在一线经理以弥补可能的需求缺口。同样地，如果某个组织在未来数年可能面临较高的人员流动率，为了培养该组织未来的领导者而建立的副总裁后备人才库，则可能需要从低一级的领导者中选出至少 5%～10%的人进行培养。

表 19-1 从组织的聚焦点、目标对象、发展目标和方法四个方面对两种不同的策略进行了比较。

表 19-1　驱动当前的绩效与建立未来所需能力

	策略 1：驱动当前的绩效 广度策略	策略 2：建立未来所需能力 深度策略
组织的聚焦点	• 高绩效工作团队 • 短期的组织结果	• 建立强大的后备队伍 • 培养准备就绪的继任者
目标对象	• 当前层级的所有领导者 （基于广度）	• 被挑选出来的高潜力人才 （领导者人数的 1%~5%）
发展目标	• 缩短领导者准备就绪的时间 （快速提升） • 使领导者绩效和结果实现最大化	• 评估和建立更高一级的能力 • 拓宽视角以转变到更高一级
方法	• 技能培训 • 提供支持绩效的工具和资源 • 按需提供的信息和连接	• 通过沉浸式学习转变思维模式 • 跨职能项目和教练辅导 • 提供在高管前的曝光机会和人员再聘用[①]

　　这两种策略看起来好像并不相关，实际上却是相辅相成的。广度策略帮助领导者更好地履行当前角色的职责，这是在组织内得以晋升的前提。如果组织在发展领导力时缺乏完善的广度策略，那么那些具有长期潜力的领导者就有可能因为能力不足而未能有效地做好当前工作，这样他们的长期潜力也会被掩盖。同时，深度策略为领导者在组织内向上发展提供了一个通道，为了帮助他们在新的领导力层级上履行好日常职责，需要对这些领导者进行恰当的任职引导和能力发展。

定义领导力标准

　　在定义组织的领导力层级框架之后，你就能清晰地描绘出对每个层级领导者的短期和长期需求与支持它们的发展策略之间的关系，这时候就该将重点聚焦到

---

① 再聘用（Re-recruitment）是指把外部招聘的原则和方法用于已聘用的现有员工身上，定期地给内部员工一份新的、有竞争力的工作合同，或者提供更多的承诺和支持，帮助新员工尽快融入公司环境。——译者注

领导力发展的内容上了。你会首先聚焦在情商上吗？学习敏锐度或者纵向发展怎么样？基础的沟通和管理技能如何？商业敏感性呢？测评结果是否适合实际情况？

许多这类问题都能通过胜任力/素质这一方法的应用找到答案。简单来说，胜任力就是一个人为了更有效地承担某个特定角色需要知道什么或具备做什么的能力。使用它们的目的是界定绩效标准，澄清某个特定角色"做得好应该是怎样的"。它们通常被分为两大类——职能素质和领导力素质（对于领导职位来说，这也就是他们的专业素质）。职能素质描述了在某个特定领域或专业内要取得成功的必要条件是什么，如软件工程或者财务。ATD 的胜任力模型中的 10 个专业领域就是一个很好的例子，那些就是人才发展专业所需的职能素质。

领导力素质跨越了不同的领域和专业，描述了在某个特定组织中卓越领导者是什么样子的。就像领导梯队模型，每个领导力层级都代表了种不同性质的工作，因此领导力素质模型通常也有一个层级结构（见图 19-2）。基于这种分层结构，领导力素质模型需要澄清两个关键问题。首先，它应该描述每个领导力层级的绩效标准；其次，它应该界定一个领导者在晋升到下一个层级时在理念、行为方面所需要的关键转变。

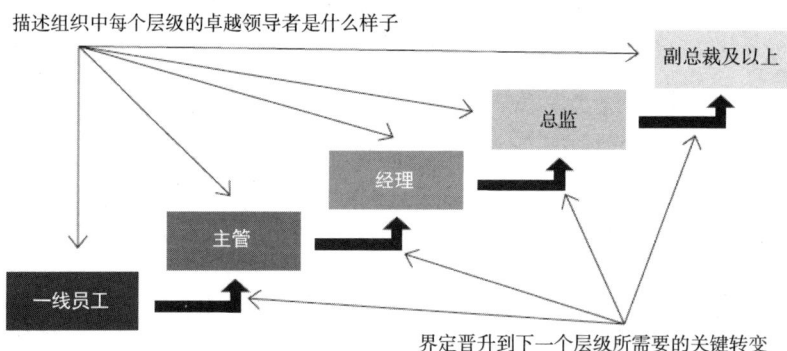

图 19-2　领导力素质模型

根据这些信息，你可以利用每个层级的绩效标准来帮助你确定广度策略的优先级，同时将不同层级之间的关键转变作为深度策略的聚焦点。

一些大型组织可能为领导者设计一个定制化的素质模型，将其与组织文化相匹配或者突出强调那些对组织成功至关重要的行为或技能。另外一些组织可能参考某个已经比较成熟的领导力素质模型，如光辉国际[①]的领导力国际素质框架。不管哪种方式，一个定义明确的领导力素质模型，能为组织提供一个用于领导力发展的共同语言，就像工作说明书、面试、绩效评估甚至晋升决策一样。

一旦澄清了领导者的素质要求，就可以通过能力评估来确定各层级的领导力素质发展的优先级。评估方式有很多种，从对照素质模型中的具体行为进行简单的自我评估，到更密集的基于面谈的 360 度评估，从上级、同事、下属以及与该领导者日常工作有接触的其他关键利益相关者那里收集信息。如果发现某些能力存在关键性的缺口，你就可以据此制定一个能力的热图[②]，以标识每个领导力层级需要重点关注的领导力素质项。

近期胜任力方面的一个发展趋势是利用一些可观察的特质来评估长期潜力，以识别那些在组织中有能力向上发展的高潜力员工。在 2014 年 6 月《哈佛商业评论》中，费洛迪[③]基于对成功高管职业发展轨迹的广泛研究，描述了高潜力者的五个特质：

- 动机。
- 好奇心。
- 洞察力。
- 人际练达[④]。
- 韧性。

同样地，也有很多人去研究学习敏锐度，将它作为判断长期内是否具备高潜

---

① 光辉国际（Korn Ferry）是总部位于美国洛杉矶的一家提供人力资源解决方案并且专注于高管搜寻的国际性咨询公司。——译者注

② 热图（Heat Map）最早是用来进行网页分析的，以特殊高亮的形式显示访客热衷的页面区域和访客所在的地理区，现在不仅用于展示点击密度，也用于展示视觉注意力热点所在。——译者注

③ 费洛迪（Claudio Fernández-Aráoz）是世界顶级的跨国猎头之一，也是全球领先的高管寻访公司亿康先达的合伙人。——译者注

④ 此处采用《哈佛商业评论》中文版所刊译文中的译法，对"engagement"的解释为：善于运用感情和逻辑进行沟通，能够说服他人并与他人建立联系。——译者注

力的指标，一些组织包括创新领导力中心①和光辉国际，已经建立了评估和发展项目来帮助组织将学习敏锐度应用到它们的领导力发展框架中。在 2012 年《人事评论》的一篇文章中，尼基·德赖斯、蒂姆·温迪勃和罗兰·佩帕曼斯将学习敏锐度分为四个方面：

- 心智敏锐度——在新的想法、观点中快速思考。
- 人际敏锐度——能开放地接纳反馈和不同想法。
- 变革敏锐度——积极参与到变革过程中。
- 结果敏锐度——能够在困难环境中达成结果。

经过认真研究后总结出来的胜任力，不管是基于可观察的行为、潜力特质，还是两方面都有，都为确定领导力发展的具体内容提供了坚实基础。因为你所定义的胜任力是以对组织每个层级最重要的领导行为为基础的，你始终将其与组织的目标和价值观连接在一起。另外，通过同时采用领导力广度和深度策略，你就能同时兼顾组织的短期和长期需求，以使你的组织在当前和未来都能保持强大。

在介绍需要发展什么样的领导力之后，让我们来看看怎样发展领导力——主要侧重于能有效达成结果的不同学习体验的类型。

课堂中培养不出领导者

由于处在一个经常变化、日趋复杂、工作负荷重的环境中，当今的领导者需要持续地学习。同时，在这样的环境中，通过技术来实现与他人的协作或者获取信息都变得容易起来。试想一下，现在你的员工是如何寻找、使用和分享信息的。可能你已经注意到了，现在人们的学习方式与过去相比有了很大的不同——他们宁可在需要的时候攫取大量有用信息并且立即去应用，也不愿在空闲的时候去报名参加一门培训课程。

成人学习的 70-20-10 模型（70%是在工作中学习，20%是向他人学习，10%

---

① 创新领导力中心（Center for Creative Leadership，CCL）是一家总部位于美国的提供领导力教育、研究以及咨询的非营利性专业机构。在领导力的专项研究领域，名列前茅。——译者注

是通过类似课堂教学的结构化学习方式）说明了教会别人最好的方法是让他们去做，并且在过程中提供支持（Lombardo，Eichinger，1996），这一点大多数的高层领导都非常清楚。而且由神经领导力研究所发布的研究表明，学习是随时间推移而逐步展开的一个过程，在一个积极的、参与式的环境中仅有少量的共享信息并进行实验——这被称为 AGES 学习模型（注意力、生成、情绪和间隔）[①]（Davachi 及其他人，2010）。

因此，传统的课堂培训，虽然目前仍然是企业学习的主要形式，但如果将其作为培养领导者的唯一方法则变得越来越不可行，它只应当作为发展领导力的众多方法中的一个组成部分。实际上，组织可以选择一系列方法——从深入的沉浸式体验（如工作轮换或者商业模拟），到按需提供资源（如短视频、工作辅助等知识资产），再到内嵌在业务流程和系统中的绩效支持工具，这类工具可以在员工从事具体任务时指导他们应该如何做（见图 19-3）。

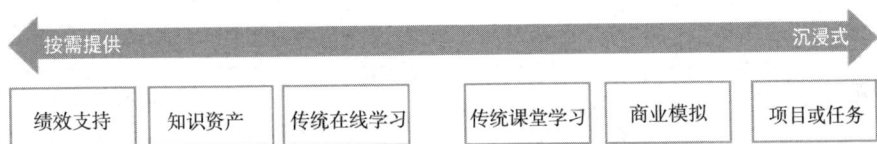

图 19-3 学习方法举例

最理想的策略是能够综合应用这些不同的方法。随着社交协作平台，如 Jive、SAPJam 和 Yammer 的出现，以及大量开放式的网络课程平台（如 MOOC）的出现，负责企业学习的领导者有了新的选择，可以将虚拟课堂学习、项目制工作、知识资产、评估以及团队任务等有机结合成高度交互式的社交学习过程，以便能够满足数百甚至数千人同时跨地域进行学习。

从实践的角度来看，学习发展职能一般都是在有限的预算内开展工作，并且需要在预算内选择最有效的方法来培养领导者。鉴于高潜力领导者对组织的价值，组织每年在深度策略上的人均投入很可能比在广度策略的人均投入要高很多。这不仅是从财务角度看，从高层领导在领导力发展过程中的时间投入来看，

[①] AGES 为 Attention（注意力）、Generation（生成）、Emotions（情绪）和 Spacing（间隔）四个词的首字母组合。——译者注

也是如此。下面让我们来看一下用于深度策略（针对高潜力领导者）和广度策略（针对其他领导者）的一些常用方法。

✎ 发展高潜力人员的方法（深度策略）

发展高潜力人员应该主要聚焦于：为他们承担新的责任并在组织中进一步发展提供支持。在这方面做得比较好的组织，通常聚焦在培养高潜力人员的三个主要目标上——装备、展现、拥抱（见图 19-4）。

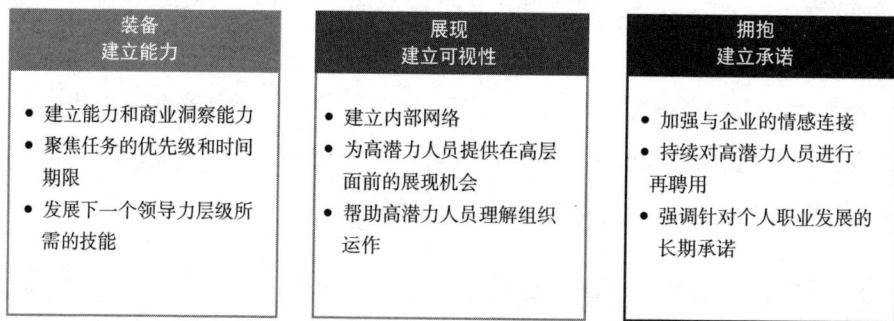

装备 建立能力	展现 建立可视性	拥抱 建立承诺
• 建立能力和商业洞察能力 • 聚焦任务的优先级和时间期限 • 发展下一个领导力层级所需的技能	• 建立内部网络 • 为高潜力人员提供在高层面前的展现机会 • 帮助高潜力人员理解组织运作	• 加强与企业的情感连接 • 持续对高潜力人员进行再聘用 • 强调针对个人职业发展的长期承诺

图 19-4　培养高潜力人员的目标

为了达成这些目标，通常会让高潜力人员承担实际的工作任务，以拓展能力、加速学习。在这些任务中，也会采用更加结构化的学习和教练辅导的方式来帮助其成功并从经验中学习。在一个为期 6 个月到 2 年甚至更长的领导力发展项目中，有可能综合使用以下方法：

- 评估。这可能是基于素质模型的 360 度评估、心理测评（如伯乐门职业测评、MBTI 性格测试，以及霍根领导力测评），或者综合使用两种方法来加深了解并且帮助识别个人的优势和待发展的领域。
- 个人发展计划。高潜力人员所制订的个人发展计划需要针对特定的学习领域，以帮助他们在组织中承担新的和更大的责任。学习领域可能包括他们需要掌握的特定技能和所在组织不同职能领域的知识。
- 任务。基于高潜力人员的个人发展计划，他们需承担个人或团队任务以积累新的经验、锻炼自身的能力。这些任务也许是一个正式的工作任务（如工作轮换），也许是领导一个日常工作之外的临时性项目，或者是一个解决真实业务问题的行动学习项目，项目中需要进行团队合作、了解跨职能知识并接受教练辅导。在这些任务中，高层领导也会参与进来，提供教练辅导或者作为赞助人，高潜力人员将有机会在高层面前展现自己，而高管也能亲自指导他们，以帮助他们取得成功。

- 学习课程。结构化的课堂学习和工作坊一般用于支持基于项目和任务的在岗学习，提供在工作任务中所需的信息、技能和工具。理想的情况是，这些课程由组织的高层领导来讲授，他们还可以利用这个机会来向高潜力人员宣贯组织的文化、价值观和业务重点。

- 针对个人的教练辅导。针对高潜力人员的发展都具有较大强度，因此他们从一对一的教练辅导中能够获益，帮助他们自己更清晰地认知现状和处境，更好地理解个人的领导力，并整合各种学习成果以便在其他情境中进行应用。

图 19-5 说明了如何将上述发展活动整合成一个一年期的针对中层管理者的学习项目。

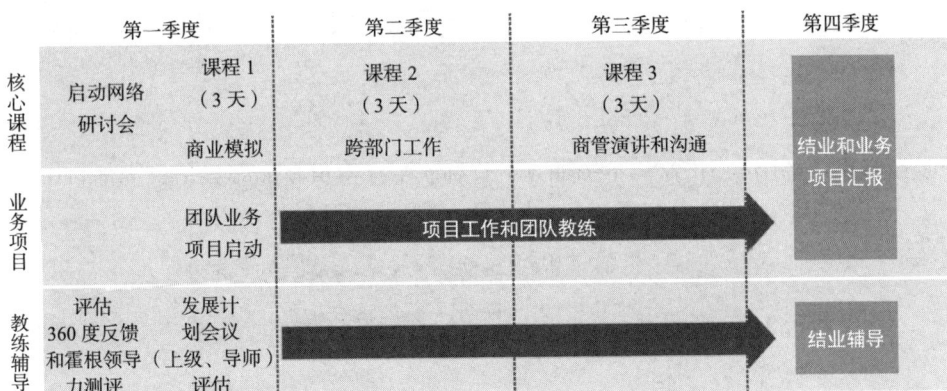

图 19-5　一个中层管理者的高潜力发展项目框架示例

✎ 发展其他更多领导者的方法（广度策略）

针对其他领导者的领导力发展工作，目的是帮助领导者更好地胜任当前的角色。这意味着他们要能够更快速地学会承担新的职责，并学会如何驱动团队产生高绩效。因为关注点在于领导者自身和团队在当前层级的绩效，组织可能需要采取一整套核心发展活动，来帮助领导者顺利度过工作的关键阶段，并为他们按需提供学习资源，这些学习资源能够满足他们当时的领导力需求。让我们来看一看每种类型的学习是如何发挥作用的。

核心发展活动由发展过程的三个关键阶段组成：入职、老练和转变（见图19-6）。图中列举了一线领导者的学习路径，全部完成三个阶段的学习可能需要2~4年的时间。

举例：发展一线领导者（2~4年）

	入职 任职 0~6 个月	老练 入职 12~18 个月	转变 入职 2 年以上
关键目标	• 学习基础内容 • 学习人员管理能力	• 了解你的独特优势和不足 • 掌握高绩效精要	• 探究下一个层级的技能和思维模式
主题举例	• 一线领导者的角色定位与转变 • 绩效管理的本质 • 理解经营指标并提供教练辅导 • 经理人的时间管理	• 360 度评估和反馈 • 个人发展计划（与评估结果相匹配） • 选拔和培养人才 • 建立高绩效团队	• 管理经理人 • 跨职能的挑战性任务 • 观察下一层级的一位经理的日常工作

图 19-6　发展一线领导者的三个阶段

若能恰当地应用上述发展框架，当领导者有相关需求时，他就能从这些额外的按需提供的学习资源中获得快速的支持。在上述一线领导者发展的例子中，组织还可以提供一些短视频、工作辅助和其他资源，以帮助领导者更好地完成诸如准备一个改进行动措施的讨论、策划一个团队会议或者撰写一个绩效回顾等类的工作任务。

将以上综合起来考虑

每个组织都是独特的，你所在的组织也应当用其独有的方式来应用上述的理念和方法。以下问题可以作为一个指南来建立或优化适合你组织的领导力发展方法：包括与业务结果相匹配、评估领导梯队、运用领导力素质模型，以及针对高潜力人员和其他领导者的不同的发展方法。

🖊 与业务结果相匹配

- 与短期业务结果相匹配。你在每个月或每个季度始终都需要达到的最关键的短期结果是什么？为达成这些结果，你的团队一起工作的成效和执行情况怎么样？为了确保能够始终如一地为利益相关者驱动业务结果，对组织中每个层级的领导力分别有哪些期望？

- 与长期业务结果相匹配。在未来 3~5 年中，你想达成的最主要的长期目标是什么？在达成这些目标的过程中，你将面临的最大挑战是什么？考虑到你要达到的目标和在此过程中可能面临的挑战，你组织中的领导者需要做些什么不同的事情以帮助达成目标？你组织未来所需要的领导者与组织中目前已有的领导者，有什么不同？

🖊 评估领导梯队

- 领导力层级。如果要在你的组织中应用领导梯队模型，实际上有多少个领导力层级？每个层级有多少领导者，有哪些领导者？不同层级之间的关键差异是什么，在往更高层级发展的过程中，在哪两个层级之间领导者遇到的困难最大？

- 对业务结果的影响。考虑到各领导力层级的不同职责，据你观察，目前业务执行中哪个领导力层级面临的挑战最大？再结合组织的长期目标，在未来数年中，领导者的思维模式在哪个层级需要发生的转变最大？你有多大把握确定目前这些领导者能够跟上这些变化？

- 对继任计划的影响。在每个层级你都已经有了合适数量和类型的继任者吗？哪个层级的领导人才最为充足，哪些层级存在人才缺口？你需要在哪些职能领域和哪些层级引进更多的高潜力人员，你可以在内部哪些地方培养领导人才？

- 对领导力发展的影响。在发展每个层级的领导力以满足自身领导角色的独特需求上，你做得怎么样？为了帮助领导者做好准备以在未来承担更多责

任，你需要做些什么？在为提高当前绩效而进行的领导力发展以及为未来
而发展高潜力领导人才这两方面，你是否能恰当地平衡好领导力发展的
投入？

运用领导力素质模型

- 你所在组织的领导力素质模型。你的组织是否已经基于领导者的实际行
  为，对每个领导力层级"什么样是最好的"已经有了一个易于理解并已达
  成共识的定义？你们定义的领导力素质是否已经充分地融合进了各种人
  才管理的流程中，如人才发展、工作定义和人才招聘？你们的学习资源和
  流程与领导力素质的匹配性如何，哪些地方可以改进？你们的领导力素质
  模型清楚地表明了领导者往更高层级发展时所需的关键转变吗？
- 潜力评估。在你的组织中如何定义潜力？如何评估领导者的未来潜力——
  在良好的绩效表现之外，你们还看重哪些典型的领导特质？

针对性发展并优化学习方法

- 高潜力人员的发展。审视一下目前领导梯队的健康度，在每个层级需要识
  别出多少比例的领导者作为高潜力人员？从每个层级来看，领导者需要做
  出的关键技能转变和思维模式转变是什么？你会以怎样的方式让高层领
  导也参与到高潜力人员的培养过程中，如担任讲师、导师和赞助者？你所
  在组织的高层领导希望通过什么方式来更好地了解和评估每个层级的人
  才梯队？你如何利用高潜力员工项目来再聘用高潜力人员？什么样的业
  务项目或者轮换任务能帮助组织培养高潜力人员？考虑到高潜力人员在
  公司领导梯队建设中的价值，当前你对每个人的短期投资是什么，有合适
  的资源吗？
- 针对其他更多领导者的发展。你们在帮助每个领导力层级的新任领导者更
  快胜任工作方面做得如何，他们通常需要花多长时间上手？阻碍新任领导
  在每个领导力层级上取得成功的典型脱轨因素或者技能差距是什么，你如
  何在早期解决这方面的问题？你如何调整你的发展策略来缩短新任领导

工作上手的时间并提高成功率？你正在做些什么来帮助那些经验更丰富的领导者更好地履行他们的角色，如培养人才和领导团队这些方面？对那些经验更丰富的领导者，你如何更好地评估技能差距并定制化设计学习体验，以帮助他们持续成长并提升他们团队的绩效？他们自身为下一个角色所做的准备如何？你可以外购或者建立哪些类型的有助于他们快速提升且急需的学习资源，以使他们能获得更好的训练以应对日常的领导力挑战？相比现在，你可以采用什么样的技术平台和学习策略来更有效地将更多的领导者涵盖进来？

总结

由于工作场所、劳动力市场和学习技术在持续发生变化，人才管理专业人士也需要在领导力发展领域不断适应新的变化并不断创新。如果有了完善的领导力发展策略作为基础，人才管理专业人士就能更好地应对变化，甚至为企业创造出战略优势。我希望本章中提到的一些方法能够帮助你用来建立或优化发展领导者的整体策略或框架，以使得你的组织不管是当前还是未来都能变得更加强大。

作者简介

拉里·克拉克（**Larry Clark**）是美国康卡斯特（Comcast Cable）公司分管人才和技术开发的副总裁，负责该领域的领导力和能力发展及总部运营工作。除此之外，他还负责康卡斯特技术团队的专业和技术发展。他还负责指导康卡斯特的人才管理和继任计划工作。加入康卡斯特之前，他在微软公司工作了 12 年，专注于其全球的一线组织的学习、组织发展和人才管理。在职业发展早期，他已经在组织发展领域有数年的经验，为多个不同的行业提供培训、全面质量管理、高绩效工作团队和战略流程管理等领域的咨询服务。

第20章

人才管理者作为变革推动者

霍利·波克特

快速而复杂的变化正在冲击着今天的企业，领导者面临着严峻考验：努力适应变化，带领企业不断向前。本章将围绕人才发展，为培养对变化反应敏捷并具备变革能力的领导者提供关键策略。本章中，你将学习如下内容：

- 可变革领导力的驱动因素。
- 可变革领导者的特征。
- 人才管理者作为战略变革推动者，如何发挥作用。
- 开发全组织范围内的领导者变革能力的最佳实践。

> 如果组织内部变化赶不上外部变化，则死期不远矣。
>
> ——杰克·韦尔奇

变革能力是人才管理者的紧急要务

变革交织于每个组织的 DNA 之中，渗透至领导、人才管理者和普通员工所做的每一件事情，无论他们处于组织职级体系中的哪个位置。组织如果试图将变革独立于员工其他的日常工作,其影响将不堪设想。他们需要拥有随时进行变革的能力。

但是,很多企业还不能很好地开展变革,在应对由高科技发展、技能短缺、经济起伏、竞争压力、人才的全球竞争以及人口变迁等高速动态变化形成的新常态时捉襟见肘。为此,人才管理者需要重新思考如何培养能够成功引领变革的领导者,不断优化企业变革能力。较之以往,组织更加需要能够预测变化的性质和速度并采取相应措施的领导者:他们能够果断地采取措施,虽然有时可能并没有清晰的方向;他们可以带领组织处理复杂的情况,虽然意外不断却能维持组织的有效性。

回想一下墨西哥企业西麦斯①过去20年间从一个新兴行业的小公司发展成了全球的重要竞争对手。西麦斯的成功与其在行业内领先的运营有效性、成熟经验分享、长期客户及社区关系管理、以建筑为导向的创新及其一直坚持的可持续发展倡议密切相关。正如从 1985 年到 2014 年 5 月去世前一直担任其首席执行官的洛伦佐·赞布拉诺(享年 70 岁)在 2004 年给股东的信中所说:"我们没有将不断变化的环境视为额外成本——在一体化的全球市场上经营业务偶然、随机的额外成本,相反,我们一直为各种变化做计划、做准备。我们也已经学会了如何从中获利。"

那么,我们的企业如何去竞争?我们是否拥有足够多具备变革能力的领导者,他们能够站在变革前沿,为之做出筹划和准备,甚至从当前和未来的变革需求中获利吗?

定义

变革容量:个体和组织适应新变化、新要求的能力(如容器容纳水的能力一般)。

变革能力:可培养或改进的特征、才能或能力素质。组织变革能力代表

---

① 西麦斯(Cemex)是一个全球性的建筑材料公司,为遍布在美洲、欧洲、非洲、中东和亚洲的广大客户提供高质量的产品和可靠的服务。——译者注

组织所有个体具备的技能、才能或专业知识集合，即将实践知识转化为行动并取得成效的能力。

变革推动者：扮演变革催化剂的人。广泛意义上说，变革推动者不仅有助于维护组织当前的绩效，亦能通过强化员工能力，使他们能够有效计划、实施、经历变革，从而能够保持企业未来的绩效，也能通过提升员工能力管理未来的变化（Ulrich，2015）。

变革管理：控制、引导和管理变革过程所需的行动方案、工具和技巧，尤其是涉及先后次序、时间安排及预算的一系列行动步骤，强调个体需要适应变化。

变革领导力：在变革尤其是大规模的变革过程（或一系列变革程序）中授权、激励及创新所需的行动方案、技能、特性和思维模式，如宣传沟通一个令人振奋的未来宏图、建立信任、协作，忍受风险及不确定性。强调个体需要创造变化。

变革型领导的特质

当然，领导并没有特定的某种形象，尤其是对于变革型领导。但我们在与领导者就如何培养能够成功引导变革的人才的沟通交流中，也发现了一些可供参考的共同特点：一个能够有效变革的领导需要拥有必备的变革能力和适宜的性格特质。

表 20-1 列举了一些用于评估及培养有效的变革型领导者的共同特征。

表 20-1　变革型领导的共同特质

特　征	定　义
情商	对个人情绪特征有认知；愿意也能理解人们对变革产生的各种情绪反应（恐惧、怨恨、兴奋等）；具备帮助他人用积极行动应对变革的实践知识
同理心	愿意也能够不带偏见、全面地理解他人的变革体验
好奇心	具有钻研事物的意愿和能力

续表

特　征	定　义
灵活性	愿意也能够根据情境、环境和团队、群体或组织的需要而改变个人风格和做事方式
变化适应性	能容忍不确定性、接受新观念及对新体验感兴趣
处事技能	能在压力情境中保持积极和有效的工作状态，能够控制个人情绪，正确处理别人的责备
可教性	愿意也能够从每个情境中学习
风险承受力	愿意也能够尝试新事物，在风险和收获之间取得平衡

管理变革、具备适应性、为团队赋能以成功进行变革——这些是领导力的必要组成部分。但是人才管理者需要针对自身组织的具体情况，定义出能够成功驱动变革并获取竞争优势的领导者所拥有的显著特征。另外，一线管理者在变革过程中承担的角色和功能也不容忽视。

识别出具备这些能力、特性及思维模式的领导者——挖掘其独特的潜能——对于成功获取变革领导力非常重要，同时是人才管理者作为战略变革推动者的重要职责。虽然变革推动者经常呈现出不同的形式，但对于今天的人才管理者而言，作为变革推动者所要扮演的最重要角色就是变革架构师、变革战略家和变革催化师（见图 20-1）。

重要任务
- 界定必要的变革能力
- 评估能力需求及差距
- 强化开发项目和过程（客户化、情境化）
- 培养能力（个体和组织）
- 配置支持性基础设施
- 设计实施机制
- 塑造适宜变革的文化

变革架构师

重要任务
- 将能力与战略要务相匹配
- 绘制未来令人振奋的崭新蓝图
- 分析战略性的筹备事宜
- 评估风险，包括变革倦怠
- 围绕长期关注点构建战略规划
- 定义对成功的衡量标准
- 监控并衡量变革影响

变革战略家

重要任务
- 参与、动员、支持变革
- 为变革领导者提供指导、教练与支持
- 将当前变革活动在企业中进行下推传递
- 减缓或加速变革进程
- 维持变革取得的进步
- 充分释放各层级拥有的变革能量
- 持续改进和创新变革能力

变革催化师

图 20-1　人才管理者在推动变革中的角色

人才管理者是变革架构师

人才管理者面临着培养领导者变革能力的迫切压力。在当下不断变幻的复杂背景下，人才管理者在帮助领导者获得成功变革所需的能力和信心方面能做些什么呢？什么样的战略和战术是有效的呢？

首先且最重要的是，人才管理者需要保持平衡、全面的视角。他们不仅需要评估和培养现有人才的变革能力，还需要将成功推动变革所需要的能力和理想的特质整合到所有的人才管理活动中：人才获取、绩效和职业生涯管理、人力规划、学习和开发项目（尤其是领导力开发项目）、继任管理、人才敬业和保留。

评估能力需求及能力差距

要将变革能力有效地融入人才管理过程，首先需要对内外部商业环境有清晰的认识，包括企业战略和未来趋势。在评估你的组织是否具备满足所需的能力时，需要思考如下重要问题：

- 在未来 3~5 年，领导者在业务、战略和能力方面最重要的需求是什么？现实情况和期望状态之间的差距是什么？
- 能力运用（包括变革能力）的商业环境是什么？环境将出现什么变化？
- 变革能力的各要素如何与当前的人才管理战略和框架进行匹配？
- 哪些胜任力工具和流程有助于界定成功变革型领导的特征？
- 如何衡量我们在开发个体和组织变革能力中取得的进展？如何确认我们是否已经成功地填补了能力差距？

将变革能力与人才管理战略进行匹配

一旦识别出关键的能力需求，我们就要将它们整合到人才管理战略（愿景、目标、战略重点、胜任力框架、衡量指标和措施）以及核心人才管理职能中，为人才吸引、人才开发、人才管理和领导者保留等工作提供指导。

例如，将变革能力作为招聘过程中的重要考虑因素，我们就可能聘用对变革表现出适应性和韧性的领导者。筛选求职者的适应性可以降低由于不良招聘造成的置换成本。人力资源管理学会在 2014 年的一项评估中曾提出，一次失败的招聘将花费比该职位年收入 5 倍甚至更多的成本。测试求职者的变革适应性和复原力亦能改进人才招聘以及人才保留。变革能力不仅要考虑当前的需求，还要包括未来的潜在需求。

最佳实践

鉴于通过直接询问求职者"你的适应性如何"而确定他们的变革能力是很困难的，很多组织都会在招聘过程的前期进行预评估。将预测性分析技术同预评估结合在一起，可以帮助人才管理者确定潜在的领导者是否具备所需能力（包括变革能力），以进行良好的匹配。因为预评估在面试之前进行，这也可以降低当面询问求职者适应能力方面问题的成本。而且，归根结底，具备适应性的员工更可能开展创新，帮助组织响应机遇。

一般而言，我们需要对人才以及组织对人才的需求定期进行重新评估，以便人才管理者可以识别并满足不断变化的人才需求。

持续改进领导力开发过程

许多变革方案遇到挫折是由于领导者缺乏驱动和维持变革的技能。全球的首席执行官已经意识到管理复杂情况、引领变革以及创业性思维模式是成功的领导所需具备的技能，他们也认为自身在这些能力方面存在巨大差距，急切期望能在这些方面取得更大的进步（Sinar 及其他人，2014）。

虽然我们对领导力开发项目投入了很多，但研究表明大多数领导力开发方案的内容及有效性常常让人失望（Gurdjian，Halbeisen，Lane，2014）。尽管如此，领导力开发项目和过程仍是培养中高层领导的变革能力的重要举措。培养一线管理者和普通员工中的高潜力人才的变革能力，也可以增加未来人才储备。人才管理者需要确定正确的技能清单，采取一系列正确的举措，利用变革能力营造一个适宜变革的文化，评估和监控领导力开发成效，方能取得理想的效果。

确定正确的技能清单

世界日益复杂而多变，曾经对组织而言非常重要的知识和技能现在可能已经过时。因此组织需要对创新和创造力进行投资以应对复杂变幻的工作环境。但是根据《全球领导力预测报告（2011 年）》，只有 1/3 的组织关注于开发领导者在促进创新和创造力方面的能力，但是这两种能力对于驱动组织在变革中有效运营和保持高绩效却是至关重要的（Mitchell，Ray，van Ark，2014）。定期更新技能清单可以使变革能力与不断变幻的商业需求同步，并与战略领导者的能力构成相适应。技能开发必须考虑到在变化中发挥不同角色、承担不同责任的人所需的特定技能，包括：

- 变革发起者（引领变革战略的人）。
- 变革管理者（管理变革计划的人）。
- 变革推动者（建立员工对变革的认同，倡导变革成效的人）。

采用正确的方法组合

领导力开发的最佳实践表明，学习并不是只发生在课堂上。经证明，许多学习方法在测试领导能力、激发领导者对变化做出应对，以及锻炼有效的能力中是有作用的（见表 20-2）。这些最佳实践包括多种方式的组合——自我反思练习、教练、指导、行动学习以及让参与者承担变革角色的真实情景的模拟游戏等。提供一个可以运用已学知识和技能的环境，这是成功的领导力开发项目的关键因素之一，因为在一个情境中获得成功的领导换一个环境则未必成功。

表 20-2　最有效的领导力开发方式（来自领导者的反馈）

方　　法	百分比（%）
发展性任务	70
正式的工作坊、课程或高级研修班	60
来自现任上级的教练辅导	52
外部教练或导师的辅导	43
内部教练或导师的辅导（非直接管理者）	40

一般而言，领导力开发项目可以通过以下几个方面增加改进组织中领导者变

革能力的可能性：

- 将正式学习、借鉴学习及经验学习合理组合起来。
- 对提升创新和创造力的项目给予更多的重视。
- 将特定的变革技能与每个层次上管理者的实际需求有效匹配（一线管理者、中层管理者和高层管理者）。
- 领导者能对自身应对变革的思维模式进行审视。
- 设计强有力的具有一定时长的学习过程，而非传统的短暂的学习活动。
- 关注培养组织的集体变革能力。

组织可以从投资领导力开发项目上获得多种益处。高质量的领导力开发项目可以使组织拥有高度投入且愿意留在组织内的领导者的可能性提高 7.4 倍，而这反过来又会直接影响他们的敬业度。领导力开发项目开展得分较高的组织比之较低的组织，其拥有高水平领导力和人才储备的可能性高出 8.8 倍。关注培养领导者变革能力的组织，其领导者会变得更有成效，其经济收入列在前 20% 的可能性将提高 3 倍（Mitchell，Ray，van Ark，2014）。

利用变革能力塑造适宜变革的文化

持续的、高适应性的变革能力并不只包括单独的领导力开发项目。变革能力是培养整个组织的变革应对能力和创新能力，使之成为组织文化、体系和实践的一部分（Smallwood，Urich，2004）。我们可以将之作为一个项目进行管理，也可以视为一个演变过程。为了实现这一目标，有效的变革架构师不仅需要重新调整人才管理的组织结构、过程和角色，还需要对组织文化做出改变。卡岑巴赫研究中心[①]的一项调查显示 84% 的高管人员认为适宜的文化对于成功的变革管理至关重要（Aguirre，von Post，Alpern，2013）。

评估和监控领导力开发成效

投资于领导力开发可以得到相应的回报，但是很多人才管理者和首席学习官非常困惑于如何准确评估学习投入所获得的商业价值。首席执行官和业务领导需

[①] 卡岑巴赫（Katzenbach Center）是一家总部位于美国纽约的咨询企业，擅长领导力、团队、员工业绩等方面的管理咨询。——译者注

要衡量领导力开发项目对敬业度、生产力、熟练度、客户满意度，或者销售增长的贡献。但是研究表明高达 3/4 的组织并没有对领导力项目做出正式的评估，或者曾尝试将项目的成功与重要的绩效和业务成果关联在一起。在开展结果测量的组织中，绝大多数采用的是一般的成果数据，如课程数量、参与人数和培训学时，以此证明培训的效果（Anderson，2015）。

测量领导力开发项目的效果非常困难，因为它们通常并不是直接的，人才管理者需要借鉴诸多标杆企业的做法，改善对领导力开发项目的测量手段。例如，辉瑞制药确立了人才管理的三个主要目标，以及与之对应的驱动因素和测量标准：强化领导团队和人才后备，提升人才管理过程的稳健性，完善人才思维模式和价值观念（ADP，2011）。明确这三个清晰的目标使得辉瑞制药可以很好地测量其领导力开发项目是否奏效。

人才管理者是变革战略家

今天的管理者已经认识到他们在战略思考、引领变革、愿景创建和用愿景凝聚他人等方面存在重大差距（DDI，2015）。从战略的视角看，能够成功变革的领导者需要对组织文化的综合情况进行切合实际的评估，以确保他们的变革战略可以正确处理所有利于变革以及阻碍变革的因素，如员工对于变革是否做好了接受的准备。高层管理者经常很难真正了解组织文化，这是因为管理高层获得的信息大多经过了多层过滤，他们的认识通常是失真的。

人才管理者作为有效的变革战略家和业务伙伴可以通过以下工作为领导者提供帮助，以发挥自身价值：评估变革的准备情况、识别变革实质、将变革容量视为战略准备要务、评估变革倦怠以及衡量变革的影响力等。

帮助领导者评估变革的准备情况

人才管理者可以在与员工的日常工作接触中宣传变革，帮助高层管理者推动变革的实施。他们还可以帮助领导厘清组织结构、组织文化，以及人力资源因素如何影响到变革的准备情况。

组织结构影响到如何利用组织的内部体系、流程和基础结构实施变革战略。领导者需要确保组织结构和流程具备一定的适应性和弹性，满足变化需要。人才管理者可以建议领导者取消陈旧过时、适应性差而又复杂的体系，或者无法与科技手段兼容的、缺少适应性的组织结构。

文化因素代表着组织在沟通、决策制定、评价成功以及奖励业绩方面的规范和价值标准。文化融合是所有转型变革取得成功的关键因素之一。IBM 前首席执行官路易斯·郭士纳说过："文化就是一切。"这是他在引领 IBM 进行最为成功的商业变革时的一句工作箴言。

很多执行高管人员非常关注其组织对文化因素做出应对的能力。在一个对674 名执行高管进行的全球性调查中，48%的人认为他们的文化不能对变化做出积极应对，44%的人不能确定他们的组织是否为不确定的经济情况做好了变革准备（ASTD，i4cp，2014）。人才管理者可以通过相应的工作机制（如员工网络、绩效管理体系等）帮助领导者促进文化融合，支持新文化。

一些组织采用引进变革研究机构的方式构建能力开发机制。变革研究机构训练执行高管、中层管理者和变革倡导者，使他们知道如何使用贯穿一致的、经过实践检验的标准化方式管理变革项目，而不是采用临时的、相互脱节的方式。变革研究机构可以提升变革的准备度，改进变革中的生产率、熟练度和人员敬业度。

人力资源因素是变革成功的核心，通常也是最难进行管理的。人才管理者可以通过关注如下几点、帮助领导者围绕新的变革需求开展组织动员：

- 当员工对其能满足变革要求满怀信心时可以增加激励。
- 变革阻力可能更多来自对绩效的焦虑而非消极情绪。
- 变革开始后，变革期望需要考虑学习曲线①的因素。
- 在变革可以缓解绩效下降，快速提升效率时，需要投入更多的支持资源。
- 将越多的人纳入变革过程中，就会有越多的人愿意实施变革。
- 变革不稳定性会降低激励性、磨蚀自信心甚至耗尽员工的良好意图。

---

① 学习曲线（Learning Curve）代表在一定时间内获得的技能或知识的速率，也称为经验曲线，通常表现形式是表示单位产品生产时间与所生产的产品总数量之间的关系的一条曲线。——译者注

人才管理者作为战略性的变革推动者和业务伙伴，可以通过关注相匹配的组织结构、组织文化和人力资源因素做出积极贡献。当然，这些匹配需要时间才能保证其可持续性。

马库斯·白金汉用跳棋和象棋之间的区别来比喻领导者的悟性。在跳棋中，所有的棋子以相同的移动方式前进，但在象棋中所有棋子的移动方式各自不同。正如象棋游戏中，任何重大变革举措的成功都取决于其组成要素、后续影响，以及一连串的小变革是否得到很好的应对和管理。通过扮演顾问的角色，人才管理者有助于训练领导者如何将以上的各种变革要素与现有的组织体系和流程相适应，以及如何通过变动每个要素取得整个项目的成功。

重要提示

当谈论到帮助领导者管理变革和转型（企业并购、企业重组、新产品、市场变化）时，许多人才管理者会将主要注意力放在教导变革的结构性要素上：开发关于变革的商业案例，设计变革进程宏图，设计沟通方案等。但是任何一个只关注这些要素而忽视了文化和人的组织变革，都是不完整的。

帮助领导者识别变革性质

不是所有变革的性质都是相同的。常见的变革类型包括发展性变革（技能提升和流程改进）、过渡性变革（实施新设计）和转型性变革（适应企业重构、并购以及新体系）。大部分杂乱的、难以预测的转型性变革需要做好变革准备，以及在组织各层面进行持续的适应性调整。

传统的循序渐进式的变革管理方式非常适宜发展性或过渡性变革，它们对组织的影响从微小到中度不等。但是这种流行的、普适的变革管理方式却不适用于复杂的转型性变革。相反，转型性变革比较适合采用迭代的阶段性变革方式，而非简单的那种有明确的"开始、中间过程和结束"的孤立事件。通过分享关于变革性质的知识和技巧，人才管理者可以建立自己的可信度，有利于确保领导者将变革战略与其所需的变革需求相适应。

帮助领导者将变革容量视为战略准备要务

如果一个组织缺乏相应的变革容量，即使拥有完整的、设计良好的变革战略也是徒劳的。实际上，容量总是有限的，一个人能做的工作是有限的，而一个组织的员工也是有限的。当领导者需要比现有或潜在能力更多，或者需要将重大变革置于正常的运营需求之上却不删减当前任何业务时，就会形成额外的负担，此时变革容量的局限就会成为战略问题。在吉姆·柯林斯的新书《再造卓越》[①]中，他告诫我们警惕超过领导者或企业控制范围的狂热、混乱无章的变革，它们会引致风险。

作为变革战略家，人才管理者可以帮助领导者解决变革容量的问题，这些问题可能阻碍领导者用变革的愿景团结他人的努力。组织需要评估目前正在实施的多个重要变革方案，看看哪些方案正在相互争夺预算、时间或资源。他们需要考量每个变革所需的投入。此外，他们在决定组织是否实施变革活动时，应该预测和思考这些新变革需要的投入。

记住，人才管理者需要确定领导者是否清楚了解当前对每个变革方案的投入情况，包括工作量、时间承诺和无附加值的工作。

帮助领导者评估变革倦怠

变革倦怠是影响变革准备的最大障碍，当人们感觉短时之内需要做出大量转变，或者未对变革方案全盘思考就快速铺开，或者在没有做好充分准备的情况下就开始变革时，变革倦怠容易发生。同时多个或一个接一个的变革需求已经成为企业的常态，研究表明变革的需求量还在继续增加。例如，在 ATD 和 i4cp 于 2014 年联合开展的一项调查中发现，很多（45%）的回答者说其组织目前开展的变革的数量多于两年前。实质上，今天企业中的人们就像生活在水下，在一个个变革中喘不过气（Herold，Fedor，2008）。无论变革计划得多么充分，执行得多么有力，变革对于员工而言多么具有激励性，或者员工对于变革多么得心应手，变革倦怠都会使企业为其提供的支持化为灰烬。

---

① 本书（*How the Mighty Fall*）中文版由中信出版社出版，2010 年 10 月第 1 版。——译者注

作为变革战略家，人才管理者需要让管理者对变革的持续动荡的影响——它们对员工积极性和他们实现绩效目标的能力所产生的影响——具有敏感性。管理变革动荡的最佳方法包括实施审查程序，检视哪些重大变革的提议容易成为重要利益相关者的矛盾点，按这些提议对业务战略的重要性、对资金的影响以及成功的可能性等进行排序。

帮助领导者衡量变革的影响力

许多组织过早地认为其变革已经取得成功，在转变注意力前没能对变革成效做出有效评估。没有辨识出哪些是奏效的变革，哪些有价值的信息可以让领导者确定后续如何进行调整以及在变革的整个周期的过程中需要如何给予支持。因为许多领导者都将变革视为在企业收入增加、创新、节约成本或人才开发方面的驱动因素，人才管理者需要评估变革的效率、效果和产出，为决策者决定是否需要追加投入提供可靠数据。

人才管理者是变革催化师

有效的变革领导者不可能利用命令让员工乐于参与变革或对变革义不容辞。为培养变革能力，人才管理者需要与众多的相关群体进行开放性和合作性的反复沟通，情理结合，尽力说服他们，让他们认识到未来令人兴奋的新机遇。让员工愿意变革以及提升组织的变革能力并不是一件一劳永逸的事情。相反，变革的领导者需要变换方式，让员工对变革的日常执行以及变革的结果共担责任。

作为变革的催化师，人才管理者可以利用教练辅导的机会、工作项目或者业务流程来提升领导者的变革绩效及生产力，以及调整他们的变革预期。人才管理者可以帮助领导者制定、实施变革策略，预测、管理变革风险，还可以持续优化他们的变革能力。

为变革领导者提供指导、教练辅助及支持

在努力培养具备变革能力的领导者的过程中，组织往往会在训练或跟踪领导

者的长期改进所需的时间和资源方面投入不足。从一个教练的角度看，许多领导者在引领变革的过程中，往往不能很好地平衡日常运营角色和战略性角色。管理能力和领导能力对战略型变革领导力都是非常重要的，因为激发大家对变革的积极性意味着需要有到位的管理措施用以支持变革的实施。

但是，领导者通常在领导变革所需的沟通方面缺乏专业技巧。许多领导者表示他们非常渴望投入更多的时间和精力与员工建立关系、进行沟通（Mitchell，Ray，van Ark，2014）。作为变革的催化师，人才管理者是指为领导者的关键技能提供教练辅导和指导，改进他们与员工的合作能力，与员工建立信任关系，和员工打成一片，充分吸收民间智慧，让员工愿意进行变革。虽然没有通过教练辅导构建领导者变革能力的最佳方法，一个有效的变革教练和导师仍然需要做到：

- 理解变革的复杂性。
- 拥有业务敏感度，以便对变革背景进行分析。
- 具备评估、管理和承担风险的能力。
- 对变革动荡产生的影响具有敏感性。
- 知道如何培养和奖励变革能力。
- 促进适应能力和响应能力。

🖋 帮助领导者制订变革策略的实施计划并执行

充分的调研发现，大家普遍认为变革方案进行到 70% 时极易失败，这是一个警戒点。如果变革出现失误，其代价是高昂的，如错失发展机遇、浪费资源、降低士气等。如果一个方案轰轰烈烈地开始，却草草收场，就会招致员工的冷嘲热讽，因为他们为虚晃一枪、为期月余的变革经历了剧变，承受了额外的压力。变革计划和推动实施的不足尤其应该受到批评，因为大多数的变革方案影响深远、频繁出现、彼此交叉、没有终结，而把它们当作具体的孤立事件，基本不可能取得成功。

作为变革催化师，人才管理者可以通过确保以下几点帮助领导者成功地计划和实施变革战略：

- 传递一个令人振奋的未来愿景（情理兼备）。

- 设计一个包含里程碑事件、时间节点和衡量成功的评估标准的变革策略。
- 在变革前、变革中和变革后都要鼓励合理、有意义的参与。
- 提供资源、消除障碍、扮演变革的传道者。
- 传递信息，树立努力方向，在变革的整个过程保持专注。
- 对照成功标准，对进步和快速取得的成功进行奖励。
- 设计问责机制以传递领导对变革的重视。
- 将期望行为模型化。
- 在变革过程中保持跟踪，以确保对其的关注。

在变革过程中保持跟踪，确保对其关注是成功变革中的关键要素之一，但很少有人认识到这点。许多变革的失败就是因为领导者仓促地将注意力从一个变革转移到另一个变革，或者是因为他们试图同时开展多个变革，却没有将它们在整个组织内进行有效关联（Moran，Blauth，2008）。

🖋 帮助领导者预测和管理变革风险

变革很难一帆风顺。管理者需要掌握风险信息，以决定变革项目是否继续或者对之进行调整，或者是否需要继续追加投入。作为变革催化师，人才管理者正确处理发生的风险，实施更好的风险管控措施，勤勉尽责，以此支持领导者的战略变革能力。

一般而言，典型的风险评估包括对风险发生后果的严峻性和发生概率进行评估排序。影响变革目标的重大风险需要给予极高的关注，并应当设计处理风险的应对策略。

🖋 调整领导者的变革期望

变革需要体力、情绪和认知上的投入，因而变革应该像其他组织资产一样得到重视。为引起对变革任务和资源的高度重视，人才管理者可以帮助领导者评估变革中的关键工作、关键员工和关键业务单元的能力差距。

- 关键工作可能包括对组织使命很重要、难以实现、费用高昂、产生利润、与客户密切相关或者通过管理者的探索方能得以完成的工作。

- 关键员工可能包括高绩效者、创新者、领导者或潜在继任者、难以替代者、利润产生者、多元化员工以及其他如果离开会带来风险的有价值的员工。
- 关键业务单元可能包括净收入或利润高、增长快，或者对业务绩效非常重要的业务单元。

帮助领导者持续改进变革能力

战略变革领导者可以通过创造适宜的环境驱动变革。一个支持变革的环境可以使得组织和其员工对变革的反应更为敏捷，更具创新力，在复杂或不确定的环境中进行理性思考，持续学习和改进。这样的环境也会更容易形成灵活、授权、团结的文化氛围，更加鼓励员工参与。

思考一个具备适宜变革环境的例子。一家在 47 个州开展业务的能源公司过去认为变革是一系列彼此割裂的孤立事件，现在则将变革和变革能力视为其紧迫的长期战略要务。为了开发组织内部的变革能力，这家企业在现行的 6σ 框架内引入了 50 多个变革管理工具和样板，在全企业范围内开展有关问题解决、流程改进以及可以直接应用的变革管理概念、原则、方法和技能的培训。由 60~200 个人组成的宣讲团（具体数量取决于项目大小）帮助其整合变革能力，改变重要知识和技能在员工中传播的方式。

随着变化越来越快，市场上高级技能人才日趋紧缺，人才管理者必须帮助领导者填补逐渐扩大的差距，在内部人才开发上投入更多的精力。培养整个企业内部员工，使他们为变革做好准备，这样不仅可以应对能力不足带来的挑战，还可以加速业务绩效的提高，加强组织企业变革管理与组织绩效表现之间的关系（ASTD，i4cp，2014）。

最后的思考

未来属于能够变革的领导者和响应敏捷的组织。不管你的组织是在加快增长进程，重新确定战略要务，还是在构建领导力后备梯队，在当今全球竞争的市场上，成功实施变革的能力将是最坚实的竞争优势。变革的压力确实存在，变化确实在持续发生，但是变革领导力的实践乏善可陈，这表明，当今的世界需要更好的变革型领导。管理者在策划、引领和推进变革战略中正在向人才管理者寻求帮助。

人才管理者有责任面对这些需求，帮助企业的领导者在动荡不定的商业竞争压力和变化趋势中获得所需的信心、能力和洞察力。好消息是，人才管理者在这方面拥有巨大的优势和机遇，因为最终所有的战略都要靠人来实施——他们需要支持，需要培训，需要拥有必要的能力实现变革的愿景。

作为人才管理者，我们还有责任担当起战略管理推动者的角色。这意味着我们必须经常审视我们对变革的抗拒心理，这样才可以更好地支持变革战略、过程和实践，以帮助领导者驱动高绩效和最佳运营。只有不断优化我们自身的技能和能力，我们才可以在动态的变化中传递希望、获得机会。

为了识别我们作为战略推动者的优势和机遇，请对自己和所在团队完成表 20-3 中的自我测评。这个结果可以强化你的人才管理策略，利于构建领导者的变革能力，并提升你作为战略变革推动者的价值。

表 20-3　战略变革推动者的自我测评

说明：下面的自我测评代表了变革推进战略或战术策略，它们可以用来开发领导者的变革能力。使用这份测评有助于辨识出人才管理工作中的优势或改进机会。接下来，请思考贵组织人才管理或者学习团队中的成员、业务伙伴或者利益相关者如何做出反应。基于以上认识，辨析出流程优化或行动方案的重要区域。

1=强烈反对　　2=不同意　　3=中立　　4=同意　　5=强烈同意

描　述	评分（1～5 分）
1. 我们会对商业环境当前和未来变革的需要、威胁和机遇进行持续分析	
2. 我们定期评估我们人才队伍的能力需求和差距	
3. 我们将变革能力需求与人才管理战略整体进行匹配	
4. 我们使领导者参与对环境的分析过程，因为这涉及所需的变革能力（一线、中层以及高层管理者）	
5. 我们持续优化领导力开发项目与流程，以驱动战略变革能力的形成	
6. 我们作为变革推动者具备可信度。领导者向我们寻求关于变革性质、变革领导和管理的最佳实践等方面的专业经验	

续表

描　述	评分（1～5 分）
7. 我们和高层领导者合作，一起明确变革容量，将之作为变革准备度的战略事	
8. 我们帮助领导者预测和管理成功实施变革的风险，包括可能出现的变革倦怠	
9. 我们使用多种正式和非正式的方法构建全组织内各个层次的变革能力	
10. 我们定期监控和测量变革方案的影响，以确定它们是否实现了战略目标	

作者简介

　　霍利·波克特（Holly Burkett）是 SPHR（资深人力资源管理师），CPT，加利福尼亚州的一家咨询机构——Evaluation Works①的负责人。在过去 20 多年里，她通过关注继任计划、领导力开发、职业发展和辅导、员工上岗、绩效管理和改进、变革管理和流程优化帮助跨国企业客户实现战略目标。曾经与苹果公司合作，以及为加利福尼亚州立大学戴维斯分校人才管理技能中心和加利福尼亚公务员退休体系提供咨询。她经常出现在会议上并进行发言，是国际研讨会的领导者，著有关于人力资本和绩效改进的作品。她拥有人力资本开发的博士学位。如果对她感兴趣，可以通过 Twitter@evalworks 或者通过邮件 burketth@earthlink.net 进行联系。

---

① Evaluation Works 是一家帮助其他组织获得创新学习和发展动力、加速绩效提升和动态变革的组织。——译者注

第21章

行动学习：培养、继任，一举两得

诺埃尔·M. 蒂奇　　克里斯·迪罗斯

选拔领导者，特别是选拔公司最高层领导者是一件非常棘手的事。一方面，它必然是建立在诸多难以量化的变量基础上的主观判断。另一方面，这些高层领导职位很难找到完美的候选人，他们往往都有自己的独特优势，但同时都有各自明显的缺点以及有待开发的能力。这就令选拔工作难上加难。

为了在现任领导者退休或因其他原因离岗时有合适的接替候选人，一些组织施行了继任计划。继任计划会参考候选人的很多信息，如历年的绩效情况、判断力的历史表现记录、成就分析报告以及360度反馈等。但是，有一个价值巨大的继任工具的威力被很多组织低估了，而仅仅被视为一种普通的培训工具，它就是行动学习发展项目。

行动学习是由雷金纳德·瑞文斯提出的一套能力开发方法。这套方法部分来源于他作为物理学家在剑桥大学（其间也在密歇根大学短暂停留过一段时间）学习与工作的经验，部分来源于他在英国国家煤炭委员会的教学实践。

行动学习

雷金纳德·瑞文斯给出的定义：一种适用于智力、情绪、体能等方面的开发方法，该方法要求被培训者通过参与解决现实中的复杂难题，实现预期的转变。（1982）

或锦上添花，或狗尾续貂。多年来，这套方法被修修补补。在企业，行动学习法成为美国通用电气公司的培训中心——克劳顿村（Crotonville，领导力发展中心）的标准方法，并由此开枝散叶、开花结果。通用电气抛弃了传统的讲座及案例式的培训方法，取而代之的是要高层管理者研讨解决公司在不同行业的各个业务单元所面对的现实问题。利用这一方法，通用电气培养发展了数以千计的领导者。要提升，就必须参加其中最高阶的两个行动学习项目，其间的学习情况是继任计划的重要参考，这已经成为通用电气和其他很多知名企业选拔首席执行官的惯常做法。

行动学习：绝不仅仅是能力发展

行动学习将学员置身于既不熟悉、更谈不上舒适的情景之下，迫使学员与他人一同解决问题。这些问题既不是虚构环境下的虚构问题，也不是来自其他组织的案例，而是本组织正在面对的现实问题。行动学习是一种很强大的评估工具。学员将因此展现多方面的关键能力，如学习能力、团队能力、问题解决能力、洞察力、分析能力、关系建立能力以及变革管理能力等。为了实现发展领导力的目的，行动学习会精致模拟高层管理者即将或需要面临的各种挑战，因此，行动学习可用于检验、评估或发展一个学员走上新职位或承担更大责任的意愿与成熟度。

本章将概述可以同时应用于领导力发展与继任计划的行动学习方法。自诺埃尔·M. 蒂奇与通用电气合作使用并成功推广行动学习以来，行动学习方法不断精进和演化，至今已有 25 年多的历史。本章还会剖析一些号称是行动学习的项目，找到其中的败笔，避免大家重蹈覆辙。

在进入下一节之前，还要强调一个关于培训与评估的常见问题：我们为什么非要把培训与评估扯在一起呢？两者难道不应该泾渭分明吗？答案是，两者必须紧密结合，绝对不应泾渭分明。首先，即使公司高层的初衷是把两者分开，但在实际的培训过程中，他们也会自觉或不自觉地进行评判。那些声称"能把培训与评估完全分开"的公司高管一定是在撒谎。虽然观察结果未被白纸黑字地记录下来，那些出席领导力发展项目的公司高层都会对学员形成各种印象，并将这些印象带入继任计划。当公司高层参加领导力发展项目，尤其是行动学习项目时，应该让他们积极、正式地参与进来，让他们分享、综述自己对学员的观察，而非基于不完整的数据妄下结论。这样绝对更具有建设性。

更为重要的是，在现实生活中，对于领导者，特别是那些想成为首席执行官或其他公司高管的领导者而言，他们在犯错、学习、成长时，其实一直都在被各方评估或者说评头论足。而且，领导力发展项目应该帮助他们做好面对新环境、承受新压力的准备。要告诉学员，他们正站在聚光灯下，这有助于他们应对公司最高阶职位所要面对的挑战——当今，绝大多数大公司的高层都经常被公共论坛搞得精疲力竭。

最后，精心构建的行动学习发展项目所能提供的数据十分宝贵，不用于甄选公司高层领导实在可惜。更何况，公司高层领导的甄选工作又是如此艰难、如此重要。行动学习是员工个人数据的宝库。这些数据可用于进一步的能力发展，也可用于对员工职业生涯轨迹的研究。

以继任为目的的行动学习

应用得当，行动学习可以解决组织面对的最大难题，可以为组织培养人才，可以在有限时间内为人才评估与继任计划提供非常有价值的洞见与卓识。要实现这三个目标，组织需要做到：

- 真实问题，确实重要。分配给学员的经营管理问题必须真实。这些问题不应是危机处理类问题，而应该关乎组织的可持续发展、关乎组织的成长。真实问题的例子包括在某个国家或地区发展业务等开疆扩土类问题、新技术应用类问题、通过优化内部流程提升组织能力等组织变革类问题等。首席执行官和公司高层应该选择那些能够给组织带来直接利益的课题，而不应是一时心血来潮，满足个人的好奇心。

- 非专家团队。行动学习小组由 6~8 名高层管理者（执行高管层面）组成。团队成员绝大部分应不是所要研究问题的专家，日常也没有从事所要研究问题的相关工作。瑞文斯在 1982 年的一项研究中发现，非专家更有可能打破常规，提出突破性的解决方案。因为行动学习小组会在一起工作 4~6 个月（这 4~6 个月的时间已足够让团队成员对所要研究的问题有较为深刻的理解），在这 4~6 个月的时间里，这些非专家的成员就会成为一种催化剂，刺激那些经验更丰富的成员产生学习成果与新的问题解决方法。

- 为学习过程有效性提供支持的组织架构。虽然行动学习提倡试错，并借此实现学习的目的，但行动学习只有在获得组织的必要支持下才能够高效进行。学员必须挑战自我，行动学习小组也要独立解决经营管理或人际难题，与此同时，组织不能做撒手掌柜，任其浮沉，高层管理者应该支持行动学习小组。但这并不是说高层管理者要告诉学员答案或者直接援手，高层管理者应该以教练的身份出现，定期检查，以保证行动学习小组不断进步、高效工作，保证行动学习小组正在以新的方式挑战自我。当行动学习小组或学员个人偏离正确轨道，而且好像已不能进行自我修正时，高层管理者才能直接介入，帮助团队重新步入正轨，实现团队集体与个人的目标。

- 评估过程要透明。学员从一开始就应该知道，评估是项目的一个组成部分。在项目结束时，高层管理者应该对每位学员进行一次详尽的评价。在项目进行过程中，公司高层与学员至少要进行两次面对面的谈话。谈一谈学员的长处、职业理想以及发展需求。在项目的最后一个模块，高层管理者和高管教练应该信息共享，以评价学员的绩效与领导力，将学员的相应等级确定为低、中或高。在最后一个模块结束后，高层管理者应该把评估结果和学员分享，同时讨论学员未来可能的职业生涯发展机遇。（图 21-1 是某行动学习小组的评估等级分布图，表21-1是针对某学员的教练记录。）

			梅勒尼 约翰
高			
中	迈克	汤姆 埃里克	
低			玛丽

价值观与领导力行为表现

图 21-1　行动学习项目结束时的评价结果九宫格

表 21-1　样本：教练记录——迈克

条　　件	记　　录
所观察到的 突出优势	**绩效表现**：迈克在界定项目边界、我们与竞争对手的能力对比分析、查找我们需要弥补的差距等方面贡献很大。他最大的贡献是大大推进了小组在第一阶段的工作进程 **价值观与领导力行为表现**：迈克是一个非常勤奋的人，对自己要求很高，同时能够推动整个团队追求卓越。他富有学习精神，这是我们的一个核心价值观
所观察到的 发展需求	**绩效表现**：如前所述，迈克在第一阶段，小组成员各自独立工作时贡献最大。虽然他在此后各阶段都能积极参与，但是，他在把个人的解决方案转换为更加开阔、清晰、连贯的组织战略方面，技巧不足。因为迈克偏重通过想法、概念来领导团队，所以在工作进入第二和第三阶段后，他的领导力就基本消失不见了。 **价值观与领导力行为表现**：因为角色的转变，加上他自己也意识到了自己影响力的消失，所以他与小组明显疏离。这导致他有一段时间相对孤立，挫折感增强。在一次反馈作业中，小组指出了他的问题。迈克承认他的团队合作效率确实不高，并表示将加以改正。因为他的日常工作职责，也因为他面对这种局面自身持续的情感障碍，迈克的表现改进很小。此后，他和他们小组的责任高管进行了一对一谈话。这之后，迈克决定在不能提供答案的情况下要做好追随者，而且这一决心显著提升。虽然迈克在完成行动学习项目后有了很大改善，但这仍然是他最需要改进、提升的领域。领导者不可能无所不知、无所不

续表

条　　件	记　　录
所观察到的 发展需求	能，必须不时依靠团队成员取得成功。关于这一点，迈克不能仅停留在理性认知的层面
教练以及下 一步工作	迈克职业生涯的大部分时间是在做领导，先是在研究部门，最近的 15 年是在运营部门。为了发挥他的最大潜能，应该分配给他更多综合性的、战略措施制定方面的工作，而不是让他从事碎片化的举措落地方面的工作。更为重要的是，他需要学会扮演动员各方力量进行变革的角色，需要汇集各方不同观点制订计划，借此让他真正认识到：单打独斗不行。 　　作为高层领导团队，我们觉得应该请他做科技 2.0 工作的负责人，对迈克来讲这会是一个好的开始。他能利用他在科技方面的优势，他也可以因此走出他目前所在的运营领域，集合、管理一支来自各相关业务单元和产品线的员工队伍。 　　迈克的职业生涯发展有几种可能。现在最可能的是承担运营策略与运营质量总监的职责，之后可能成为我们核心业务单元的运营副总裁。在他负责集团层面运营之前，地区总监的位置对他有益，因为这个位置能够培养他通过动员他人汇集观点形成战略的能力

角色定位与职责分工

　　要能够为领导力发展与继任计划提供针对每位学员的、有深度的评估与发展建议，要能够解决组织面对的最大难题，欲搭建这样一个行动学习平台，就要求高层管理者和项目组织者的投入。实施行动学习项目，组织需要精心编排，以让参与其中的所有人员都能理解他们的关键角色定位。

　　为了让行动学习项目在最高层那里继任的意味更浓，项目全程的主动权都应该掌握在首席执行官与其他高层管理者手中。但是，我们也要记住，行动学习的目的绝不仅仅是为了膨胀首席执行官的政治遗产，绝不仅仅是借助高管象征性的行为来建立、宣传组织的领导力发展品牌。行动学习是要让学员真心实意地投入自身的发展中，为自身的成长努力，是要让所有参与行动学习的行动学习小组借助团队工作流程和团队产出，切实承担解决项目问题的职责。此外，项目工作人员要帮助公司高管为项目搭建合适的支持架构，还要为项目配备内容专家、优化项目流程、提供一对一的教练辅导等，借此搭好舞台，帮助参与行动学习的各个小组迈向成功。

下面就是首席执行官与公司高层、行动学习项目参与者（学员）以及项目工作人员的关键职责。

✎ 首席执行官与公司高层

在与行动学习小组互动过程中，首席执行官和公司高层需积极、深度参与。在这个过程中，首席执行官和公司高层的角色并不是直接解决问题或充当团队领导，而是要充当教练，要基于自己在领导变革与决策方面的心得，为行动学习小组提供指导。首席执行官和公司高层在与学员在一起时，要观察学员如何处理信息，如何进行组织评估，如何制订变革计划，如何发动群众，如何领导自己、领导团队以及组织内的各层领导者。

在行动学习过程中，首席执行官和公司高层要选择自己希望合作的学员，选择自己希望参与解决的课题。要协助进行学员的教练辅导和评估工作。要向学员提供发展反馈，并确保相关意见建议得到落实。

准备阶段。搜寻、培养接替现任高层领导团队成员的继任人，需要现任高层领导团队成员的积极参与。在综合考虑培训内容、工作经验等因素的基础上，业务单元的负责人要会同 HR 领导进行认真、审慎的筛选，决定哪些高潜力候选人的培养能够通过行动学习得到加速。

组织内部的继任时间表各有不同，因此，首席执行官和公司高层就要在本组织的继任时间表下评估学员是否具备进阶条件——例如，有些公司规定，3 年内曾得到晋升，成为高层职位的继任者的时间已达 5~7 年。理想状态下，首席执行官和公司高层应该通过一定的继任程序来筛选参加行动学习项目的学员。如果做不到，那就讨论一下每个人提交的材料，以清楚地了解每个人的长处、发展需求和进步的潜力。

除了提名，行动学习的课题也要由首席执行官和公司高层提出。学员各自不同的发展需求，是学员分组参与不同课题研究的一个考虑因素。

项目阶段。接下来，高层管理者会被分配到行动学习小组担任教练。第一次工作坊，高层管理者需要和小组成员一起研讨，确保问题解决方案设计适当，与组织的经营管理方向一致。第一次与第二次工作坊后，高层管理者每半个月与小组召开一次会议。如果认为小组不能解决面对的问题，或者认为小组看不清成功解决问题的关键要素，高层管理者就应该提出建议。高层管理者还要和小组的每位学员进行两次谈话，不一定要特别正式，就领导力发展计划和职业生涯发展规划为学员提供咨询。需要注意的是，高层管理者在整个过程中都不应该提供答案性质的建议或为小组指明详细的方向。

在第三个也是最后一个工作坊，首席执行官和公司高层将以决策者身份出现，决定采纳哪个小组提交的建议，并确定跟进实施人。他们还负责向各小组反馈其提交成果的质量。

后项目阶段。项目结束后，每位高层管理者都要逐一向学员进行反馈。各位学员将借此更好地理解自己在整个项目中的绩效结论，以及自己的领导力行为表现情况。在谈话过程中，高管教练将帮助学员梳理、理解反馈信息，考虑下一步的发展，如从事特别的项目工作、轮岗或培训等。这些安排需要告知 HR 负责人，纳入公司的继任计划（见图 21-2）。

图 21-2　行动学习与继任计划的整合

学员

一旦被首席执行官和公司高层选中参加行动学习项目，学员应该在工作和个人生活两方面做好准备。学习过程中，学员既要关注成果产出，又要关注自我发展。回到工作岗位之后，学员需要找到自己新的成长路径。

准备阶段。在行动学习正式开始之前，学员自身、所在团队、家庭都要做好相应准备。学员要提前学习相关资料。学员会被问到自己的培训发展需求以及职业生涯目标，而且要就此与自己的直接上级进行讨论。此外，学员还需要和自己的上级和下属讨论一下自己参加行动学习后的工作安排，要做好给下属更大授权等准备（第一次工作坊会讲授权技巧）。学员还必须与家人、朋友做好相关安排，让他们对自己因职责增加而带来的影响有比较现实的预期。忠孝不能两全，处理好家庭和个人承担更大义务的关系是一件充满压力的事。当然，这也是对学员担任组织高层职位后生活状态的一次预演。

1. **行动学习：学员准备**。学员收到 360 度反馈，接受上级的教练辅导，提出自己的发展需求。

2. **参与行动学习，获取新经验**。学员修正自己的发展计划，确保自己能够通过新经验的取得，通过应对因自己行为改变所带来的挑战获得成长。学员会定期收到来自小组成员、项目工作人员以及高管的反馈。

3. **项目结束后的教练辅导与发展计划**。学员会收到高层的反馈。后续发展计划也已到位。一些学员可能被调整到新的工作岗位，或者领到特殊工作任务。作为继任计划的一个组成部分，所有这些信息、工作都应通过 HR 进行分享、协调。

4. **列入继任名单**。继任计划名单应通过组织的继任计划流程产生。该名单也应该是高潜力人才行动学习项目候选学员的重要来源。

项目阶段。在完成本职工作的同时，学员每周还需额外付出 20%~50%的时间用于行动学习。这时，学员要注意发挥自己下属的作用，替自己履职。

在鼓励学员展示自己学习能力的同时，也要让他们把焦点集中在成果产出方面。行动学习鼓励学员在自身的舒适区之外学习新技能与新的行为模式。例如，具有财务背景的学员被鼓励去做市场营销。具备条件的学员被要求充当其他成员的教练，以增强其教导能力。学员也会定期接收来自小组成员、高层管理者和项目工作人员的反馈，鼓励他们对学习机会保持开放心态。

后项目阶段。行动学习项目结束后，学员回到工作岗位。因为在项目期间已通过授权等手段调整过自己 25%甚至更多的日程，在此情况下，要鼓励学员在发展自己的同时，找到更多、更新的方法，带给组织更有意义的贡献。在项目结束后的一年时间内，许多学员都会轮岗，或者被分派从事特殊项目。

📝 项目工作人员

在行动学习项目中，工作人员扮演很多角色。他们作为合作伙伴，与首席执行官、公司高层一起设计整个项目。他们作为促进者、教练、老师，对学员进行指导。他们负责行动学习项目与公司的其他计划的整合，保证项目与公司的无缝融合。

准备阶段。在项目计划与学员甄选阶段，工作人员是首席执行官与公司高层的业务合作伙伴。在确定项目目标，发现经营管理挑战并找到根源方面，工作人员扮演组织发展专家的角色。在准备阶段，工作人员还要帮助公司高层和学员做好准备，以扮演好他们各自的角色。

实施阶段。每次工作坊，工作人员都承担促进、教练和教学的工作。在此阶段，工作人员还需负责项目各个环节的顺畅衔接。在项目实施过程中，工作人员一般会横跨 4~8 个行动学习课题，因此，通常是工作人员更能够发现哪些课题之间需要协同、需要资源共享。为了组织利益，工作人员需要鼓励跨行动学习小组的战略联合与资源共享。工作人员也是教练，需要每周与组员进行一对一的讨论，并确保行动学习小组运转正常、不断前行，确保组员积极投入，对自身的发展负责。

后项目阶段。尽管项目工作人员在行动学习成果落地和职业生涯咨询方面不扮演正式角色，但他们有责任确保这些跟踪、落地工作在按部就班进行。如果成果没有按计划实施，或者，学员没有收到清晰明确的反馈，那么整个行动学习项目的声誉就会受到损害。

如何选题

如前所述，首席执行官和公司高层需要基于组织面临的真实挑战选择行动学习的课题。这样做可以避免以下两方面问题：一是当首席执行官参加最后一次工作坊、听取汇报时，学员花数月时间辛辛苦苦准备的课题，首席执行官和公司高层却一点都不感兴趣；二是公司高层感情投入不足，在听取汇报时，抱持例行公事的态度。我们曾与一家位列《财富》100 强的制药企业合作，在听取汇报时，公司的首席执行官对每个小组的成果都只是礼貌性地点点头，并对其付出表示感谢，就这样白白耗了一天的时间。如果出现这种情况，高层领导对学员了解有限，成果落地的可能性也微乎其微，首席执行官的角色只不过是结业式上的一个傀儡。

为了确保行动学习项目真正得到组织的重视，组织的每位高层都应该提出自己的意见，并与整个高层管理团队进行讨论。这些选题应该来自组织最高管理层的下一级，反映着组织所在行业或组织战略的重大变化。

行动学习项目要么与组织的发展方向联系起来，要么与组织的短板联系起来。这么做的好处是，在对学员的适应力、学习速度、战略视野进行评价、摸底的同时，还可以在学员中构建组织新的竞争力。因为，在学习期间，学员会进行对标研究，会与行业资深人员、财务分析师进行交流，还会学习、应用关键领域的前沿知识。另外，虽然不是学员，但公司高层、项目工作人员在与学员一起学习并对学员进行考察过程中，能够很容易观察学员在识别、解构、解决问题方面的能力倾向。

一旦选好了课题，公司高层和工作人员就应该精心地对课题进行定义，并提供背景信息。课题说明和背景材料可以帮助学员理解所要研究的问题，了解组织在这方面的现状。以下是课题说明所要覆盖的内容。

1. 背景

- 组织面临的问题是什么？
- 问题已持续多长时间？
- 当前组织在财务、运营、文化方面的影响因素是什么？
- 已尝试过的解决方案有哪些？
- 结果如何？
- 在这一领域影响成功的主要障碍（技术、政治、文化）是什么？

2. 目标

- 组织 2~3 年后的财务和运营目标是多少？市场或其他方面的数据是否支持组织实现上述目标？

- 制定或校准目标所需要的其他方面的信息是什么？

- 你们预测组织今年的财务和运营指标是多少？市场或其他方面的数据是否支持你们的预测？

3. 软、硬产出

- 年内必须提交的硬产出（运营、技术、系统设计）有哪些？（要考虑到年内实施需采取的各项具体行动。）

- 年内必须提交的软产出（文化、能力发展）有哪些？（要考虑到年内实施需采取的各项具体行动。）

- 为了满足未来 2~3 年的经营需要，需要有哪些软、硬产出？（要考虑到组织的计划、利益相关者的沟通、相关谈判、试行安排等事项，并做好相关方案。）

4. 决策者和关键人

- 问题只涉及组织的单个部门或单项业务，还是跨部门、跨业务单元？

- 如果涉及技术系统（流程、工具、IT 系统）改变，谁有权决定进行这些改变？

- 谁是决策者？

- 谁能够影响决策者，或者，谁是手握资源配置大权的重要利益相关者？

5. 行动学习小组能够获得与使用的资源

- 在问题剖析或方案落地过程中，小组可以咨询的、熟悉情况的个人、团队都有哪些？小组可以使用的其他资源还有哪些？针对每项资源都起草一份资源利用须知，供行动学习小组使用。

- 关于行动学习课题，有哪些需要学习的内外部文献？逐份标明学习这些文献需要联系的人员。

- 关于行动学习课题，有哪些外部专家或标杆组织能够提供经验或教训？有哪些行业专家或分析师可能为行动学习小组提供帮助？要逐个专家、逐个组织标明他们对标杆研究可能发挥的作用。

6. 预算

- 行动学习小组的费用约束或其他资源约束是什么？
- 行动学习小组产生的费用（如差旅费）归属谁的预算？

7. 团队教练与发展流程

- 在整个行动学习过程中，学员是如何被评估、被教练的？
- 完成行动学习项目之后，学员将如何接受教练辅导？

工作坊结构

行动学习的过程被区分为三个工作坊以及三个工作坊间的两个过渡期。工作坊和过渡期都为考察与评估学员提供了广阔的空间。图 21-3 展示了这一过程。

前期工作

在第一次工作坊之前，会针对学员的领导技能进行一次 360 度测评。除了自我评价，学员还会收到他人对其个人才能与领导力的评价。学员会收到组织发展目标、行业发展趋势以及前沿知识等方面的学习材料。但他们不会被告知参与哪个课题的研究，因为这样会导致学员大量松散、缺乏合作的付出。如果事先知道自己将参与哪个课题的研究，学员就很可能抢跑。

第一次工作坊

第一次工作坊持续 5 天时间。目的在于组建学习小组、开题、培养学员新技能。学员会接触到领导力、组织变革、企业战略、全球化、股东价值创造等方面的新理念。行动学习的课题须以小组为单位完成。加入刚刚组建的小组，学员会与小组成员互动，熟悉本小组的工作模式，调适自身行为。小组会花半天的时间进行团队活动，目的是让小组成员适应团队工作模式，实践新知识、新技能。界定本学习小组的任务、愿景和工作计划是第一次工作坊小组活动的高潮与尾声。

跟进
工作人员持续跟踪、监控项目成果落地实施情况。
学员继续应用所学概念、技能，实践新习的行为

第三次工作坊
高层管理者检阅各小组成果。
小组讨论成果落地分工等安排。
学员制订学习结束后的个人发展计划

董事见面会
小组与董事会成员召开会议，研讨本组课题，根据
反馈修改成果初稿

第二个过渡期
在完成本职工作的同时，小组成员继续碰头。
学员总结对标成果，准备最终报告，争取高管支持

第二次工作坊
高管教练检查小组工作进程，收集学员信息。
小组对自身的工作方法、程序等进行中期调整。
学员重检个人培训发展计划

第一个过渡期
召开小组会议，开展项目工作。
学员继续本职工作，并在其中应用所学理念、技能，实践
新习的行为

第一次工作坊
学习新理念，如全球产业思维、变革领导力、团队与个人
发展等。
建立学习小组，制订初始计划等

前期工作
学员预习，收集自己领导力方面的反馈

行动学习项目起点

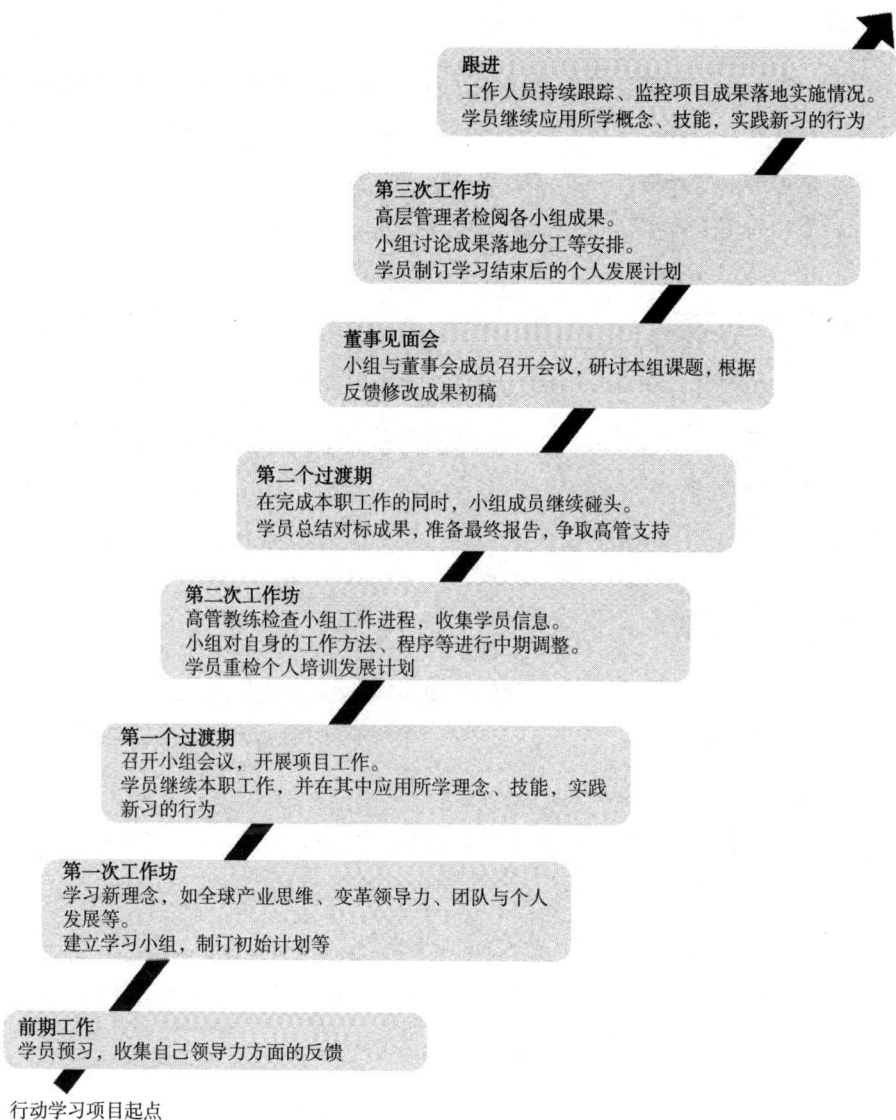

图 21-3　行动学习项目流程

　　在个人层面，学员需要思考如何重构自己的领导行为，如何更有效地与同事、
下属共事来完成自己原有的本职工作。他们还需要制订自己在行动学习过程中以
及行动学习结束后的个人发展计划。

✎ 第一个过渡期

第一次工作坊之后，学员返回自己的工作岗位，在进行战略性的课题研究的同时，也会面对日常事务性工作。这时，工作头绪多、任务繁杂是他们面临的挑战。这就要求学员在自己的一亩三分地里进行更有效的授权，与同事的协调效率也要提高，要学会通过电子媒体与各方进行更加有效的沟通。

✎ 第二次工作坊

持续 3 天时间。会对各小组课题研究工作以及学员个人领导技能与行为表现进行反馈。本次工作坊还会分享最佳实践。各小组还将获得教练辅导，以帮助其推进课题研究工作。公司高层管理者会出席工作坊，检查项目工作进程，了解小组内部协作情况。

✎ 第二个过渡期

在本阶段，为了完成课题，各小组通常会忙得不可开交。与此同时，各小组还要游说相关高层管理者，以赢取支持。在这个阶段，小组变得越来越以工作为中心，组内冲突不可避免，必须直面；与此同时，个人学习也要抓紧。在整个行动学习项目过程中，各小组之间都要持续保持沟通，看看可否跨组协作，以提升课题研究和个人学习效果，这样做，还可以扩展学员的人际关系网络。在此期间，行动学习小组还有会见董事会成员的机会。这可以帮助学员更全面、深入地理解和把握组织高层的最新动态。表 21-2 是与董事会成员会谈的日程安排示例，时间90 分钟。

表 21-2　与董事会成员会谈日程安排示例

第一天：
董事会成员与行动学习小组配对，每小组向 1~2 名董事会成员汇报。
各小组准备 25 分钟的发言，分析本小组所承担课题，提出初步建议。
各小组和高管教练针对每个小组的发言提供反馈意见。
要考虑演练和修改时间。

第二天：

小组与本小组的董事会成员会面。高管教练列席观察学员表现，为给学员反馈做准备。

小组向董事会成员概括介绍行动学习的过程（5 分钟）。

小组成员向董事会成员做自我介绍，分享各自的培训发展安排（15 分钟）。

小组展示本组课题情况（25 分钟）。

董事会成员提问（25 分钟）。

董事会成员提供最终反馈，向学员个人自由提问（15 分钟）。

收尾（5 分钟）。

🖊 第三次工作坊

　　承诺贯穿最后一次工作坊始终。所有行动学习的参与方，包括高层管理者都来听取小组汇报。每个小组有 2~3 小时的时间，回顾小组所取得的成就，剖析本小组的方案，做出落地实施的承诺。小组汇报是对话，是辩论，是各参与方的实时妥协，还包含着首席执行官和组织高层同意方案落地的承诺。贯穿第三次工作坊的还有对学员学习与发展情况的评估，还要帮助学员建立未来的领导力发展计划。

将行动学习与继任计划有机结合在一起

　　正如著名心理学家库尔特·勒温曾经说过的那样："不学无以转变，不做无以洞悉。"行动学习为我们提供了一个独特的平台，让组织有机会近距离观察继任候选人的学习力、变革力和行动力。因为行动学习持续时间长（达数月时间）、要求解决现实问题、强调团队协作，所以，行动学习为考察后备候选人的判断力、价值观等创造出一个非常难得的环境。简言之，继任候选人即使想装也装不了这么长的时间。

　　在行动学习过程中，学员一直都在接受考察，都在接受来自同组学员、高管以及教练的反馈。组织同时也能够观察到学员对上述反馈的反应，是油盐不进？是左耳朵进，右耳朵出？还是将其看作自身转变和成长的机会？持续深入地了解自己，优化自己的行为和行事风格是高阶领导力的必备条件。但时至今日，仍有许多人通过强权或政治手腕爬到组织高层。这种情况非常不利于团队建设，对组织文化更是灭顶之灾。

组织一定不要低估员工在董事会成员面前露面的价值。虽然，学员一般只有不到 2 小时的时间与董事会成员会面，但这是一次重要的高端人才推介机会，当然，我们也希望这次会面能让董事会成员更好地了解本组织的后备队伍的实力。从这个角度看，行动学习也是一个契机，鼓励首席执行官、董事会成员和高层管理者即使在项目结束后也能持续参与开展培训发展与测评工作。

最重要的是，行动学习能够让组织发现未经琢磨的和氏璧。由于没有足够的信息，组织对某位后备候选人的评价可能会莫衷一是，但行动学习能够让组织近距离观察这位后备，进而做出决策。

举一个例子，看一看一位知名度较低的候选人是如何在一个《财富》50 强的制造业企业中脱颖而出的。这位女性员工半路加入这家企业，在这家企业的一个下属公司工作，少有显山露水的机会。虽然认识她的公司高层感觉她潜力巨大，但她几乎没有见到其他公司高层的机会。因为她的日常工作远离公司主业，公司高层关注到她的机会很少。但是，她在一次行动学习中以组长的身份脱颖而出。她展示了超强的人际关系能力、财务分析能力和稳健的经营风格，她突出的潜力给首席执行官和高层留下了深刻的印象。现在，她在组织中身居要职，并作为组织某高层管理职位的后备，只等时机来临。如果没有这次行动学习，她可能只能做到子公司的高层，至今仍"养在深闺人未识"。

任何单一经验或数据都不应成为继任决策的依据。甄选领导者要深入细致、一丝不苟地研究来自各个方面的数据信息，包括候选人的绩效、判断力、价值观和潜力等。行动学习恰恰可以帮助组织考察候选人这些方面的情况。同时，行动学习的课题往往是学员职业生涯中没有经历过的问题，对学员是很好的考验。行动学习有效拓宽了继任池，帮助组织做出更优的人才甄选和提升决策。

作者简介

诺埃尔·M. 蒂奇（Noel M. Tichy）是行动学习协会资深合伙人，客户有百思买、通用电气、百事可乐、可口可乐、壳牌石油。密歇根大学罗斯商学院管理与组织学教授。20 世纪 80 年代中期，任通用电气的领导力发展中心（传说中的克劳顿村）主管，并将行动学习引入通用电气。1985—1987 年，担任通用电气的管理层教育经理一职，负责通用电气全球范围的培训发展工作。他著作等身，其中之一是《高管继任：伟大的公司如何搞砸或迈向卓越》[①]。

克里斯·迪罗斯（Chris DeRose）是行动学习协会合伙人。活跃于组织变革与领导力研究领域。曾为壳牌石油、英特尔、3M、福特等企业客户，为男孩女孩俱乐部、联合劝募公益联合会等非营利机构提供咨询。在投身咨询业前，从事金融服务业，曾在日本担任某销售公司负责人。与诺埃尔·M. 蒂奇合著有《倾听一线声音》（*Judgment on the Frontline*）。除此之外，曾独立或与人合作撰写多部图书、手册或论文的章节。本科、研究生均毕业于密歇根大学。

[①] 本书（*Succession：Mastering The Make or Break Process of Leadership Transition*）中文版由机械工业出版社出版，2015 年 1 月第 1 版。——译者注

人才管理的未来之路

安玛丽·尼尔   丹尼尔·索西诺

对于从事人才管理的专业人士而言，今天的商业从本质上看是模糊、复杂而混乱的——未来将依然如此，这就需要他们重新思考应该由谁、在何处、以何种方式、与何人合作来完成工作。他们需要重新考虑企业该如何发挥领导力，如何实现劳动力个体的自我管理，如何在提高生产力的同时创造出新形式的价值。他们需要在企业内部培育更多的创新能力，具有更大的灵活性，并能够利用新技术与网络形成新的资本。对很多专业人士而言，这将意味着大幅度重新调整和设计我们的人力系统。企业内部的人才管理专业人士将无法再依赖传统的——很快将被淘汰的——企业组织结构、领导力与人才管理方式来实现企业的商业影响力。因此，我们可以说，人才管理这一职能即使尚未达到危急状态，也处在了战略拐点上。

那么就让我们一起快进到未来，想象一下未来的企业、领导力和人才管理将呈现何种面貌？让我们先暂且放下当前世界带给我们的观念、价值观和喜欢的做事方式，而完全进入一个没有任何假定条件的未来世界。唯有如此，我们才能跨越这样一条鸿沟——"传统的人才管理战略与实践"与"未来的新战略与实践"之间的鸿沟，后者能驱动经济与商业模式的不断演化并支持未来的人力系统。让我们来构建一个能保证投资获得回报、促进差异化竞争的成功的（未来）企业文化与系统吧。

人才管理的颠覆性趋势

有几类趋势不仅能颠覆企业开展商业活动的方式，甚至能颠覆企业所处的行业。颠覆性技术将给工作和生产力的定义带来革命，企业究竟为何存在，人们是在何时、何地、如何组织起来的，工作是如何完成的（机器人、协作、社会化结构），以及人才如何创造和生产今天与未来的企业价值。

下面我们将深入探讨五大趋势，以及它们对"如何实现未来的人才管理"这一问题所蕴含的启示。

这是一个全新的世界

由于全球经济的变化，企业"何处、用何种方式、为何人创造价值"这一问题上也发生着转变。世界经济中的大转型，如数字革命、低准入门槛、全球化、更普遍的受教育机会等，向绝大多数企业如何保持差异化的竞争力提出了挑战。保持稳定不再是企业的标准答案，甚至不能算一个目标。对大多数而言，这样的转型将顺理成章地发生：它们从过去通过规模效益产生价值转变为通过产品、商业模式和技术平台的组合创新而产生价值，而且这些创新被迅速创造、快速评估，再快速汰换。速度、敏捷与快速复制将成为商业世界的主流。

在这种分布于全球的人力体系下，全球化对企业应如何采用杠杆手段（并购、自建、租赁）和聘用措施（动员、协作）产生了巨大影响。人才管理者该如何设计我们的人才系统，方能使企业既满足当前的商业需求，又能面向未来的商业需求获得战略、运营和组织上的先发优势呢？

新一波大技术就在眼前

颠覆性技术将对企业和员工如何工作、学习及消费等各方面产生指数级的（而非普通倍数的）巨大影响。当人才管理者头脑风暴想出办法与实施计划来吸引、融合、使用和培养人才时，他们更需深谙新技术将会怎样改变企业所处行业的总体面貌。下面我们将讨论部分颠覆性技术所带来的影响。

物联网

物联网，全球激增的移动终端，以及与此相关的产品和服务价格的迅速下降，使得世界各地的人们只要有需求就能随时登录信息与学习平台。而伴随着可穿戴设备的兴起，如苹果手表、谷歌眼镜和其他健康记录仪等，围绕采集和利用个人数据的创新应用方兴未艾。企业将期望从社交网站上提取实时信息，并输入复杂的算法系统，来实现有关商业与人才管理的信息化决策。这种信息化决策将大幅提升人与人的交互作用，使我们的工作环境发生颠覆性的变革（Nail，2014）。

大数据

大数据也会使人们的生活、工作与学习方式发生转变。这场大数据运动使得公司能够以低廉的成本采集、分析和应用海量的数据，轻松挖掘相关的结论，并找出事件之间的关联。信息利用能力的提升可谓当今最伟大的生产驱动力之一，这不仅对市场适用，对企业内部而言也同样如此。

如果强大的实时数据分析能力能够彻底变革我们今天这种已知的人力资源业务伙伴（HRBP）的角色定位，情况又将发生怎样的变化呢？随着复杂商业分析应用系统的出现，知识与内容将变得十分丰富，不再受到地域与时间的限制，可实现立即访问。复杂的数据分析将大规模颠覆我们原先为企业所设计的人才管理服务模式。传统的人才管理标准规范将引入新的概念，被重新设计，意在能推动企业实现顶线与底线的增长目标。有数据分析在手，人才管理者可以减少被动应对的情况，而变得更有预见性。这就需要我们引入全新的视角、方法与解决方案。

机器学习

创新技术不仅可以教人学习，还可以教机器学习。受惠于机器学习，身处任何行业的企业都可以更为详细地检查大量的日常工作任务，并判断能否更好地分配资源、提高效率。人工智能的发展创造出令人难以置信的机会，让我们得以重新发明新型的工作场所（Nail，2014）。

在过去的 10 年里，工业及低收入的职位已经开始消失或被转移到其他国家。

未来，这些职位将不断被自动化流程与机器所代替——后者从不疲惫、出错或抱怨，更不会在劳动合同中提出各种要求，或者时不时地罢工。当企业越来越少地依赖雇员而越来越多地依赖机器时，这对我们的人才管理战略将意味着什么呢？

机器人

近几个世纪以来，新技术的出现曾消除了很多工作职位，但它们通常会反过来产生新的就业机会。例如在 19 世纪 40 年代，社会上超过 70%的工作职位由农业提供，而今天这个数字小于 2%，这是由于农业技术的改进（Johnston，2012），农民被疏解出来，并转移到新的知识经济中的工作岗位。而在未来，技术的发展脚步触及的将是社会中的所有行业，而这很可能产生一个考验现存社会结构与经济系统的就业缺口。如何将机器人的能力与生产力纳入人才管理的系统战略中通盘考虑，这是需要人才管理者认真思考的。同时他们还应思考，如何让机器人融入工作场所，以及这种变化对企业文化而言意味着什么。

✎ 打响人才竞争之战

工作性质的变化叠加人力系统面貌的变化，就产生了雇主–员工关系的新动态。如果说大型企业面临的最大商业挑战是如何从量产能力（规模效益）向生产能力（新市场、新商业模式和新产品）转型，那么他们面临的最大社会挑战就在于，如何在劳动力分布不断发生变化的情况下顺利完成生产。

企业面貌的不断变化导致在招聘、部署、敬业管理等环节（特别是当企业进入新的市场、需要新的人才时）所产生的复杂性和困难。在美国、加拿大等经济发达地区，劳动力进入老化和萎缩状态早已不是什么新闻。而在亚洲大部分地区（日、韩除外）、中东和南美的劳动力却正在增长，并且人口年龄结构日趋年轻。中国的熟练劳动力随着受教育机会的增加而不断增长，但总体人口水平趋于稳定。那么全球化的企业应如何在这些增长的市场获得人才，同时处理好多元文化、多层次年龄结构和劳动力迁移所带来的复杂性呢？那些具有前瞻性思维的企业将更有机会在其中找到自己的竞争优势。

知识型员工需要企业提供各种不同的条件来实现生产，如能够培育创意与新产品的组织结构和决策机制。自上而下的组织结构，由于其官僚化和行动迟缓而无法迅速或充分地应对市场变化。因此，等级化的组织结构正在被动态的社会化组织结构所替代。此外，由用户推动的社交方式也正在入侵传统的工作场所。新时代的劳动者将社会化的交互与沟通模式带入他们的工作中，唤起人们对"未来将在何处、何时、如何完成工作？"这个问题的新期待。

大众的智慧对新形式的创新、协作与生产可谓添柴加火。随着社交技术的兴起，企业可以倾听客户和员工的不同想法，可以建立有效的协作生态系统来优化产品设计、市场合作伙伴关系和商业模式。企业必须建立协同合作的方式，从而有意形成并积极培育社会式的网络和社区，这样才能更好地完成工作。

按需管理人才

当前正处于从雇主主导向个人职业生涯主导的商业环境深刻转型的第一阶段。成为某家公司的员工不再等同于拥有一份好工作。在工业经济时代，大公司通过规定好的职位、标准的福利待遇和预见性很强的职业发展通道为员工提供了稳定的职业。然而，这种组织模式在过去的 20 年中已经变得过时，这主要是由于全球化与自动化进程所致的。

信息经济的出现为按需分配的人才市场带来了机会，在这里任何人都可以管理自己的职业生涯，成为自己的老板。知识密集型企业可能因为下面三种目的而愿意将工作外包给公开市场：（1）节省成本；（2）为最有创意的员工解除约束，从而使他们专注从事那些能为公司带来最大价值的战略和创新工作；（3）通过编程竞赛和众包推动新形式的创新。[①]

在开放的人才市场中，个人或全球化的项目团队将直接竞争高附加值的工作任务或商业机会，这种情况会变得越来越普遍。新动态将改变"管理"一词在企业中的含义——因为管理者监督的不再是仅限于内部员工的池塘，而是一个更大的容纳外部人才的大湖。此外，这种趋势现在还尚未触及制度问题，如是否需要

---

① 编程竞赛（Google Code Jams）是 2003 年起谷歌主办的国际程序设计竞赛，旨在帮助谷歌发掘潜在的编程领域高级人才，后泛指向广大专业人士发起解决某项目问题的答案征集活动。众包（Crowdsource）则是由某公司提出一个问题或难题，在互联网上发布和传播，并请求互联网上的群众给出解决方案，公司奖励胜出者并拥有胜出的方案。——译者注

重新评估薪酬与福利制度、劳动法、工作条件和隐私政策等（Economist Staff，2015）。

人才管理者应如何设计项目，使它们能够被人才社群所解析完成？当工作者希望掌控自己的生活，在自己愿意的时候才做想做的工作时，人才管理者将如何管理这种分散的人力状况？工作者将如何与实时建立工作关系的雇主互动，在一个要求高度灵活性和自主性的系统中保持相互的关联？他们的工作绩效将如何获得评估？随着企业迈入按需分配的人才市场，这些将成为未来所有人才管理者面对的问题。

✎ 指数级的巨大变化要求更强的领导力

许多具有战略思维的领导者认为，强有力的领导者是企业的中坚力量。商业领袖开创了企业的愿景，支持着企业的业务、经营和战略，并且是企业发展壮大的强大催化剂；他们能够创造、捕捉并传递独特的市场价值。几乎每个成功的发明、创造或转型都与企业的领导力引擎是否有效和健康直接相关。无论在哪个行业，企业的领导者都将不断面对一个不稳定、不确定、复杂而模糊的商业世界——它的变化剧烈程度是指数级的。

未来的商业环境需要企业具备新的战略决策能力，在新市场中参与激烈竞争，着眼长远利益，转变现有的商业模式，能够在发展变化与保持稳定两个方面都灵活自如。未来的商业环境也需要新的领导模式来激励精英人才的业绩表现。因此，负责人才管理的领导者应当重新思考企业的领导力发展计划和继任计划，以确保企业产生足以应对商业环境快速变化的领导者。

***

更多样化的劳动力、新技术、激烈的人才争夺战、按需化的人才管理，以及不断发展变化的商业环境等，这几项新趋势将彻底改变企业及其领导者未来管理人才的方式。为了应对这些新趋势，企业和领导者需要深刻自省，明白未来的人才管理对企业究竟将意味着什么。

人才管理的新定义

当前的人才管理定义将很快被淘汰。什么将取代它？依据我们的整体经验，某些变化必将发生。表 A-1 着重描述了那些最显著的变化。

表 A-1　人才管理的变化

变　化	远　离	趋　向
组织模式	结构化，命令/控制，等级制	协同合作的生态系统，扁平、敏捷、动态、矩阵化
劳动关系	雇主主导、控制并拥有劳动力	在开放的人才市场按需建立工作关系；个人对职业生涯发展起主导作用
人才管理的目标	预先定义的设计与执行，机械化的年度管理流程	高度分析的敏捷系统，符合业务需求的综合人才平衡系统
劳动力动态	与人力资源流程配套的人才模式（聘用、培养、配置）	技术互联、社会结构化的生态系统，可以利用复杂的人力分析实现实时的（通常是专业化的）能力
人才管理专业人士的角色	流程和实践的设计师	复杂的网络化和社会化工作任务的组织者，为有目的的工作而聚集在一起
治理模式	慢慢的等级系统，建立在固定任期和复杂决策结构基础上	敏捷的，善于承担社会责任的风险，能够深入企业基层推动决策

未来的人才管理定义必须包含以下因素：

- 采用渐进方式实现个人和企业的社会化绩效考核（侧重增长、创新和生产力）。
- 基于团队的评估、绩效、衡量工具，可为个人绩效的考评提供更大优先度。
- 预测性的分析能力将允许人才管理专业人士通过数据评估趋势，做出利于未来发展的决策。
- 对行业和业务更深的洞察将允许人才管理专业人士更好地利用实时的人才、新市场和新技术（如自动化）条件。

- 企业治理的引擎应主动拥抱开放的人才市场。

面向未来人才管理的七大要点计划

现在,你已完成本书的阅读,想必你对人才管理的看法已经受到冲击,甚至可能已经发生改变。本书展示了很多创新的观点和最佳实践案例,下面我们将进一步提出七大要点计划来指导未来的人才管理,从提升商业总体成就的角度出发,重新厘清对工作本身的认知、定义和范围。

更加精通数据分析

掌握大数据分析对任何企业的成功至关重要。德勤的研究表明:"尽管 78%的大公司⋯⋯给 HR 和人才管理分析的评分为'紧急'或'重要'——这足以使分析能力跻身最迫切趋势的前三名,但这些公司中的 45%在评估其 HR 的分析能力时,所评级别却是'尚未做好准备'。"(Bersin,Houston,Kester,2014)渐进式人才管理者需要建立组织的分析能力,利用先进而强大的数据分析,不仅能够跟踪、报告与人相关的数据信息,同时能为业务领导提供实时的、以数据为中心的人力决策工具(如人力规划、绩效管理和继任计划等)。

让我们想象有这样一个商业环境:所有的业务领导者拥有强大的交互式与预测性数据分析工具包来帮助他们做出实时的人力决策。企业领导者可以向他的资深 HRBP 咨询"在土耳其怎样部署低成本能力以应对日常任务",然后点击进入一个成员分布于全球的产品设计社区,然后将下一代的智能 App 迭代任务众包出去。再想象这位业务领导者还与他的资深 HRBP 讨论一个印度的战略部署需求,只需轻扫几下屏幕就发现了三位潜在的候选负责人(一位在中国、一位在巴西、一位则正在战略合作伙伴那里任职),这些候选人能力精熟,并且随时准备好承担任务。

让我们想象存在这样一个世界:在获取到复杂的人才分析数据后,领导者可以立即评估绩效并反馈给他们的团队。试想一下,组织内部的团队能够自动接收到含有复杂数据的信息,而这些信息能告知他们按照设定的基准或达标条件,其绩效的评测结果是怎样的。

在这种想象的商业环境中，人才管理涉及的各个职能都将发生一系列变化。你可以采用下面的问题清单来评估企业的数据分析能力。

- 企业是否具备数据汇总能力（无论是购买还是租借）？数据分析能否为团队提供战略层面的附加价值？
- 是否与 IT 团队建立了协同的合作方式，确保你拥有提高分析能力的资源？
- 是否与重要的业务部门、企业、行业或市场数据建立了联系，帮助你捕捉与业务相关的人力资源分析，明确决定公司业务的战略与运营驱动因素是哪些，如收入的产生、创新的回报、销售预测或者员工的工作效率等？
- 是否能积极参考企业其他职能部门的做法，如物流、营销和供应链管理等，了解它们是如何看待大数据的力量，可否将它们的做法融入 HR 部门的职能中？

✎ 跟上时代发展的敏捷思路

人才管理者可以通过参考企业其他职能部门来学习更多的数据分析方法，如物流、营销和供应链管理等。类似地，他们还可以从软件设计和产品开发部门学习设计敏捷、动态的组织结构。

敏捷已成为能够更快地成功释放新产品的最佳实践方式。渐进式的产品开发团队往往会采用敏捷方法构建工作文化，这种文化具有如下特点：

- 员工敬业度高度贴合业务需求（客户和业务模式，价值创造）。
- 工作任务可以明显分解成灵活的、相互作用的子单元，即流程被细分。
- 由更小的自治团队担负职责。
- 以一系列不断更新的预期收益作为责任关注点。
- 由自上而下的、透明的投资回报业绩来驱动企业财务管理。

让我们想象有这样一家企业：它通过评估增长、创新力和产能来判断是否取得成功，个人（无论企业内部或外部，或者在任何层级）均可以基于约定的工作机会、承诺、协议或福利等参与主动的协作，并不断推出工作成果。有这样一个企业，它能够自我学习和自我纠正（将这些数据反馈给其他团队），从而能够根据市场需求自我发展。有这样的企业，它能够让人才和技能穿越边界无阻碍地流动。有这样的企业，它公开欢迎具有自我管理、自我监督和自我赋能的新系统。

企业需要新的组织设计方法来应对复杂的市场需求，通过购买、自建或借用必要的能力，在未来的加速变化中实现其价值主张。人才领导者必须了解如何设计出天性灵活的动态组织结构，即使依然利用传统的人力资源实践，如招聘、战略部署和员工敬业管理，但将采用与众不同的全新方式。

让我们看看皮克斯、红帽公司、顶级编程公司和 Mozilla 基金会[①]等组织，它们是如何利用颠覆性的组织模式，使特别的人才群体实现了资本化运作，并将电影制作或软件产品成功地推向了市场。再看看 TOMS 公司，它是如何通过其首席执行官的愿景，将企业设计融入了公司整体的"一助一"（One for One）慈善愿景中，从而推动业务成长。[②]

要设计和实现这种想象中的企业模式，就需要对涉及人才管理的各个功能模块加以改变。你可以采用以下问题清单来评测企业的组织设计方法。

- 企业的组织模式能否确保在全球范围内实现创新、增长与生产能力？
- 企业的人力资源职能是否具备战略层面的组织设计能力，不仅了解企业的未来，同时了解在管理、领导力和组织流程等各方面如何推动必要的改革，从而实现灵活的组织设计？
- 你是否积极探求过其他企业是如何制定战略层面的组织设计能力的？贵公司是否采用了颠覆式的组织模式？
- 企业未来的组织模式能否提高战略层面的运营效率，并鼓励社会效益（如可持续发展、慈善价值观等）？
- 人力资源的领导者对现有的组织结构在快速响应市场、客户黏度、决策、

---

① 皮克斯（Pixar）是一家专门制作电脑动画的公司。红帽公司（Red Hat）是一家开源解决方案供应商，为客户提供基础架构软件产品、服务和培训。顶级编程（TopCoder）是一家软件开发商或编码工作外包商，它通过提供一个程序设计比赛的网站为编程者和客户企业提供合作平台。Mozilla 基金会是为支持和领导开源的 Mozilla 项目而设立的一个非营利组织，致力于在互联网领域提供多样化选择和创新。——译者注

② 该慈善计划是"消费者每买一双 TOMS 鞋，TOMS 就捐赠一双鞋给非洲的贫困儿童"。——译者注

创新回报、员工敬业度等方面是否提出了挑战？

✎ 允许规模化的社交学习

约翰·哈格尔三世、约翰·西利·布朗以及朗·戴维森在《拉动力》[1]这本书中谈道：企业需要从关注规模效益转变到关注规模学习。要实现这一转变，学习战略应当关注基于规模化的学习模式，而非基于技能培训的学习模式。持续的学习必须成为企业文化的内核，而不仅仅是将培训或培养当成一种流程。

让我们想象有这样一个社交化社区，其中的销售团队能通过不断试错及来自员工的（社交意义上的）经验而学习；想象一位零售人员不仅可以利用移动 App 来提供产品更新，还可以帮助自己掌握销售技巧；想象一下这名员工在实现销售订单后立刻通过 App 获得客户反馈，并长期跟踪进度；想象一下这次交易的数据直接和一个更广泛的专业销售员社区相连，而其他销售员不仅能从这次销售交易中分享知识，还能就此提供建议、指导或培训。

企业的人才管理者如能利用创新的社交学习系统，就将彻底变革今天的学习模式。传统的课堂教学和在线学习模式将被替换为正式或非正式的社会化学习社区。先进的社会化技术和交互式 App 将允许企业充分利用开源、同行授权、体验式人群学习和游戏化学习等全新的学习方式。社会化结构将使学习指导在企业内部产生全新的意义和作用。

主动拥抱这一变化的企业将留住关键人才，保证他们具备领导能力。从事人才管理的专业人士被寄予希望来引领这种有组织的、文化的和社会化的转型，使企业获得规模学习的能力。你可以用下面的问题清单来评测企业向规模化、社会化学习转型的准备程度。

- 你的学习团队是否能面向未来制定学习战略？
- 你的学习战略是否考虑了颠覆性技术环境下所要求的主要技能转型？是否考虑将机器人和机器学习纳入学习计划？
- 你的学习组织是否具备技术、能力和良好的心态，从传统的制订公司培训

---

① 本书（*The Power of Pull*）中文版由中信出版社出版，2013 年 4 月第 1 版。——译者注

内容或运行公司学习计划向策划与设计社会化社区与交互式教学解决方案转变？

- 你的学习组织是否能积极与企业内部的重要合作伙伴协同，如沟通部门、市场营销、软件专业人士等，来设计和开发新的学习解决方案？
- 你是否能重新构思与设计激励方案，以奖励那些帮助整个企业执行学习战略的开发者或专业人士？

关注绩效与结果

当前的绩效管理系统在很大程度上是为支持工业时代的企业而设计出来的，主要集中在对某一子单元的绩效加以考核。绩效管理竟然沦为员工、管理者或 HR 专业人员最不欢迎的做法——这一发现其实不足为怪。事实上，德勤贝新最近的研究中发现，只有 6% 的（公司）认为目前的绩效管理值得他们所花费的时间；58% 则声称他们的流程薄弱；而北美的公司 20% 比世界其他地方的公司更糟糕（Bersin，2014）。

让我们客观面对吧，其实人才管理职能已经偏离了绩效管理。绩效管理系统原本应该是通过统一、坚定的目标设定、反馈和奖励来推动企业的创新、增长和生产力，就这么简单。然而，绩效管理系统与实际操作却变得如此官僚化，墨守成规，使企业"只见树木、不见森林"。在完成一轮又一轮沉重的绩效管理提升计划后，高达 70% 的企业依然感觉平庸、缺乏生气（Neal，Kovach，2011）。

也许对人才管理者来说，最大的机会在于，不仅要挑战他们对绩效管理的假设和做法，而且要挑战绩效管理如何服务于未来企业组织模式这一目标。绩效管理系统是否与此目标相关？如果是，在哪些方面？在动态和开放的组织模式下，绩效考核是什么模样？人才管理者如何才能抓住由工业时代的生产向信息时代的生产转型（创意、产品和市场），须知新态势下的努力和结果之间很少具有直接的、一对一的相关性。人才管理者应如何推动及评测生产形式的创新，尤其当这项工作通常具有高度协作和快速迭代的特点时？不仅如此，如果未来的绩效管理，其目标是推动产生新创意、新的商业模式和市场，人才管理者如何才能更有目标地利用智能技术和数据分析来实现从过去的跟踪模式（合规性审查）向未来的价值创造模式（快速循环和透明反馈回路）转型呢？

　　想象我们处于这样的管理环境之中：数据分析和工作界面一应俱全，可以按照需求跟踪与项目、团队或业务经营有关的所有指标和预测值。试想在一个从客户出发的社会化运营环境，其中的员工可以表达喜欢或推荐与己相似的同事或管理人员。再想象一下，员工们不再被动地等待着他们可怕的年度审核，相反，他们能按照自己的需求上下滚动工作界面，以及访问 Facebook、Yelp[①]等类似的网站，针对当前的项目或倡议即刻提供建设性的反馈意见。

　　你可以采用下面的问题清单来评估企业在绩效管理上的定位。

- 你的绩效管理方案是由价值创造理论所驱动的吗？
- 你是否从增长、创新和生产力的角度来关注绩效管理？你是否按照这三个关键维度来调整绩效方案的评测标准？
- 你对绩效管理的基本假设能否为企业注入动力（大方向上的，通过团队或个人表现），使其保持年复一年不断提升进步？
- 在设计绩效管理系统时是否只考虑了合规性？
- 你的绩效管理系统是否能够利用先进的技术为企业提供实时的、基于需求的反馈意见，而不是一年仅提供一次？
- 你的绩效管理系统能否产生健康、透明、操作性强的反馈建议？
- 你实现绩效管理的方法是否与企业所期望的、符合未来发展的文化相适宜？
- 加速的绩效管理能否成为企业文化的一部分，并且符合企业内在的商业节奏？对绩效管理的跟踪只需花上几分钟，而不是数小时或数天才能完成？你的管理者是否支持"如何运行有效流程——简单而有效"这一原则？
- 你的流程是否简单而透明？能否解释给 10 岁的孩子们并让他们听懂吗？

✎ 重新思考高潜力人才的鉴别与继任计划

　　这些年来，与通用电气公司的人才盘点会议 Session-C 方式相比，有关高潜

---

① Yelp 是美国最大的生活服务点评网站。——译者注

力人才鉴别与继任管理的标准工具已经有所变化。前者那种自上而下、由领导者主导的工具（手法），一直建立在校准式人才考核的节奏或对话基础上。当我们考虑未来的企业组织模式时，哪些才会与高潜力人才具有关联性呢？它将呈现哪种景象？在哪里找到？怎样部署重大任务？能否在一个充满活力的企业（其任务分配关注长远目标下的某具体项目）中得到充分利用？

　　一些研究人才管理的未来学家预测，对领导者的鉴别将来自社交网络，而不再是自上而下的校准式考核过程。那么，这对于企业定义和鉴别高潜力人才将意味着什么呢？据拉伯·克劳斯先生[①]在 2004 年所做的调查显示，过去十年左右开展的结构重组努力使企业的等级层次减少，而边界渗透能力增强。这些努力也期望同时提升企业的效率和灵活性，新的结构能通过非正式的社交网络关系，而不是正式的汇报机制或规定的工作流程来增强相互间的协同与合作。这些看似无形的网络已经成为绩效考核与战略执行的中心。根据克劳斯先生的判断，对这些网络结构的分析将为我们深入了解企业的内部工作方式提供新的视角——这是一种强大的方法，可以将重要战略部门看似无形的信息流和协作方式以便用更为浅显易读的方式呈现出来。

　　今天的继任计划将被面向未来的人才计划新模型所打破。扎实的、战略层面的人力分析可以让管理人员随时知道他们所需的人才是谁、在哪里，这很类似于复杂的物流和供应链运作模式。先进的情景式人才计划将允许管理人员仅需滑动屏幕就能评估出差距与风险。

　　这些变化将如何影响有关人才管理的各种实践操作呢？事实上，人才管理者需要把精力集中在让企业领导者在战略层面能够利用复杂数据的系统和流程。从一个开放的人才市场角度看，由于企业的组织结构变得更加流畅和灵活，人才计划的核心动力不再是让领导者在 9×9 的考核网格上花费更多精力，而是能更多地理解如何让 9×9 考核网格跟随企业的转型而演变。为能主导未来市场，企业需要获得动态的情景式人才计划并实现人才流动，创造拥有核心专长的新型领导者。

[①] 美国弗吉尼亚大学麦金太尔商学院著名教授，致力于人才管理、领导力、企业效率和创新等研究。——译者注

正如斯坦福大学商学院的戴维·拉克尔教授 2014 年研究所得出的结论，继任计划如同过去一样，在今天依然是非常重要的。尽管如此，多数研究对象（接受采访的企业领导者）并不认为他们的企业在首席执行官或类似层面对未来可能发生的变化已做好充足准备，他们也没有信心确认企业制定了正确的方法去为未来甄选出最好的领导者。研究表明，"有继任计划的公司往往会做得更好"（Larcker，Saslow，2014）。那种按当时职能做出是否准备好的决策模式与年度一次的人才沟通已经随风而逝。相反，企业将利用更多的数据做好人才储备工作，通过集中的、可评测的轮换程序培养真正的领导者，并使候选人清晰地了解接班状态。

你可以采用下面的问题清单评测企业的继任计划。

- 人才通道的管理方法是否足够灵活，能够面对不同行业的业务场景与竞争格局的转型？
- 继任计划所采用的流程能否给企业导入健康的领导力战略？
- 你所采用的继任计划流程是否可以面对不同的领导风格和做法？或者，它只是复制了现任的领导者风格？
- 你的继任计划是否能利用数据分析、社会化组织结构及具有影响力的节点等来重新考虑"如何使企业未来的业务需求符合未来趋势"？
- 你的继任计划是否能通过"真的吗，真的吗，真的吗"三问式确认测试？意思是说，如果董事长在此非常时刻致电于你，你能否再三确认并肯定回复：重要职位的替换工作"已经准备好""真的准备好了""真的，真的准备好了"，有十足的成功把握？

✎ 抛弃传统的职业生涯管理方法

人才管理者花了无数的时间和金钱用于员工的职业生涯规划。但在未来，他们需要大幅度改变现有做法。在一个开放的人才市场，员工会在综合的经验框架下自我发展职业生涯。人才管理者需要重新思考：员工的职业生涯是如何通过自己的企业、而非在企业的内部获得发展的？哪些流程需要到位，以确保员工用创新的方式来发展未来业务所需的相关技能？社会化的社区和技术将如何跨越各种设置或障碍来发挥人们的经验并放大他们的能力？人才管理者在做员工的职业生涯规划时如何才能使之更加动态，而非静态的或线性的？

随着数据变得不再昂贵，同时更快捷、更普及，工作的本质将发生改变。根据有些未来学家的经验，有 60% 的就业职位在 10 年前甚至还没有被发明出来。因此，我们是不可能为人们规划这样的职业生涯的，如无人驾驶飞机调度员、纳米医生、隐私管理人、3D 食物打印工程师或精神植入（阿凡达）设计师等。同样，当社会化结构变得更加普遍时，下一代劳动力将更少地依赖于传统的、工业时代的阶梯，而将更多地依赖于他们试图创建关联的一切事物。

如果你认为在你的公司内部依然是传统的职业发展结构，那么你可能是忽视了周围的千禧一代。随着员工平均仅两年的任职期普遍出现，你设计的职业发展阶梯是否包括员工从竞争对手处取得的经验？如果公司的客户群体遍布全球，这个阶梯是否应该覆盖在本国以外市场员工所花费的时间？什么时候应该与员工就职业规划开始交流对话？是一年以后，六个月以后，还是在面试过程中？

在工业时代，员工担心的是能否终身受雇，因此职业生涯规划成为人才管理的一项重要内容。然而，今天的职业生涯规划是为了获得增长与收获。领导者对未来的期望是什么？如何能够从现在开始为这些未来的期望奠定基础？职业生涯规划是否关注于员工个体，或者与实践社区①相联系？当前的社区和聘用模式是否会绕开原有的阶梯或网格模式而演变为更通畅、更灵活的新模式？后者关注的正是专业知识和学习的共享。社会化关联是否能提供实时的洞察力，将关注于学位与证书的衡量标准转变为建立在是否具备"批判性思维、相关性联系，能够穿透复杂的迷雾找出简单答案"的能力？

你可以采用下面的问题清单来评估企业的职业生涯规划。

- 你能否预期企业的员工池在未来五年依然保持不变？如果是这样，在你的数据和方法是适合员工的平均状态而非个性化的情况下，你将如何留住、激励每一位员工并让他们愿意参与完成工作任务？
- 你的职业规划模式是否专注在那些最具潜力的员工身上？

---

① 实践社区（Communities of Practice）是指有共同知识或经验的一群人的集合。——译者注

- 你对员工经验的期望是否已经沦为仅仅是他们从公司工作中所学到的东西？或者，你是否期望员工的经验能包含来自企业的竞争对手、新兴市场、全球视野和旨在消除混乱状况的学术性休假①呢？

创造个性化、有关联性的企业文化

对于面向未来的人才管理者而言，企业文化也许将成为人才管理职能中最为重要的一个方面。这将成为吸引和保留企业价值所需的、不同形式的重要人才区分工具。一些人才管理者相信，企业文化可以从一纸蓝图出发来设计和实施，而无须随着时间逐渐培养与加强。对开放的企业文化持有欢迎态度就意味着我们需要通过进一步优化自身、获得高管层支持和塑造品牌来实现可量化考核的商业影响力。

如果你相信人才或人力资源职能与生俱来就拥有企业文化，那么你恰恰会破坏企业文化。相反，一种文化的存在是由组成企业的所有个体（领导者、员工、合作伙伴和供应商，有时甚至竞争对手）的言行共同构成的，包括企业所做决定的类型，员工、客户和合作伙伴的待遇，以及三者之间相互的权利义务关系等。

企业文化是面试过程中候选人在询问公司特征时的首要问题。如果你认为你的企业文化无法有助于雇用和挽留最优秀的人才，这就意味着你工作的失败。如果你无法认识到企业的文化和品牌将在很大程度上影响你的客户或股东选择的是你的公司还是竞争对手的公司，那么你就将失去业绩增长的机会。

2013年，星巴克寄望于一种重视可持续发展的企业文化来推动业务增长，而它们是对的。这也适用于所有那些能聪明地建立自己企业文化的公司，如谷歌、西南航空、耐克、维京、梅奥诊所和基因泰克公司等；同样有许多公司见证了因企业文化导致的衰落，如摩根士丹利和美国在线。

你可以采用下面的问题来评估企业如何在未来构建自己的企业文化。

- 当员工分散各处时，除了企业自有的长期员工，还有以任务周期为期限的劳务员工，对于这样一个动态变化的矩阵化组织结构，企业应怎样去创造

① 学术性休假（Sabbatical）指在美国的一些大学为学者提供特别的休假，以便其更自由地探索/增进知识或学术见闻。——译者注

并长久延续其企业文化？

- 企业该如何创建任务或目标系统，使人们愿意就此与企业开展合作？

- 在企业中谁拥有企业文化？当最佳人才评估文化成为未来影响聘用的主要因素时，我们如何在执行层面上创建围绕企业文化的内部对话与交流机制？作为人才主管，你是否同时胜任企业文化的管理者？既能够引导和加强企业的优良运作，又能够评估在哪些方面还可以继续改善？

- 如何利用社交技术来倾听员工的心声？随着企业文化变得更加社会化和透明，你如何向市场更好地推广你的企业文化，鼓励市场对它产生反馈？并将企业文化作为人才从入职到退休全流程是否成功的关键指标？

采取行动的呼声

大多数企业的人才管理部门都没有跟上商业环境的变化步伐。那些勇于创新、敢于采纳新举措并愿意承担风险的企业将会取得成功。而因循守旧、步履缓慢的企业则将慢慢淡出人们的视野，变得默默无闻。对一些企业来说，向更多创新转型是来之不易的，而现在整个行业都面临着这一新变化。下一代的人才管理者将主导这次转型，并受惠于这种面向未来的举措。

高管和权威人士不断谈论着"人才管理这一职能正在消亡"。更多的非传统领导者正在源源不断地走上人才管理的领导职位，他们从商业视角出发，将企业的运营、供应链管理、市场营销和分析等相关技能综合应用于这一职位。因此，人才管理者必须走出原有的球场边界线，因为这一职能正在发生着演变，否则将面临消失的危险。必须紧贴市场发展趋势、善用社交网络、听取消费者的意见，并从今天开始为业务的未来需求提供支持，唯有如此，人才管理者才能收回他们的控制权。未来之路将是持久的相互关联，它已经在你的脚下铺展开来。

作者简介

安玛丽·尼尔（**Annmarie Neal**）是思科系统和第一资讯公司前首席人才官，领导力创新中心创始人。该中心是一家全球咨询公司，专注于通过卓越的领导力和组织结构来实现企业的业务创新和转型。她拥有逾 25 年的全球经验，通过写作、演讲、商业管理和咨询向一系列行业的企业管理者和高级别领导提供建议。最近她出版了新书《来自边缘的领导》（*Leading From the Edge*）。

丹尼尔·索西诺（**Daniel Sonsino**）是美国食品杂货直销商场公司的人力资源副总裁，负责所有与员工相关的战略、方案与业绩管理。他拥有 24 年的人力资源经验与人才专业知识，曾任职于宝利通、惠普、雷神公司、美国银行和太阳微系统公司。他关注于在全球化公司中如何打造个人、团队和企业的能力。

译者简介

曾佳女士，全书统稿，总审，HR 转型突破工作室合伙人，南京大学商学院企业管理本科及硕士毕业，拥有 15 年企业实践及管理咨询经验。译有《重新定义人才》，作为总审校组织并重新审校了人力资源管理大师戴维·尤里奇的《高绩效的 HR》和《变革的 HR》等经典著作。

聂晓弘女士，第 1 章译者，第 8 章译者之一，先后任职知名外企和民企集团人力资源总监，资深人力资源顾问。具有国际高级人力资源管理师（IPMA-CP）资格。曾参与翻译戴维·尤里奇著作《高绩效的 HR》和《变革的 HR》。

李瑞静女士，前言及第 2 章译者，某环保企业人力资源负责人，近 10 年人力资源从业经验，熟悉环保、IT 行业人员招募、培训及绩效管理，致力于在企业中实践人力资源管理理论。曾参与翻译戴维·尤里奇著作《高绩效的 IIR》和《变革的 HR》。

蔡元启先生，第 3 章译者，毕业于 Concordia JMSB 商学院。海尔全球人才平台总监，海尔"创吧"创始人。历任正大制药、江河创建、Furniture Origins 等 MNC 人力行政总监、全球人力行政总监、GM 等职位。中国 HRD 俱乐部发起人；北京大学、中国人民大学、山东大学等高校总裁班、MBA、EDP 等特邀讲师、职业导师。

任苗女士，第 4 章译者，曾任旭辉集团人才发展经理，在人才培养领域有近 10 年经验。致力于组织内部人才发展体系建设与落地。DDI 认证讲师，毕业于北京大学，获哲学与经济学双学士。曾参与翻译《在组织中高效学习》。

何缨女士，序及第 5 章译者，译者&跑者，澳大利亚 Griffith 大学人力资源管理专业。现任职于美国迅达科技集团，主要负责亚太区业务的培训及人才发展相关工作。曾参与翻译戴维·尤里奇著作《高绩效的 HR》和《变革的 HR》。

蔡斯聪先生，第 6 章译者，科沃斯机器人股份有限公司培训发展主管。专注企业培训发展领域，拥有丰富的企业内部培训管理及咨询经验，曾为多家国际、国内知名企业提供服务。曾担任《人民日报》旗下《大学生》杂志专栏记者，采访过多位国际知名专家、学者。

范珂先生，第 7 章译者，第 8 章译者之一，现任沃尔沃汽车亚太区人力资源总监，西安交通大学科技英语本科和康奈尔大学人力资源硕士毕业。有在中美两国约近 20 年工作经验，先后在多家知名外企和民企担任人力资源管理的重要职位。个人公众号"行走的帆"。曾参与翻译戴维·尤里奇著作《高绩效的 HR》和《变革的 HR》。

罗白女士，第 9 章译者，中国人民公安大学法学士，美国 Webster 大学 MBA。1999 年起从事 HR 相关工作，最近八年任职于法国育碧软件成都工作室，目前任高级 HRBP。工作之余，受邀开展公开课及企业内训课程的讲授，课程涉及招聘面试、沟通与团队合作等。

时务杰先生，第 10 章译者，现任江苏千米网 HR 总监，曾任 ZTE 中兴通讯技能转移总监及多个国家 HRBP，之前从事过几年销售工作和管理咨询工作，10 余年一直致力于让 HR 活得更有脸面，自诩"比业务更懂 HR，比 HR 更懂业务"。曾参与翻译戴维·尤里奇著作《高绩效的 HR》和《变革的 HR》。

李群女士，第 11 章译者，中山大学管理学院 MBA，中日合资企业从事人力资源管理工作。

周晓倩女士，第 12 章译者，深爱读书、旅行和各种运动带来的快乐与酸楚。上海复旦大学毕业后，在美国 Clemson 大学获得了大气物理、旅游管理双硕士学位，随后在曼谷开始了培训行业的探险之旅。一路在不同的行业辗转，唯一不变的是对学习、分享以及与伙伴一起成长的初心。译有戴维·尤里奇著作《可持续领导力》。

屈钰女士，第 13 章译者，美国俄勒冈州立大学企业管理硕士，管理咨询高级项目经理。专注于公司重组、系统化管理转型提升领域，曾服务于政府投融资平台、国内外上市公司等。

吴齐元女士，第 14 章译者，中科院心理所硕士，对人才管理、组织发展的理论与实践有浓厚的兴趣。曾在北森负责继任发展业务研究与系统研发，现投入人力资源管理实践，在百度担任 HRBP 工作。曾参与翻译戴维·尤里奇著作《高绩效的 HR》和《变革的 HR》。

彭雷先生，第 15 章译者之一，德勤管理咨询副总监，HR 转型突破工作室首席研究员。曾服务于多家顶级咨询公司，为诸多《财富》500 强企业提供系统的企业转型、战略运营与组织及人力资本咨询。曾参与翻译《在组织中高效学习》。

杜守栓先生，第 15 章译者之一，毕业于中国科学院计算技术研究所，蚂蚁金服组织发展高级专家，从事组织发展及人才发展相关工作，先后就职于毕博管理咨询、韬睿惠悦咨询、凯洛格咨询等咨询机构以及人人友信集团。曾参与翻译戴维·尤里奇著作《高绩效的 HR》和《变革的 HR》。

浦千里女士，第 16 章译者，中国人民大学管理学硕士，经济师，国家一级人力资源管理师，中国人民大学公共管理学院校外导师，智联招聘人才测评师，中国国际广播电台人力资源管理中心薪酬绩效主管。从事人力资源研究和工作实践近 10 年，在薪酬管理、绩效评估、人才测评与开发等领域有丰富的专业经验。

罗盼女士，第 17 章译者，资深人力资源从业者，曾就职于知名上市公司，现在在大型合资企业从事培训工作，擅长课程设计与开发、内训师体系搭建与培养、混合式学习项目设计。

笪开源先生，第 18 章译者，独立学习策略顾问，中国人民大学继续教育学院特聘专家。历任巴斯夫大中华区培训发展经理，施耐德全球供应链学院学习方案经理，全球课程经理。多年来一直致力于学习技术在人才供应、绩效改进和员工成长三个组织层面的应用，促进组织变革升级。曾参与翻译《在组织中高效学习》。

郑庚峰先生，第 19 章译者，现供职于惠生控股集团，在人力资源领域具有十多年的咨询及实务经验，专注于组织发展、绩效改进、领导力发展及人才管理。

曾在全球知名咨询公司担任资深顾问和项目经理，为华为、大众、中国五矿等数十家企业提供过咨询服务。曾参与翻译戴维·尤里奇著作《高绩效的 HR》和《变革的 HR》。

王素婷女士，第 20 章译者，本科就读于哈尔滨工业大学（威海），硕士毕业于上海大学，上海航天精密机械研究所培训主管。构建了鼎式培训体系，曾编辑《上海航天技术研究院培训最佳实践案例集》。

赵众一先生，第 21 章译者，1999 年中国人民大学劳动人事学院硕士毕业，进入某大型国有银行从事人力资源管理与开发工作，2003 年外派该行新加坡分行工作，2006 年回国工作至今。译有《我心所属——一位成功 HR 的职业生涯自述》和《你还在用错误的方式管人》等。

符晋女士，后记译者，以优异成绩毕业于电子科技大学微电子专业，北京外国语大学商务英语在职进修三年。曾长期工作于国家级开发区"泰达"，负责大量海内外高科技项目的引进与谈判工作，特别专注 IT 领域。现从事银行金融设备的技术管理达十年。

反侵权盗版声明

　　电子工业出版社依法对本作品享有专有出版权。任何未经权利人书面许可，复制、销售或通过信息网络传播本作品的行为；歪曲、篡改、剽窃本作品的行为，均违反《中华人民共和国著作权法》，其行为人应承担相应的民事责任和行政责任，构成犯罪的，将被依法追究刑事责任。

　　为了维护市场秩序，保护权利人的合法权益，我社将依法查处和打击侵权盗版的单位和个人。欢迎社会各界人士积极举报侵权盗版行为，本社将奖励举报有功人员，并保证举报人的信息不被泄露。

举报电话：（010）88254396；（010）88258888

传　　真：（010）88254397

E-mail：　dbqq@phei.com.cn

通信地址：北京市万寿路 173 信箱

　　　　　电子工业出版社总编办公室

邮　　编：100036